全世界无产者，联合起来！

列宁全集

第二版增订版

第三十一卷

1917年8—9月

中共中央　马克思　恩格斯　著作编译局编译
　　　　　列　宁　斯大林

人民出版社

《列宁全集》第二版是根据
中国共产党中央委员会的决定，
由中共中央马克思恩格斯列宁
斯大林著作编译局编译的。

凡　例

1. 正文和附录中的文献分别按写作或发表时间编排。在个别情况下，为了保持一部著作或一组文献的完整性和有机联系，编排顺序则作变通处理。

2. 每篇文献标题下括号内的写作或发表日期是编者加的。文献本身在开头已注明日期的，标题下不另列日期。

3. 1918年2月14日以前俄国通用俄历，这以后改用公历。两种历法所标日期，在1900年2月以前相差12天（如俄历为1日，公历为13日），从1900年3月起相差13天。编者加的日期，公历和俄历并用时，俄历在前，公历在后。

4. 目录中凡标有星花＊的标题，都是编者加的。

5. 在引文中尖括号〈　〉内的文字和标点符号是列宁加的。

6. 未说明是编者加的脚注为列宁的原注。

7.《人名索引》、《文献索引》条目按汉语拼音字母顺序排列。在《人名索引》条头括号内用黑体字排的是真姓名；在《文献索引》中，带方括号[　]的作者名、篇名、日期、地点等等，是编者加的。

目　　录

插　图

前　言

　　本卷收载列宁在 1917 年 8—9 月间所写的系统阐述马克思主义国家学说、无产阶级革命和无产阶级专政理论的名著《国家与革命》，以及《马克思主义论国家》等材料。

　　19 世纪末 20 世纪初，资本主义在世界范围内进入了帝国主义阶段，资本主义所固有的各种矛盾进一步加深和激化，这些矛盾需要通过无产阶级革命来解决；帝国主义时代迅速发展的社会生产力和高度集中的垄断经济形式，则为社会主义创造了物质前提。正如列宁所说，帝国主义已是无产阶级社会主义革命的前夜。1914 年爆发的第一次世界大战造成了各国经济的严重破坏，给人民带来了深重的灾难。战时空前加重的压迫和剥削迫使无产阶级和劳动群众奋起斗争。一些欧洲国家出现了无产阶级革命的有利形势。

　　革命的根本问题是国家政权问题。在当时的形势下，无产阶级革命对国家的态度问题不仅在理论上而且在政治实践上都具有特别重大的意义。但是，国家问题被资产阶级和小资产阶级思想家、形形色色的机会主义者和无政府主义者搅得混乱不堪。特别是第二国际的机会主义领袖伯恩施坦、考茨基等人严重地歪曲和篡改了马克思主义的国家学说，在社会主义运动中造成了恶劣的影响。为了捍卫和恢复马克思主义的国家学说，批判机会主义者和无政府主义者的歪曲,列宁从1916年秋天起就潜心研究国家问题,研读了马克思和恩格斯有关国家问题的大量文献,翻阅了考茨基、伯恩施坦等人的著作,在1917年1—2月间作了《马克思主义论国家》的笔记,准备写一篇关于马克思主义对国家态度问题的论文。

1917年3月,俄国无产阶级和劳动群众推翻了沙皇政府,建立了工人、士兵和农民代表苏维埃,国内形成了两个政权并存的局面。列宁领导的布尔什维克党提出"全部政权归苏维埃"的口号,积极争取群众,为和平地实现向社会主义革命的转变而斗争。但是,在当时的苏维埃中占统治地位的社会革命党和孟什维克却对资产阶级临时政府奉行妥协投降的政策,致使政权完全落入反革命资产阶级手中。七月事变标志着形势的急剧变化,两个政权并存的局面已告结束,反革命势力开始向以布尔什维克为代表的革命力量猖狂反扑,革命和平发展的可能性已不复存在,武装夺取政权的问题提上了日程。当时正像列宁所说:"无产阶级社会主义革命对国家的态度问题不仅具有政治实践的意义,而且具有最迫切的意义,这个问题是要向群众说明,为了使自己从资本的枷锁下解放出来,他们在最近的将来应当做些什么。"(见本卷第2页)为此,列宁在匿居拉兹利夫湖畔期间开始撰写《国家与革命》这部著作。

本书分为六章,列宁原来打算写的第七章《1905年和1917年俄国革命的经验》只开了一个头,因忙于直接领导十月革命而没有写成。

在第一章中,列宁根据恩格斯的著作阐述了马克思主义关于国家问题的最基本的观点,说明了国家的起源和本质、国家的基本特征和职能、国家消亡与暴力革命的关系等问题。他指出："国家是阶级矛盾**不可调和**的产物和表现"；"国家是阶级**统治**的机关，是一个阶级**压迫**另一个阶级的机关"；"国家是剥削被压迫阶级的工具"（见本卷第 6、10 页）。"无产阶级国家代替资产阶级国家，非通过暴力革命不可。无产阶级国家的消灭，即任何国家的消灭，只能通过'自行消亡'。"（见本卷第 20 页）在阐述马克思主义国家观的同时，列宁批判了资产阶级和俄国小资产阶级民主派——社会革命党人和孟什维克把国家看做阶级调和机关，以为有了普选权，资产阶级国家就能体现大多数劳动者的意志等错误观点，揭露了考茨基"忽视或抹杀"暴力革命的行径。

在第二章至第四章中，列宁系统地阐述了 1847 年至 1894 年马克思和恩格斯的国家学说、无产阶级革命和无产阶级专政理论的形成和发展，并结合国际社会主义运动和俄国革命斗争的实践经验作了新的阐发。

列宁指出，马克思和恩格斯在欧洲 1848 年革命的前夜已经提出了无产阶级专政的思想。他们在《共产党宣言》中写道：无产阶级用暴力推翻资产阶级而建立自己的政治统治，利用这种政治统治剥夺资产阶级，把生产工具集中在国家手里，尽快增加生产力的总量，而国家就是"组织成为统治阶级的无产阶级"。列宁认为，这是马克思主义在国家问题上的一个最卓越最重要的思想。

列宁引用了马克思在《路易·波拿巴的雾月十八日》一书中总结 1848—1851 年革命的论述，认为马克思总结 1848 年革命经验得出的无产阶级革命必须打碎资产阶级国家机器的结论与《共产党宣言》相比，是向前迈进了一大步，认为这个结论是马克思主义国家学说中主要的基本的原理。但当时还没有提出应当怎样以无产阶级国家代替资产阶级国家的问题。

1871年巴黎公社为解决这个问题提供了实践经验。列宁摘录了马克思在《法兰西内战》一书中对巴黎公社经验的分析，着重阐释了马克思根据公社经验得出的而且在马克思和恩格斯看来必须加进《共产党宣言》的一个基本经验，即"工人阶级不能简单地掌握现成的国家机器，并运用它来达到自己的目的"。列宁详细论述并高度评价了马克思所总结的公社为代替被破坏的国家机器而采取的实际步骤、公社的国家制度和政治形式。列宁阐发了马克思对公社性质的总结，指出："公社就是无产阶级革命'终于发现的'可以使劳动在经济上获得解放的形式。公社就是无产阶级革命**打碎**资产阶级国家机器的第一次尝试和'终于发现的'、可以而且应该用来**代替**已被打碎的国家机器的政治形式。"（见本卷第53页）

在叙述马克思主义国家学说的发展时，列宁反复强调马克思的严格的科学态度。他指出，马克思始终忠于自己的辩证唯物主义哲学，在每一历史阶段都不是根据逻辑的推论，而是根据事变的实际发展作出自己的结论，并且根据群众运动的经验重新审查自己的理论，修改过时的结论，提出新的论断。列宁也正是以这种马克思主义的态度、运用唯物辩证的方法研究世界形势的新发展，总结国际社会主义运动正反两方面的经验和俄国1905年、1917年两次革命的经验，对无产阶级专政的思想以及马克思主义国家学说的许多方面作了进一步的发挥和新的理论概括。

列宁揭示了一切资产阶级国家的阶级本质，指出资产阶级国家的政治形式虽然多种多样，但本质是一样的，都是资产阶级专政。列宁根据垄断资本主义时代资产阶级国家的主要统治工具——官吏和军队普遍得到加强的事实，进一步论证了打碎旧国家机器的必要性,认为这是一切真正的人民革命的先决条件。

无产阶级专政学说是马克思主义国家学说的核心。列宁详尽地阐发了马克思和恩格斯关于无产阶级专政的思想。列宁指出:无产阶级专政是无产阶级在历史上的革命作用的最高表现;只有使无产阶级转化成统治阶级,使它能够镇压资产阶级必然要进行的拼死反抗,并组织一切被剥削劳动群众去建立新的经济制度,才能推翻资产阶级;无产阶级需要国家政权、中央集权的强力组织,既是为了镇压剥削者的反抗,也是为了领导广大人民群众"调整"社会主义经济,以便最终消灭阶级,过渡到无阶级的社会。列宁批判了机会主义和修正主义对无产阶级专政理论的歪曲,强调指出:"只有承认阶级斗争、**同时也**承认**无产阶级专政**的人,才是马克思主义者。""只有懂得**一个阶级**的专政不仅对一般阶级社会是必要的,不仅对推翻了资产阶级的**无产阶级**是必要的,而且对介于资本主义和'无阶级社会'即共产主义之间的整整一个**历史时期**都是必要的,——只有懂得这一点的人,才算掌握了马克思国家学说的实质。"(见本卷第 32、33 页)。

列宁总结了俄国两次革命中群众创造的苏维埃的经验,认为苏维埃是继巴黎公社之后的又一种无产阶级专政的形式。他科学地预言:"从资本主义向共产主义过渡,当然不能不产生非常丰富和多样的政治形式,但本质必然是一样的:都是**无产阶级专政**。"(见本卷第 33 页)

列宁还揭示了无产阶级民主和资产阶级民主的根本区别,阐明了民主与社会主义、作为上层建筑的民主与经济基础的辩证关系。他指出,资产阶级民主是只供少数富人享受的、残缺不全的民主,而无产阶级民主却是大多数人的民主,它能保证大多数人真正当家作主，参加国家的管理。列宁在引述了恩格斯总结的巴黎公社为防止国家和国家机关由社会公仆变为社会主人所采取的措施后指出，民主扩展到一定的界限，彻底的民主就变成社会主义，同时也要求实行社会主义。彻底发展民主，找出彻底发展的种种形式，用实践来检验这些形式，是对社会进行社会主义改造的基本任务之一。

在探讨国家消亡的经济基础的第五章中，列宁阐明了专政和民主的关系、无产阶级国家的消亡和经济基础的关系。列宁系统阐发了马克思在《哥达纲领批判》中的关于共产主义社会分为第一阶段和高级阶段的学说，论述了这两个阶段的基本特征，指明它们是共产主义在经济上成熟程度不同的两个阶段，并把马克思所说的"共产主义社会第一阶段"或低级阶段称为社会主义。在社会主义阶段，实现了生产资料的公有，从而消除了人剥削人的可能性，但由于受社会经济文化发展水平和人们觉悟水平的限制，在消费品的分配上只能实行按劳分配的原则。这就要求国家和社会对劳动量和消费量进行极严格的计算和监督。列宁认为，计算和监督"是把共产主义社会**第一阶段**'调整好'，使它能正常地运转所必需的**主要条件**"（见本卷第97页）。按劳分配存在着形式上的平等和事实上的不平等，只有到了共产主义高级阶段，实行"各尽所能，按需分配"的原则，才能实现事实上的平等。至于从形式上的平等进到事实上的平等即"各尽所能，按需分配"，究竟需要经过哪些阶段和通过哪些实际措施，我们不可能预先知道，这个问题只能通过实践来回答。列宁是运用唯物辩证法来考察社会主义和共产主义的发展的。他批驳了那种"把社会主义看成一种僵死的、凝固的、一成不变的东西"的形而上学观念，指出："实际上，**只是从社会主义**

实现时起,社会生活和个人生活的各个领域才会开始出现迅速的、真正的、确实是群众性的即有**大多数**居民参加然后有全体居民参加的前进运动。"(见本卷第 95—96 页)

　　列宁在阐述马克思主义国家学说的各章中对考茨基等机会主义者的歪曲作了有力的批判,最后又专辟一章(第六章)揭露机会主义者把马克思主义庸俗化的行径。在这一章中,列宁集中批判了考茨基"盲目崇拜"国家、"迷信"官僚制度、取消打碎旧国家机器的任务、把无产阶级政治斗争的目的局限于"取得议会多数"、"使议会变成政府的主宰"等错误观点。列宁指出,这是最纯粹最庸俗的机会主义,是从马克思主义倒退到了庸人思想的地步。此外,列宁还揭露了普列汉诺夫在 1894 年与无政府主义者论战时完全回避革命对国家的态度和整个国家问题的错误。

　　本卷《附录》收载了《马克思主义论国家》这一读书笔记,笔记中摘录了马克思和恩格斯关于国家问题的重要论述以及考茨基、伯恩施坦、潘涅库克的著作。列宁读书时所作的大量批注包含着许多深刻的思想,其中大部分在《国家与革命》中得到了进一步发挥,但是还有一部分材料以及列宁在批语中所阐述的思想并没有反映在他的著作中,因此笔记具有独立的科学价值。列宁本人曾十分关切这本笔记的出版。

　　《附录》所载的《未写成的〈关于国家的作用问题〉一文的材料》是在 1916 年夏天至冬天形成的。从这组材料中可以看出,当时针对布哈林在《关于帝国主义国家理论》和《帝国主义强盗国家》这两篇文章中的某些错误观点,列宁准备写文章阐述国家的作用问题。在广泛收集材料、深入研究马克思主义对国家的态度问题之后,列宁的想法有改变。他在 1917 年 2 月给柯伦泰和伊涅萨·阿尔曼德的信中说,他得出的结论与其说和布哈林的见解不同,不如说和考茨基的见解针锋相对。后来写成的《国家与革命》一书反映了列宁的这一想法。

　　本卷《附录》中的文献未收入《列宁全集》第1版。

弗·伊·列宁

（1917 年）

Книгоиздательство „ЖИЗНЬ и ЗНАНІЕ“.
Петроградъ, Поварской пер., д. 2, кв. 9 и 10. Телефонъ 227-42.

Библіотека Обществовѣдѣнія. Кн. 40-я.

В. ИЛЬИНЪ (Н. Ленинъ).

ГОСУДАРСТВО

и

РЕВОЛЮЦІЯ

Ученіе марксизма о государствѣ и задачи
пролетаріата въ революціи.

ВЫПУСКЪ I.

ПЕТРОГРАДЪ.
1918·

1918 年列宁《国家与革命》一书扉页

（按原版缩小）

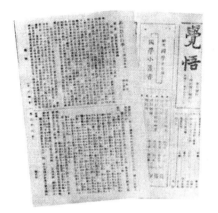

1921—1927年间《共产党》月刊、上海《民国日报》附刊《觉悟》和
汕头《岭东民国日报》副刊《革命》所载
列宁《国家与革命》一书部分中译文

1929—1949 年我国出版的
列宁《国家与革命》一书的部分版本

1917 年 8—9 月列宁《国家与革命》手稿第 1 页

（按原稿缩小）

国家与革命

马克思主义关于国家的学说与
无产阶级在革命中的任务[1]

(1917 年 8—9 月)

第一版序言

国家问题,现在无论在理论方面或在政治实践方面,都具有特别重大的意义。帝国主义战争大大加速和加剧了垄断资本主义变为国家垄断资本主义的过程。国家同势力极大的资本家同盟日益密切地融合在一起,它对劳动群众的骇人听闻的压迫愈来愈骇人听闻了。各先进国家(我们指的是它们的"后方")变成了工人的军事苦役监狱。

旷日持久的战争造成的空前惨祸和灾难,使群众生活痛苦不堪,使他们更加愤慨。国际无产阶级革命正在显著地发展。这个革命对国家的态度问题,已经具有实践的意义了。

在几十年较为和平的发展中积聚起来的机会主义成分,造成了在世界各个正式的社会党内占统治地位的社会沙文主义流派。这个流派(在俄国有普列汉诺夫、波特列索夫、布列什柯夫斯卡娅、鲁巴诺维奇以及以稍加掩饰的形式出现的策列铁里先生、切尔诺夫先生之流；在德国有谢德曼、列金、大卫等；在法国和比利时有列诺得尔、盖得、王德威尔得；在英国有海德门和费边派[2]，等等）是口头上的社会主义、实际上的沙文主义，其特点就在于这些"社会主义领袖"不仅对于"自己"民族的资产阶级的利益，而且正是对于"自己"国家的利益，采取卑躬屈膝的迎合态度，因为大多数所谓大国早就在剥削和奴役很多弱小民族。而帝国主义战争正是为了瓜分和重新瓜分这种赃物而进行的战争。如果不同"国家"问题上的机会主义偏见作斗争，使劳动群众摆脱资产阶级影响、特别是摆脱帝国主义资产阶级影响的斗争就无法进行。

首先，我们要考察一下马克思和恩格斯的国家学说，特别详细地谈谈这个学说被人忘记或遭到机会主义歪曲的那些方面。其次，我们要专门分析一下歪曲这个学说的主要代表人物，即在这次战争中如此可悲地遭到破产的第二国际（1889—1914年）的最著名领袖卡尔·考茨基。最后，我们要给俄国1905年革命、特别是1917年革命的经验，作一个基本的总结。后面这次革命的第一个阶段看来现在（1917年8月初）正在结束，但整个这次革命只能认为是帝国主义战争引起的无产阶级社会主义革命的链条中的一个环节。因此，无产阶级社会主义革命对国家的态度问题不仅具有政治实践的意义，而且具有最迫切的意义，这个问题是要向群众说明，为了使自己从资本的枷锁下解放出来，他们在最近的将来应当做些什么。

作　者
1917年8月

第二版序言

　　本版,即第 2 版,几乎没有变动,仅在第 2 章中增加了第 3 节。

作　者

1918 年 12 月 17 日于莫斯科

第 一 章
阶级社会和国家

1. 国家是阶级矛盾不可调和的产物

马克思的学说在今天的遭遇，正如历史上被压迫阶级在解放斗争中的革命思想家和领袖的学说常有的遭遇一样。当伟大的革命家在世时，压迫阶级总是不断迫害他们，以最恶毒的敌意、最疯狂的仇恨、最放肆的造谣和诽谤对待他们的学说。在他们逝世以后，便试图把他们变为无害的神像，可以说是把他们偶像化，赋予他们的**名字**某种荣誉，以便"安慰"和愚弄被压迫阶级，同时却阉割革命学说的**内容**，磨去它的革命锋芒，把它庸俗化。现在资产阶级和工人运动中的机会主义者在对马克思主义作这种"加工"的事情上正一致起来。他们忘记、抹杀和歪曲这个学说的革命方面，革命灵魂。他们把资产阶级可以接受或者觉得资产阶级可以接受的东西放在第一位来加以颂扬。现在，一切社会沙文主义者都成了"马克思主义者"，这可不是说着玩的！那些德国的资产阶级学者，昨天还是剿灭马克思主义的专家，现在却愈来愈频繁地谈论起"德意志民族的"马克思来了，似乎马克思培育出了为进行掠夺战争而组织得非常出色的工人联合会！

在这种情况下，在对马克思主义的种种歪曲空前流行的时候，我们的任务首先就是要**恢复**真正的马克思的国家学说。为此,必须大段大段地引证马克思和恩格斯本人的著作。当然,大段的引证会使文章冗长,并且丝毫无助于通俗化。但是没有这样的引证是绝对不行的。马克思和恩格斯著作中所有谈到国家问题的地方,至少一切有决定意义的地方,一定要尽可能完整地加以引证,使读者能够独立地了解科学社会主义创始人的全部观点以及这些观点的发展,同时也是为了确凿地证明并清楚地揭示现在占统治地位的"考茨基主义"对这些观点的歪曲。

我们先从传播最广的弗·恩格斯的《家庭、私有制和国家的起源》一书讲起,这本书已于1894年在斯图加特出了第6版。我们必须根据德文原著来译出引文,因为俄文译本虽然很多,但多半不是译得不全,就是译得很糟。

恩格斯在总结他所作的历史的分析时说:"国家决不是从外部强加于社会的一种力量。国家也不像黑格尔所断言的是'伦理观念的现实','理性的形象和现实'。³确切地说,国家是社会在一定发展阶段上的产物;国家是承认:这个社会陷入了不可解决的自我矛盾,分裂为不可调和的对立面而又无力摆脱这些对立面。而为了使这些对立面,这些经济利益互相冲突的阶级,不致在无谓的斗争中把自己和社会消灭,就需要有一种表面上凌驾于社会之上的力量,这种力量应当缓和冲突,把冲突保持在'秩序'的范围以内;这种从社会中产生但又自居于社会之上并且日益同社会相异化的力量,就是国家。"(德文第6版第177—178页)①

----

① 见《马克思恩格斯文集》第4卷第189页。——编者注

　　这一段话十分清楚地表达了马克思主义关于国家的历史作用和意义这一问题的基本思想。国家是阶级矛盾**不可调和**的产物和表现。在阶级矛盾客观上**不能**调和的地方、时候和条件下，便产生国家。反过来说，国家的存在证明阶级矛盾不可调和。

　　对马克思主义的歪曲正是从这最重要的和根本的一点上开始的，这种歪曲来自两个主要方面。

　　一方面，资产阶级的思想家，特别是小资产阶级的思想家——他们迫于无可辩驳的历史事实不得不承认，只有存在阶级矛盾和阶级斗争的地方才有国家——这样来"稍稍纠正"马克思，把国家说成是阶级**调和**的机关。在马克思看来，如果阶级调和是可能的话，国家既不会产生，也不会保持下去。而照市侩和庸人般的教授和政论家们说来（往往还善意地引用马克思的话作根据！），国家正是调和阶级的。在马克思看来，国家是阶级**统治**的机关，是一个阶级**压迫**另一个阶级的机关，是建立一种"秩序"来缓和阶级冲突，使这种压迫合法化、固定化。在小资产阶级政治家看来，秩序正是阶级调和，而不是一个阶级对另一个阶级的压迫；缓和冲突就是调和，而不是剥夺被压迫阶级用来推翻压迫者的一定的斗争手段和斗争方式。

　　例如，在1917年革命中，当国家的意义和作用问题正好显得极为重要，即作为立刻行动而且是大规模行动的问题在实践上提出来的时候，全体社会革命党人[4]和孟什维克一下子就完全滚到"国家""调和"阶级这种小资产阶级理论方面去了。这两个政党的政治家写的无数决议和文章，都浸透了这种市侩的庸俗的"调和"论。至于国家是一定阶级的统治机关，这个阶级**不可能**与同它对立的一方（同它对抗的阶级）调和，这是小资产阶级民主派始终不能了解的。我国社会革命党人和孟什维克根本不是社会主义者（我们布尔什维克一直都在这样证明），而是唱着准社会主义的高调的小资产阶级民主派，他们对国家的态度就是最明显的表现之一。

另一方面，"考茨基主义"对马克思主义的歪曲要巧妙得多。"在理论上"，它既不否认国家是阶级统治的机关，也不否认阶级矛盾不可调和。但是，它忽视或抹杀了以下一点：既然国家是阶级矛盾不可调和的产物，既然它是凌驾于社会**之上**并且"**日益同社会相异化**"的力量，那么很明显，被压迫阶级要求得解放，不仅非进行暴力革命不可，**而且非消灭**统治阶级所建立的、体现这种"异化"的国家政权机构不可。这个在理论上不言而喻的结论，下面我们会看到，是马克思对革命的任务作了具体的历史的分析后十分明确地得出来的。正是这个结论被考茨基……"忘记"和歪曲了，这一点我们在下面的叙述中还要详细地证明。

2. 特殊的武装队伍，监狱等等

恩格斯继续说："……国家和旧的氏族〈或克兰[5]〉组织不同的地方，第一点就是它按地区来划分它的国民。……"

我们现在觉得这种划分"很自然"，但这是同血族或氏族的旧组织进行了长期的斗争才获得的。

"……第二个不同点，是公共权力的设立，这种公共权力已经不再直接就是自己组织为武装力量的居民了。这个特殊的公共权力之所以需要，是因为自从社会分裂为阶级以后，居民的自动的武装组织已经成为不可能了。…… 这种公共权力在每一个国家里都存在。构成这种权力的,不仅有武装的人,而且还有物质的附属物,如监狱和各种强制设施,这些东西都是以前的氏族〈克兰〉社会所没有的。……"①

恩格斯在这里阐明了被称为国家的那种"力量"的概念,即从社会中产生但又自居于社会之上并且日益同社会相异化的力量的概念。这种力量主要是什么呢? 主要是拥有监狱等等的特殊的武装队伍。

应该说这是特殊的武装队伍,因为任何国家所具有的公共权力已经"不再直接就是"武装的居民,即居民的"自动的武装组织"了。

同一切伟大的革命思想家一样,恩格斯也竭力促使有觉悟的工人去注意被流行的庸俗观念认为最不值得注意、最习以为常的东西,被根深蒂固的甚至可说是顽固不化的偏见奉为神圣的东西。常备军和警察是国家政权的主要强力工具,但是,难道能够不是这样吗?

19 世纪末,大多数欧洲人认为只能是这样。恩格斯的话正是对这些人说的。他们没有经历过,也没有亲眼看到过一次大的革命。他们完全不了解什么是"居民的自动的武装组织"。对于为什么要有特殊的、居于社会之上并且同社会相异化的武装队伍(警察、常备军)这个问题,西欧和俄国的庸人总是喜欢借用斯宾塞或米海洛夫斯基的几句话来答复,说这是因为社会生活复杂化、职能分化等等。

这种说法似乎是"科学的",而且很能迷惑一般人;它掩盖了社会分裂为不可调和地敌对的阶级这个主要的基本的事实。

---

① 参看《马克思恩格斯文集》第 4 卷第 189—190 页。——编者注

如果没有这种分裂，"居民的自动的武装组织"，就其复杂程度、技术水平等等来说，固然会不同于拿着树棍的猿猴群或原始人或组成克兰社会的人们的原始组织，但这样的组织是可能有的。

这样的组织所以不可能有，是因为文明社会已分裂为敌对的而且是不可调和地敌对的阶级。如果这些阶级都有"自动的"武装，就会导致它们之间的武装斗争。于是国家形成了，特殊的力量即特殊的武装队伍建立起来了。每次大革命在破坏国家机构的时候，我们都看到赤裸裸的阶级斗争，我们都清楚地看到，统治阶级是如何力图恢复替它服务的特殊武装队伍，被压迫阶级又是如何力图建立一种不替剥削者服务，而替被剥削者服务的新型的同类组织。

恩格斯在上面的论述中从理论上提出的问题，正是每次大革命实际地、明显地而且是以大规模的行动提到我们面前的问题，即"特殊的"武装队伍同"居民的自动的武装组织"之间的相互关系问题。我们在下面会看到，欧洲和俄国历次革命的经验是怎样具体地说明这个问题的。

现在我们再来看恩格斯的论述。

他指出，有时，如在北美某些地方，这种公共权力极其微小（这里指的是资本主义社会中罕见的例外，指的是帝国主义以前时期北美那些自由移民占多数的地方），但一般说来，它是在加强：

"……随着国内阶级对立的尖锐化，随着彼此相邻的各国的扩大和它们人口的增加，公共权力就日益加强。就拿我们今天的欧洲来看吧，在这里，阶级斗争和争相霸占已经把公共权力提升到大有吞食整个社会甚至吞食国家之势的高度。……"①

————————————

① 见《马克思恩格斯文集》第4卷第190页。——编者注

这段话至迟是在上一世纪 90 年代初期写的。恩格斯最后的序言①注明的日期是 1891 年 6 月 16 日。当时向帝国主义的转变,无论就托拉斯的完全统治或大银行的无限权力或大规模的殖民政策等等来说,在法国还是刚刚开始,在北美和德国更要差一些。此后,"争相霸占"进了一大步,尤其是到了 20 世纪第二个 10 年的初期,世界已被这些"争相霸占者",即进行掠夺的大国瓜分完了。从此陆海军备无限增长,1914—1917 年由于英德两国争夺世界霸权即由于瓜分赃物而进行的掠夺战争,使贪婪的国家政权对社会一切力量的"吞食"快要酿成大灾大难了。

恩格斯在 1891 年就已指出,"争相霸占"是各个大国对外政策最重要的特征之一,但是在 1914—1917 年,即正是这个争相霸占加剧了许多倍而引起了帝国主义战争的时候,社会沙文主义的恶棍们却用"保卫祖国"、"保卫共和国和革命"等等词句来掩盖他们维护"自己"资产阶级强盗利益的行为!

3. 国家是剥削被压迫阶级的工具

为了维持特殊的、凌驾于社会之上的公共权力,就需要捐税和国债。

恩格斯说:"……官吏既然掌握着公共权力和征税权,他们就作为社会机关而凌驾于社会之上。从前人们对于氏族〈克兰〉制度的机关的那种自由的、自愿的尊敬,即使他们能够获

---

① 指恩格斯的《家庭、私有制和国家的起源》一书德文第 4 版序言(见《马克思恩格斯文集》第 4 卷第 18—31 页)。——编者注

得，也不能使他们满足了……" 于是制定了官吏神圣不可侵犯的特别法律。"一个最微不足道的警察"都拥有比克兰代表还要大的"权威"，然而，即使是文明国家掌握军权的首脑，也可能会对"不是用强迫手段获得"社会"尊敬"的克兰首领表示羡慕。①

这里提出了作为国家政权机关的官吏的特权地位问题。指出了这样一个基本问题：究竟什么东西使他们居于社会**之上**？我们在下面就会看到，这个理论问题在 1871 年如何被巴黎公社实际地解决了，而在 1912 年又如何被考茨基反动地抹杀了。

"……由于国家是从控制阶级对立的需要中产生的，由于它同时又是在这些阶级的冲突中产生的，所以，它照例是最强大的、在经济上占统治地位的阶级的国家，这个阶级借助于国家而在政治上也成为占统治地位的阶级，因而获得了镇压和剥削被压迫阶级的新手段。……"不仅古代国家和封建国家是剥削奴隶和农奴的机关，"现代的代议制的国家"也"是资本剥削雇佣劳动的工具。但也例外地有这样的时期，那时互相斗争的各阶级达到了这样势均力敌的地步，以致国家权力作为表面上的调停人而暂时得到了对于两个阶级的某种独立性。……"②17 世纪和 18 世纪的专制君主制，法兰西第一帝国和第二帝国的波拿巴主义，德国的俾斯麦，都是如此。

我们还可以补充说，在开始迫害革命无产阶级以后，在苏维埃由于小资产阶级民主派的领导而**已经**软弱无力，资产阶级又**还没**有足够的力量来直接解散它的时候，共和制俄国的克伦斯基政府

① 参看《马克思恩格斯文集》第 4 卷第 191 页。——编者注
② 同上。——编者注

也是如此。

　　恩格斯继续说,在民主共和国内,"财富是间接地但也是更可靠地运用它的权力的",它所采用的第一个方法是"直接收买官吏"(美国),第二个方法是"政府和交易所结成联盟"(法国和美国)。①

　　目前,在任何民主共和国中,帝国主义和银行统治都把这两种维护和实现财富的无限权力的方法"发展"到了非常巧妙的地步。例如,在俄国实行民主共和制的头几个月里,也可以说是在社会革命党人和孟什维克这些"社会党人"同资产阶级在联合政府中联姻的蜜月期间,帕尔钦斯基先生暗中破坏,不愿意实施遏止资本家、制止他们进行掠夺和借军事订货盗窃国库的种种措施,而在帕尔钦斯基先生退出内阁以后(接替他的自然是同他一模一样的人),资本家"奖赏"给他年薪12万卢布的肥缺,这究竟是怎么一回事呢? 是直接的收买,还是间接的收买? 是政府同辛迪加结成联盟,还是"仅仅"是一种友谊关系? 切尔诺夫、策列铁里、阿夫克森齐耶夫、斯柯别列夫之流究竟起着什么作用? 他们是盗窃国库的百万富翁的"直接"同盟者,还是仅仅是间接的同盟者?

　　"财富"的无限权力在民主共和制下**更可靠**,是因为它不依赖政治机构的某些缺陷,不依赖资本主义的不好的政治外壳。民主共和制是资本主义所能采用的最好的政治外壳,所以资本一掌握(通过帕尔钦斯基、切尔诺夫、策列铁里之流)这个最好的外壳,就能十分巩固十分可靠地确立自己的权力,以致在资产阶级民主共和国中,无论人员、无论机构、无论政党的**任何**更换,都不会使这个

____

　　① 参看《马克思恩格斯文集》第4卷第192页。——编者注

权力动摇。

　　还应该指出,恩格斯十分肯定地认为,普选制是资产阶级统治的工具。他显然是考虑到了德国社会民主党的长期经验,说普选制是

　　　　"测量工人阶级成熟性的标尺。在现今的国家里,普选制
　　　　不能而且永远不会提供更多的东西"①。

　　小资产阶级民主派,如我国的社会革命党人和孟什维克,以及他们的同胞兄弟西欧一切社会沙文主义者和机会主义者,却正是期待从普选制中得到"更多的东西"。他们自己相信而且要人民也相信这种荒谬的想法:普选制"在**现今的**国家里"能够真正体现大多数劳动者的意志,并保证实现这种意志。

　　我们在这里只能指出这种荒谬的想法,只能指出,恩格斯这个十分明白、准确而具体的说明,经常在"正式的"(即机会主义的)社会党的宣传鼓动中遭到歪曲。至于恩格斯在这里所唾弃的这种想法的全部荒谬性,我们在下面谈到马克思和恩格斯对**"现今的"**国家的看法时还会详细地加以阐明。

　　恩格斯在他那部流传最广的著作中,把自己的看法总结如下:

　　　　"所以,国家并不是从来就有的。曾经有过不需要国家,
　　　　而且根本不知国家和国家权力为何物的社会。在经济发展到
　　　　一定阶段而必然使社会分裂为阶级时,国家就由于这种分裂
　　　　而成为必要了。现在我们正在以迅速的步伐走向这样的生产
　　　　发展阶段,在这个阶段上,这些阶级的存在不仅不再必要,而
　　　　且成了生产的真正障碍。阶级不可避免地要消失,正如它们
　　　　从前不可避免地产生一样。随着阶级的消失,国家也不可避

────────────

　　①　见《马克思恩格斯文集》第4卷第193页。——编者注

免地要消失。在生产者自由平等的联合体的基础上按新方式来组织生产的社会,将把全部国家机器放到它应该去的地方,即放到古物陈列馆去,同纺车和青铜斧陈列在一起。"①

这一段引文在现代社会民主党的宣传鼓动书刊中很少遇到,即使遇到,这种引用也多半好像是对神像鞠一下躬,也就是为了例行公事式地对恩格斯表示一下尊敬,而丝毫不去考虑,先要经过多么广泛而深刻的革命,才能"把全部国家机器放到古物陈列馆去"。他们甚至往往不懂恩格斯说的国家机器究竟是什么。

4. 国家"自行消亡"和暴力革命

恩格斯所说的国家"自行消亡"这句话是这样著名,这样经常地被人引证,又这样清楚地表明了通常那种把马克思主义篡改为机会主义的手法的实质,以致对它必须详细地考察一下。现在我们把谈到这句话的整段论述援引如下:

"无产阶级将取得国家政权,并且首先把生产资料变为国家财产。但是这样一来,它就消灭了作为无产阶级的自身,消灭了一切阶级差别和阶级对立,也消灭了作为国家的国家。到目前为止在阶级对立中运动着的社会,都需要有国家,即需要一个剥削阶级的组织,以便维护这个社会的外部生产条件,特别是用暴力把被剥削阶级控制在当时的生产方式所决定的那些压迫条件下(奴隶制、农奴制或依附农制、雇佣劳动制)。国家是整个社会的正式代表,是社会在一个有形的组织中的

---

① 见《马克思恩格斯文集》第4卷第193页。——编者注

集中表现，但是，说国家是这样的，这仅仅是说，它是当时独自代表整个社会的那个阶级的国家：在古代是占有奴隶的公民的国家，在中世纪是封建贵族的国家，在我们的时代是资产阶级的国家。当国家终于真正成为整个社会的代表时，它就使自己成为多余的了。当不再有需要加以镇压的社会阶级的时候，当阶级统治和根源于至今的生产无政府状态的个体生存斗争已被消除，而由此二者产生的冲突和极端行动也随着被消除了的时候，就不再有什么需要镇压了，也就不再需要国家这种特殊的镇压力量了。国家真正作为整个社会的代表所采取的第一个行动，即以社会的名义占有生产资料，同时也是它作为国家所采取的最后一个独立行动。那时，国家政权对社会关系的干预在各个领域中将先后成为多余的事情而自行停止下来。那时，对人的统治将由对物的管理和对生产过程的领导所代替。国家不是‘被废除’的，**它是自行消亡的**。应当以此来衡量‘自由的人民国家’这个用语，这个用语在鼓动的意义上暂时有存在的理由，但归根到底是没有科学根据的；同时也应当以此来衡量所谓无政府主义者提出的在一天之内废除国家的要求。”（《反杜林论（欧根·杜林先生在科学中实行的变革）》德文第 3 版第 301—303 页）①

我们可以确有把握地说，在恩格斯这一段思想极其丰富的论述中，被现代社会党的社会主义思想实际接受的只有这样一点：和无政府主义的国家“废除”说不同，按马克思的观点，国家是“自行消亡”的。这样来削剪马克思主义，无异是把马克思主义变成机会

---

① 见《马克思恩格斯文集》第 9 卷第 297—298 页。——编者注

主义,因为这样来"解释",就只会留下一个模糊的观念,似乎变化就是缓慢的、平稳的、逐渐的,似乎没有飞跃和风暴,没有革命。对国家"自行消亡"的普遍的、流行的、大众化的(如果能这样说的话)理解,无疑意味着回避革命,甚至是否定革命。

实际上,这样的"解释"是对马克思主义最粗暴的、仅仅有利于资产阶级的歪曲,所以产生这种歪曲,从理论上说,是由于忘记了我们上面完整地摘引的恩格斯的"总结性"论述中就已指出的那些极重要的情况和想法。

第一,恩格斯在这段论述中一开始就说,无产阶级将取得国家政权,"这样一来也消灭了作为国家的国家"。这是什么意思,人们是"照例不"思索的。通常不是完全忽略这一点,就是认为这是恩格斯的一种"黑格尔主义的毛病"。其实这句话扼要地表明了最伟大的一次无产阶级革命的经验,即1871年巴黎公社的经验,关于这一点,我们在下面还要详细地加以论述。实际上恩格斯在这里所讲的是以无产阶级革命来"消灭"**资产阶级**的国家,而他讲的自行消亡是指社会主义革命**以后无产阶级**国家制度残余。按恩格斯的看法,资产阶级国家不是"自行消亡"的,而是由无产阶级在革命中来"消灭"的。在这个革命以后,自行消亡的是无产阶级的国家或半国家。

第二,国家是"特殊的镇压力量"。恩格斯这个出色的极其深刻的定义在这里说得十分清楚。从这个定义可以得出这样的结论:资产阶级对无产阶级,即一小撮富人对千百万劳动者的"特殊的镇压力量",应该由无产阶级对资产阶级的"特殊的镇压力量"(无产阶级专政)来代替。这就是"消灭作为国家的国家"。这就是以社会的名义占有生产资料的"行动"。显然,以一种(无产阶级的)"特殊力量"来代替另一种(资产阶级的)"特殊力量",**这样一种**

更替是决不能通过"自行消亡"来实现的。

　　第三,恩格斯所说的"自行消亡",甚至更突出更鲜明地说的"自行停止",是十分明确而肯定地指"国家以整个社会的名义占有生产资料"以后即社会主义革命以后的时期。我们大家都知道,这时"国家"的政治形式是最完全的民主。但是那些无耻地歪曲马克思主义的机会主义者,却没有一个人想到恩格斯在这里所说的就是民主的"自行停止"和"自行消亡"。乍看起来,这似乎是很奇怪的。但是,只有那些没有想到民主也是国家、因而在国家消失时民主也会消失的人,才会觉得这是"不可理解"的。资产阶级的国家只有革命才能"消灭"。国家本身,就是说最完全的民主,只能"自行消亡"。

　　第四,恩格斯在提出"国家自行消亡"这个著名的原理以后,立刻就具体地说明这个原理是既反对机会主义者又反对无政府主义者的。而且恩格斯放在首位的,是从"国家自行消亡"这个原理中得出的反对机会主义者的结论。

　　可以担保,在1万个读过或听过国家"自行消亡"论的人中,有9 990人完全不知道或不记得恩格斯从这个原理中得出的结论不仅是反对无政府主义者的。其余的10个人中可能有9个人不知道什么是"自由的人民国家",不知道为什么反对这个口号就是反对机会主义者。历史竟然被写成这样! 伟大的革命学说竟然这样被人不知不觉地篡改成了流行的庸俗观念。反对无政府主义者的结论被千百次地重复,庸俗化,极其简单地灌到头脑中去,变成固执的偏见。而反对机会主义者的结论,却被抹杀和"忘记了"!

　　"自由的人民国家"是70年代德国社会民主党人的纲领性要求和流行口号。这个口号除了对于民主概念的市侩的、夸张的描写,没有任何政治内容。由于当时是在合法地用这个口号暗示民主共和国,恩格斯也就从鼓动的观点上同意"暂时"替这个口号"辩护"。但这个口号是机会主义的,因为它不仅起了粉饰资产阶级民主的作用,而且表现出不懂得社会主义对任何国家的批评。我们赞成民主共和国,因为这是在资本主义制度下对无产阶级最有利的国家形式。但是,我们决不应该忘记,即使在最民主的资产阶级共和国里,人民仍然摆脱不了当雇佣奴隶的命运。其次,任何国家对被压迫阶级都是"特殊的镇压力量"。因此**任何国家都不是**自由的,**都不是**人民的。在 70 年代,马克思和恩格斯一再向他们党内的同志解释这一点。**6**

第五,在恩格斯这同一本著作中,除了大家记得的关于国家自行消亡的论述,还有关于暴力革命意义的论述。恩格斯从历史上对于暴力革命的作用所作的评述变成了对暴力革命的真正的颂扬。但是,"谁都不记得"这一点,这个思想的意义在现代社会党内是照例不谈、甚至照例不想的,这些思想在对群众进行的日常宣传鼓动中也不占任何地位。其实,这些思想同国家"自行消亡"论是紧紧联在一起的,是联成一个严密的整体的。

请看恩格斯的论述:

"……暴力在历史中还起着另一种作用〈除作恶以外〉,革命的作用;暴力,用马克思的话说,是每一个孕育着新社会的旧社会的助产婆①;它是社会运动借以为自己开辟道路并摧毁僵化的垂死的政治形式的工具——关于这些,杜林先生一个字也没有提到。他只是在叹息和呻吟中承认这样一种可能性:为了推翻进行剥削的经济,也许需要暴力,这很遗憾!因

———————————
① 参看《马克思恩格斯文集》第 5 卷第 861 页。——编者注

为在他看来,暴力的任何使用都会使暴力使用者道德堕落。他说这话竟不顾每一次革命的胜利带来的道德上和精神上的巨大跃进! 而且这话是在德国说的,在那里,人民可能被迫进行的暴力冲突至少有一个好处,即扫除三十年战争[7]的屈辱在民族意识中造成的奴才气。而这种枯燥的、干瘪的、软弱无力的传教士的思维方式,竟要强加给历史上最革命的政党!"(德文第 3 版第 193 页;第 2 编第 4 章末)①

怎样才能把恩格斯从 1878 年起至 1894 年即快到他逝世的时候为止,一再向德国社会民主党人提出的这一颂扬暴力革命的论点,同国家"自行消亡"的理论结合在一个学说里呢?

人们通常是借助折中主义把这两者结合起来,他们随心所欲(或者为了讨好当权者),无原则地或诡辩式地时而抽出这个论述时而抽出那个论述,而且在 100 次中有 99 次(如果不是更多的话)正是把"自行消亡"论摆在首位。用折中主义代替辩证法,这就是目前正式的社会民主党书刊中在对待马克思主义的态度上最常见最普遍的现象。这种做法,自然并不新鲜,甚至在希腊古典哲学史上也是可以见到的。把马克思主义篡改为机会主义的时候,用折中主义冒充辩证法最容易欺骗群众,能使人感到一种似是而非的满足,似乎考虑到了过程的一切方面、发展的一切趋势、一切相互矛盾的影响等等,但实际上并没有对社会发展过程作出任何完整的革命的解释。

我们在前面已经说过,在下面还要更详尽地说明,马克思和恩格斯关于暴力革命不可避免的学说是针对资产阶级国家说的。资

---

① 参看《马克思恩格斯文集》第 9 卷第 191—192 页。——编者注

产阶级国家由无产阶级国家（无产阶级专政）代替，**不能通过"自行消亡"**，根据一般规律，只能通过暴力革命。恩格斯对暴力革命的颂扬同马克思的屡次声明完全符合（我们可以回忆一下，《哲学的贫困》和《共产党宣言》这两部著作的结尾部分①，曾自豪地公开声明暴力革命不可避免；我们还可以回忆一下，约在 30 年以后，马克思在 1875 年批判哥达纲领⁸的时候，曾无情地抨击了这个纲领的机会主义），这种颂扬决不是"过头话"，决不是夸张，也决不是论战伎俩。必须系统地教育群众**这样**来认识而且正是这样来认识暴力革命，这就是马克思和恩格斯**全部**学说的基础。现在占统治地位的社会沙文主义流派和考茨基主义流派对马克思和恩格斯学说的背叛，最突出地表现在这两个流派都把**这方面的**宣传和鼓动忘记了。

　　无产阶级国家代替资产阶级国家，非通过暴力革命不可。无产阶级国家的消灭，即任何国家的消灭，只能通过"自行消亡"。

　　马克思和恩格斯在研究每一个革命形势，分析每一次革命的经验教训时，都详细而具体地发展了他们的这些观点。我们现在就来谈谈他们学说中这个无疑是最重要的部分。

---

　　①　参看《马克思恩格斯文集》第 1 卷第 655—656 页，第 2 卷第 66 页。——编者注

第 二 章

国家与革命。1848—1851 年的经验

1. 革命的前夜

成熟的马克思主义的头两部著作《哲学的贫困》和《共产党宣言》,恰巧是在 1848 年革命前夜写成的。由于这种情况,这两部著作除了叙述马克思主义的一般原理,还在一定程度上反映了当时具体的革命形势。因此,我们来研究一下这两部著作的作者从 1848—1851 年革命的经验作出结论以前不久关于国家问题的言论,也许更为恰当。

马克思在《哲学的贫困》中写道:"……工人阶级在发展进程中将创造一个消除阶级和阶级对抗的联合体来代替旧的资产阶级社会;从此再不会有原来意义的政权了。因为政权正是资产阶级社会内部阶级对抗的正式表现。"(1885 年德文版第 182 页)①

拿马克思和恩格斯在几个月以后(1847 年 11 月)写的《共产党宣言》中的下面的论述,同这一段关于国家在阶级消灭之后消失的思想的一般论述对照一下,是颇有教益的:

---

① 参看《马克思恩格斯文集》第 1 卷第 655 页。——编者注

"……在叙述无产阶级发展的最一般的阶段的时候,我们循序探讨了现存社会内部或多或少隐蔽着的国内战争,直到这个战争爆发为公开的革命,无产阶级用暴力推翻资产阶级而建立自己的统治……

……前面我们已经看到,工人革命的第一步就是使无产阶级转化成〈直译是上升为〉统治阶级,争得民主。

无产阶级将利用自己的政治统治,一步一步地夺取资产阶级的全部资本,把一切生产工具集中在国家即组织成为统治阶级的无产阶级手里,并且尽可能快地增加生产力的总量。"(1906年德文第7版第31页和第37页)①

在这里我们看到马克思主义在国家问题上一个最卓越最重要的思想即"无产阶级专政"(马克思和恩格斯在巴黎公社以后开始这样说)**9**这个思想的表述,其次我们还看到给国家下的一个非常引人注意的定义,这个定义也属于马克思主义中"被忘记的言论":**"国家即组织成为统治阶级的无产阶级。"**

国家的这个定义,在正式社会民主党的占支配地位的宣传鼓动书刊中不仅从来没有解释过,而且恰巧被人忘记了,因为它同改良主义是根本不相容的,它直接打击了"民主的和平发展"这种常见的机会主义偏见和市侩的幻想。

无产阶级需要国家,——一切机会主义者,社会沙文主义者和考茨基主义者,都这样重复,硬说马克思的学说就是如此,但是"**忘记**"补充:马克思认为,第一,无产阶级所需要的只是逐渐消亡的国家,即组织得能立刻开始消亡而且不能不消亡的国家;第二,劳动

---

① 　参看《马克思恩格斯文集》第2卷第43、52页。——编者注

者所需要的"国家"，"即组织成为统治阶级的无产阶级"。

国家是特殊的强力组织，是镇压某一个阶级的暴力组织。无产阶级要镇压的究竟是哪一个阶级呢？当然只是剥削阶级，即资产阶级。劳动者需要国家只是为了镇压剥削者的反抗，而能够领导和实行这种镇压的只有无产阶级，因为无产阶级是唯一彻底革命的阶级，是唯一能够团结一切被剥削劳动者对资产阶级进行斗争、把资产阶级完全铲除的阶级。

剥削阶级需要政治统治是为了维持剥削，也就是为了极少数人的私利，去反对绝大多数人。被剥削阶级需要政治统治是为了彻底消灭一切剥削，也就是为了绝大多数人的利益，去反对极少数的现代奴隶主——地主和资本家。

小资产阶级民主派，这些用阶级妥协的幻想来代替阶级斗争的假社会主义者，对社会主义改造也想入非非，他们不是把改造想象为推翻剥削阶级的统治，而是想象为少数和平地服从那已经理解到本身任务的多数。这种小资产阶级空想同认为国家是超阶级的观点有密切的联系，它在实践中导致出卖劳动阶级的利益，法国1848 年革命和1871 年革命的历史就表明了这一点，19 世纪末和20 世纪初英、法、意和其他国家的"社会党人"参加资产阶级内阁的经验也表明了这一点。

马克思一生都在反对这种小资产阶级社会主义，即目前在俄国由社会革命党和孟什维克党复活起来的这种小资产阶级社会主义。马克思把阶级斗争学说一直贯彻到政权学说、国家学说之中。

只有无产阶级才能推翻资产阶级的统治，因为无产阶级是一个特殊阶级，它的生存的经济条件为它推翻资产阶级的统治作了准备，使它有可能、有力量达到这个目的。资产阶级在分离和分散农民及一切小资产阶级阶层的同时，却使无产阶级团结、联合和组织起来。只有无产阶级，由于它在大生产中的经济作用，才能成为**一切**被剥削劳动群众的领袖，这些被剥削劳动群众受资产阶级的剥削、压迫和摧残比起无产阶级来往往有过之而无不及，可是他们不能为自己的解放**独立地**进行斗争。

阶级斗争学说经马克思运用到国家和社会主义革命问题上，必然导致承认无产阶级的**政治统治**，无产阶级的专政，即不与任何人分掌而直接依靠群众武装力量的政权。只有使无产阶级转化成**统治阶级**，从而能把资产阶级必然要进行的拼死反抗镇压下去，并组织**一切**被剥削劳动群众去建立新的经济结构，才能推翻资产阶级。

无产阶级需要国家政权，中央集权的强力组织，暴力组织，既是为了镇压剥削者的反抗，也是为了**领导**广大民众即农民、小资产阶级和半无产者来"调整"社会主义经济。

马克思主义教育工人的党，也就是教育无产阶级的先锋队，使它能够夺取政权并**引导全体人民**走向社会主义，指导并组织新制度，成为所有被剥削劳动者在不要资产阶级并反对资产阶级而建设自己社会生活的事业中的导师、领导者和领袖。反之，现在占统治地位的机会主义却把工人的党教育成为一群脱离群众而代表工资优厚的工人的人物，只图在资本主义制度下"苟且偷安"，为了一碗红豆汤而出卖自己的长子权[10]，也就是放弃那领导人民反对资产阶级的革命领袖作用。

"国家即组织成为统治阶级的无产阶级"，——马克思的这个理论同他关于无产阶级在历史上的革命作用的全部学说，有不可分割的联系。这种作用的最高表现就是无产阶级实行专政，无产阶级实行政治统治。

既然无产阶级需要国家这样一个**反对**资产阶级的**特殊**暴力组织,那么自然就会得出一个结论:不预先消灭和破坏资产阶级为**自己建立**的国家机器,根本就不可能建立这样一个组织! 在《共产党宣言》中已接近于得出这个结论,马克思在总结 1848—1851 年革命的经验时也就谈到了这个结论。

2. 革命的总结

关于我们感到兴趣的国家问题,马克思在《路易·波拿巴的雾月十八日》一书中总结 1848—1851 年的革命时写道:

"……然而革命是彻底的。它还处在通过涤罪所[11]的历程中。它在有条不紊地完成自己的事业。1851 年 12 月 2 日〈路易·波拿巴政变的日子〉以前,它已经完成了前一半准备工作,现在它在完成另一半。它先使议会权力臻于完备,为的是能够推翻这个权力。现在,当它已达到这一步时,它就来使**行政权**臻于完备,使行政权以其最纯粹的形式表现出来,使之孤立,使之成为和自己对立的唯一的对象,**以便集中自己的一切破坏力量来反对行政权**〈黑体是我们用的〉。而当革命完成自己这后一半准备工作的时候,欧洲就会从座位上跳起来欢呼:掘得好,老田鼠![12]

这个行政权有庞大的官僚机构和军事机构,有复杂而巧妙的国家机器,有 50 万人的官吏大军和 50 万人的军队。这个俨如密网一般缠住法国社会全身并阻塞其一切毛孔的可怕的寄生机体,是在专制君主时代,在封建制度崩溃时期产生

的,同时这个寄生机体又加速了封建制度的崩溃。"第一次法
国革命发展了中央集权,"但是它同时也就扩大了政府权力的
容量、属性和走卒数目。拿破仑完成了这个国家机器"。正统
王朝和七月王朝"并没有增添什么东西,不过是扩大了分
工⋯⋯

⋯⋯最后,议会制共和国在它反对革命的斗争中,除采用
高压手段外,还不得不加强政府权力的工具和中央集权。**一
切变革都是使这个机器更加完备,而不是把它摧毁**〈黑体和着
重号是我们用的〉。那些相继争夺统治权的政党,都把这个庞
大国家建筑物的夺得视为胜利者的主要战利品。"(《路易·波
拿巴的雾月十八日》1907年汉堡第4版第98—99页)①

马克思主义在这一段精彩的论述里,与《共产党宣言》相比,向
前迈进了一大步。在那里,国家问题还提得非常抽象,只用了最一
般的概念和说法。在这里,问题提得具体了,并且作出了非常准
确、明确、实际而具体的结论:过去一切革命都是使国家机器更加
完备,而这个机器是必须打碎,必须摧毁的。

这个结论是马克思主义国家学说中主要的基本的东西。正是
这个基本的东西,不仅被占统治地位的正式社会民主党完全**忘记
了**,而且被第二国际最著名的理论家卡·考茨基公然**歪曲了**(这点
我们在下面就会看到)。

在《共产党宣言》中对历史作了一般的总结,使人们认识到国
家是阶级统治的机关,还使人们得出这样一个必然的结论:无产阶
级如果不先夺取政权,不取得政治统治,不把国家变为"组织成为

---

① 参看《马克思恩格斯文集》第2卷第564—565页。——编者注

统治阶级的无产阶级",就不能推翻资产阶级;这个无产阶级国家在它取得胜利以后就会立刻开始消亡,因为在没有阶级矛盾的社会里,国家是不需要的,也是不可能存在的。在这里还没有提出究竟应当怎样(从历史发展的观点来看)以无产阶级国家来代替资产阶级国家的问题。

马克思在 1852 年提出并加以解决的正是这个问题。马克思忠于自己的辩证唯物主义哲学,他以 1848—1851 伟大革命年代的历史经验作为依据。马克思的学说在这里也像其他任何时候一样,是用深刻的哲学世界观和丰富的历史知识阐明的**经验总结**。

国家问题现在提得很具体:资产阶级的国家,资产阶级统治所需要的国家机器在历史上是怎样产生的? 在历次资产阶级革命进程中和面对着各被压迫阶级的独立行动,国家机器如何改变,如何演变? 无产阶级在对待这个国家机器方面的任务是什么?

资产阶级社会所特有的中央集权的国家政权,产生于专制制度崩溃的时代。最能表明这个国家机器特征的有两种机构,即官吏和常备军。马克思和恩格斯的著作中屡次谈到,这两种机构恰巧同资产阶级有千丝万缕的联系。每个工人的经验都非常清楚非常有力地说明了这种联系。工人阶级是根据亲身的体验来学习领会这种联系的,正因为这样,工人阶级很容易懂得并且很深刻地理解这种联系不可避免的道理,而小资产阶级民主派不是无知地、轻率地否认这个道理,便是更轻率地加以"一般地"承认而忘记作出相应的实际结论。

官吏和常备军是资产阶级社会身上的"寄生物",是使这个社会分裂的内部矛盾所产生的寄生物,而且正是"阻塞"生命的毛孔的寄生物。目前在正式的社会民主党内占统治地位的考茨基机会主义,认为把国家看做**寄生机体**是无政府主义独具的特性。当然,这样来歪曲马克思主义,对于那些空前地玷污社会主义、竟把"保卫祖国"的概念应用于帝国主义战争来替这个战争辩护和粉饰的市侩,是大有好处的,然而这毕竟是无可置疑的歪曲。

经过从封建制度崩溃以来欧洲所发生的为数很多的各次资产阶级革命,这个官吏和军事机构逐渐发展、完备和巩固起来。还必须指出,小资产阶级被吸引到大资产阶级方面去并受它支配,在很大程度上就是通过这个机构,这个机构给农民、小手工业者、商人等等的上层分子以比较舒适、安闲和荣耀的职位,使这些职位的占有者居于人民**之上**。看一看俄国在 1917 年 2 月 27 日以后这半年中发生的情况吧:以前优先给予黑帮分子[13]的官吏位置,现已成为立宪民主党人[14]、孟什维克和社会革命党人猎取的对象。实际上他们根本不想进行任何认真的改革,力图把这些改革推迟"到立宪会议召集的时候",而且又把立宪会议慢吞吞地推迟到战争结束再举行!至于瓜分战利品,攫取部长、副部长、总督等等职位,却没有延期,没有等待任何立宪会议!玩弄联合组阁的把戏,其实不过是全国上下一切中央和地方管理机关中瓜分和重新瓜分"战利品"的一种表现。各种改革都延期了,官吏职位已经瓜分了,瓜分方面的"错误"也由几次重新瓜分纠正了,——这无疑就是 1917 年 2 月27 日—8 月 27 日这半年的总结,客观的总结。

但是在各资产阶级政党和小资产阶级政党之间(拿俄国的例子来讲,就是在立宪民主党、社会革命党和孟什维克之间)"重新瓜分"官吏机构的次数愈多,各被压迫阶级,以无产阶级为首,就会愈清楚地认识到自己同**整个**资产阶级社会不可调和的敌对性。因此,一切资产阶级政党,甚至包括最民主的和"革命民主的"政党,都必须加强高压手段来对付革命的无产阶级,巩固高压机构,也就是巩固原有的国家机器。这样的事变进程迫使革命"**集中自己的一切破坏力量**"去反对国家政权,迫使革命提出这样的任务:不是去改善国家机器,而是**破坏**它、**消灭**它。

这样提出任务,不是根据逻辑的推论,而是根据事变的实际发展,根据1848—1851年的生动经验。马克思在1852年还没有具体提出**用什么东西**来代替这个必须消灭的国家机器的问题,从这里可以看出,马克思是多么严格地以实际的历史经验为依据。那时在这个问题上,经验还没有提供材料,后来在1871年,历史才把这个问题提到日程上来。在1852年,要以观察自然历史那样的精确性下断语,还只能说,无产阶级革命已**面临**"集中自己的一切破坏力量"来反对国家政权的任务,即"摧毁"国家机器的任务。

这里可能会发生这样的问题:把马克思的经验、观察和结论加以推广,用到比1848—1851年这三年法国历史更广阔的范围上去是否正确呢? 为了分析这个问题,我们先重温一下恩格斯的一段话,然后再来研究实际材料。

恩格斯在《雾月十八日》第3版序言里写道:"……法国是这样一个国家,在那里历史上的阶级斗争,比起其他各国来每一次都达到更加彻底的结局;因而阶级斗争借以进行、阶级斗争的结果借以表现出来的变换不已的政治形式,在那里也表现得最为鲜明。法国在中世纪是封建制度的中心,从文艺复兴时代起是统一的等级君主制的典型国家,它在大革命中粉碎了封建制度,建立了纯粹的资产阶级统治,这种统治所具有的典型性是欧洲任何其他国家所没有的。而正在上升的无产阶级反对占统治地位的资产阶级的斗争,在这里也以其他各

国所没有的尖锐形式表现出来。"(1907年版第4页)①

最后一句评语已经过时了,因为从1871年起,法国无产阶级的革命斗争就停顿了,虽然这种停顿(无论它会持续多久)丝毫不排除法国在将来的无产阶级革命中有可能成为使阶级斗争达到彻底的结局的典型国家。

现在我们来概括地看一看19世纪末20世纪初各先进国家的历史。我们可以看到,这里更缓慢地、更多样地、范围更广阔得多地进行着那同一个过程:一方面,无论在共和制的国家(法国、美国、瑞士),还是在君主制的国家(英国、一定程度上的德国、意大利、斯堪的纳维亚国家等),都逐渐形成"议会权力";另一方面,在不改变资产阶级制度基础的情况下,各资产阶级政党和小资产阶级政党瓜分着和重新瓜分着官吏职位这种"战利品",为争夺政权进行着斗争;最后,"行政权",它的官吏和军事机构,日益完备和巩固起来。

毫无疑问,这是一般资本主义国家现代整个演变过程的共同特征。法国在1848—1851年这三年内迅速地、鲜明地、集中地显示出来的,就是整个资本主义世界所特有的那种发展过程。

特别是帝国主义,即银行资本时代,资本主义大垄断组织的时代,垄断资本主义转变为国家垄断资本主义的时代表明,无论在君主制的国家,还是在最自由的共和制的国家,由于要加强高压手段来对付无产阶级,"国家机器"就大大强化了,它的官吏和军事机构就空前膨胀起来了。

现在,全世界的历史无疑正在较之1852年广阔得无比的范围

---

① 见《马克思恩格斯文集》第2卷第468—469页。——编者注

内,把无产阶级革命引向"集中自己的一切力量"去"破坏"国家机器。

至于无产阶级将用什么东西来代替这个国家机器,关于这一点,巴黎公社提供了极有教益的材料。

3. 1852 年马克思对问题的提法[①]

1907 年,梅林把 1852 年 3 月 5 日马克思给魏德迈的信摘要登在《新时代》杂志[15]上(第 25 年卷第 2 册第 164 页)。在这封信里有这样一段精彩的论述:

"至于讲到我,无论是发现现代社会中有阶级存在或发现各阶级间的斗争,都不是我的功劳。在我以前很久,资产阶级历史编纂学家就已经叙述过阶级斗争的历史发展,资产阶级经济学家也已经对各个阶级作过经济上的分析。我所加上的新内容就是证明了下列几点:(1)阶级的存在仅仅同生产发展的一定历史阶段相联系;(2)阶级斗争必然导致无产阶级专政;(3)这个专政不过是达到消灭一切阶级和进入无阶级社会的过渡。……"[②]

在这一段话里,马克思极其鲜明地表达了两点:第一,他的学说同先进的和最渊博的资产阶级思想家的学说之间的主要的和根本的区别;第二,他的国家学说的实质。

马克思学说中的主要之点是阶级斗争。人们时常这样说,这样写。但这是不正确的。根据这个不正确的看法,往往会对马克

---

① 第 2 版增加的一节。

② 见《马克思恩格斯文集》第 10 卷第 106 页。——编者注

思主义进行机会主义的歪曲,把马克思主义篡改为资产阶级可以接受的东西。因为阶级斗争学说**不是**由马克思**而是**由资产阶级**在**马克思**以前**创立的,一般说来是资产阶级**可以接受的**。谁要是**仅仅**承认阶级斗争,那他还不是马克思主义者,他还可以不超出资产阶级思想和资产阶级政治的范围。把马克思主义局限于阶级斗争学说,就是阉割马克思主义,歪曲马克思主义,把马克思主义变为资产阶级可以接受的东西。只有承认阶级斗争、**同时也**承认**无产阶级专政**的人,才是马克思主义者。马克思主义者同平庸的小资产者(以及大资产者)之间的最深刻的区别就在这里。必须用这块试金石来检验是否**真正理解**和承认马克思主义。无怪乎当欧洲的历史**在实践上**向工人阶级提出这个问题时,不仅一切机会主义者和改良主义者,而且所有"考茨基主义者"(动摇于改良主义和马克思主义之间的人),都成了**否认**无产阶级专政的可怜的庸人和小资产阶级民主派。1918 年 8 月即本书第 1 版刊行以后很久出版的考茨基的小册子《无产阶级专政》,就是**口头上**假意承认马克思主义而**实际上**市侩式地歪曲马克思主义和卑鄙地背弃马克思主义的典型(见我的小册子《无产阶级革命和叛徒考茨基》1918 年彼得格勒和莫斯科版[①])。

　　以过去的马克思主义者卡·考茨基为主要代表的现代机会主义,完全符合马克思对**资产阶级**立场所作的上述评语,因为这种机会主义把承认阶级斗争的领域局限于资产阶级关系的领域。(而在这个领域内,在这个领域的范围内,任何一个有知识的自由主义者都不会拒绝"在原则上"承认阶级斗争!)机会主义恰巧**不把**承认

---

　　① 　见本版全集第 35 卷第 229—327 页。——编者注

阶级斗争**贯彻**到最主要之点，**贯彻**到从资本主义向共产主义**过渡**的时期，**贯彻**到**推翻**资产阶级并完全**消灭**资产阶级的时期。实际上，这个时期必然是阶级斗争空前残酷、阶级斗争的形式空前尖锐的时期，因而这个时期的国家就不可避免地应当是**新型**民主的（对无产者和一般穷人是民主的）和**新型**专政的（对资产阶级是专政的）国家。

其次，只有懂得**一个**阶级的专政不仅对一般阶级社会是必要的，不仅对推翻了资产阶级的**无产阶级**是必要的，而且对介于资本主义和"无阶级社会"即共产主义之间的整整一个**历史时期**都是必要的，——只有懂得这一点的人，才算掌握了马克思国家学说的实质。资产阶级国家的形式虽然多种多样，但本质是一样的：所有这些国家，不管怎样，归根到底一定都是**资产阶级专政**。从资本主义向共产主义过渡，当然不能不产生非常丰富和多样的政治形式，但本质必然是一样的：都是**无产阶级专政**。[16]

第 三 章

国家与革命。1871 年巴黎公社的经验。马克思的分析

1. 公社战士这次尝试的英雄主义何在？

大家知道，在巴黎公社出现以前几个月，即 1870 年秋，马克思

曾经告诫巴黎工人说,推翻政府的企图将是绝望的蠢举。①　但是,
当1871年3月工人**被迫**进行决战的时候,当起义已经成为事实的
时候,尽管当时有种种恶兆,马克思还是以极其欢欣鼓舞的心情来
迎接无产阶级革命。马克思并没有固执己见,学究式地非难运动
"不合时宜",像臭名昭彰的俄国马克思主义叛徒普列汉诺夫那样:
普列汉诺夫在1905年11月曾写文章鼓励工人农民进行斗争,而
在1905年12月以后却自由派式地大叫什么"本来就用不着拿起
武器"**17**。

　　然而,马克思不仅是为"冲天的"(他的用语)公社战士的英雄
主义感到欢欣鼓舞**18**,他还从这次群众性的革命运动(虽然它没有
达到目的)中看到了有极重大意义的历史经验,看到了全世界无产
阶级革命的一定进步,看到了比几百种纲领和议论更为重要的实
际步骤。分析这个经验,从这个经验中得到策略教训,根据这个经
验来重新审查自己的理论,这就是马克思为自己提出的任务。

　　马克思认为对《共产党宣言》必须作的唯一"修改",就是他根
据巴黎公社战士的革命经验作出的。

　　在《共产党宣言》德文新版上由两位作者署名的最后一篇序
言,注明的日期是1872年6月24日。在这篇序言中,作者卡尔·
马克思和弗里德里希·恩格斯说,《共产党宣言》这个纲领"现在有
些地方已经过时了"。

　　**接着他们说:"……特别是公社已经证明:'工人阶级不能
简单地掌握现成的国家机器,并运用它来达到自己的目
的。'……"②**

---

　　①　参看《马克思恩格斯文集》第3卷第127页。——编者注
　　②　见《马克思恩格斯文集》第2卷第6页。——编者注

这段引文中单引号内的话,是两位作者从马克思的《法兰西内战》一书中借用来的。[①]

总之,马克思和恩格斯认为巴黎公社的这个基本的主要的教训具有非常重大的意义,所以他们把这个教训加进《共产党宣言》,作为一个极其重要的修改。

非常值得注意的是,正是这个极其重要的修改被机会主义者歪曲了,而《共产党宣言》的读者有十分之九,甚至有百分之九十九,大概都不知道这个修改所包含的意思。我们在下面专论歪曲的那一章里,还要对这种歪曲加以详细说明。现在只须指出,对于我们所引证的马克思的这句名言,流行的庸俗的"理解"就是认为马克思在这里是强调缓慢发展的思想,不主张夺取政权等等。

实际上**恰巧相反**。马克思的意思是说工人阶级应当**打碎**、**摧毁**"现成的国家机器",而不只是简单地夺取这个机器。

1871年4月12日,即正当巴黎公社存在的时候,马克思在给库格曼的信中写道:

"……如果你查阅一下我的《雾月十八日》的最后一章,你就会看到,我认为法国革命的下一次尝试不应该再像以前那样把官僚军事机器从一些人的手里转到另一些人的手里,而应该把它**打碎**〈黑体和着重号是马克思用的;原文是 zerbrechen〉,这正是大陆上任何一次真正的人民革命的先决条件。这也正是我们英勇的巴黎党内同志们的尝试。"(《新时代》杂志第20年卷(1901—1902)第1册第709页)[②](马克思给库格曼的书信至少有两种俄文版本,其中有一种是由我编

---

① 见《马克思恩格斯文集》第3卷第151页。——编者注
② 参看《马克思恩格斯文集》第10卷第352页。——编者注

辑和作序①的。）

　　"把官僚军事国家机器打碎"这几个字，已经简要地表明了马克思主义关于无产阶级在革命中在对待国家方面的任务问题的主要教训。而正是这个教训，不仅被人完全忘记了，而且被现时对马克思主义所作的流行的即考茨基主义的"解释"公然歪曲了！

　　至于马克思提到的《雾月十八日》中的有关地方，我们在前面已经全部引用了。

　　在以上引证的马克思的这段论述中，有两个地方是值得特别指出的。第一，他把他的结论只限于大陆。这在1871年是可以理解的，那时英国还是一个纯粹资本主义的、但是没有军阀并在很大程度上没有官僚的国家的典型。所以马克思把英国除外，当时在英国，革命，甚至是人民革命，被设想有可能而且确实有可能**不以**破坏"现成的国家机器"为先决条件。

　　现在，在1917年，在第一次帝国主义大战时期，马克思的这个限制已经不能成立了。英国和美国这两个全世界最大的和最后的盎格鲁撒克逊"自由制"（从没有军阀和官僚这个意义来说）的代表，已经完全滚到官僚和军阀支配一切、压制一切这样一种一般欧洲式的污浊血腥的泥潭中去了。现在，无论在英国或美国，都要以**打碎**、**破坏**"现成的"（是1914—1917年间在这两个国家已制造出来而达到了"欧洲式的"、一般帝国主义的完备程度的）"国家机器"，作为"任何一次真正的人民革命的先决条件"。

　　第二，马克思说破坏官僚军事国家机器是"任何一次真正的人

----

　　①　见本版全集第14卷《卡·马克思致路·库格曼书信集俄译本序言》。——编者注

民革命的先决条件"，这个非常深刻的见解是值得特别注意的。
"人民"革命这一概念出自马克思的口中似乎是很奇怪的，俄国的
普列汉诺夫分子和孟什维克，这些愿意以马克思主义者自命的司
徒卢威信徒，也许会说马克思是"失言"。他们把马克思主义歪曲
成了非常贫乏的自由主义：在他们看来，除了资产阶级革命和无产
阶级革命的对立，再没有任何东西，而且他们对这种对立的理解也
是非常死板的。

　　如果以20世纪的革命为例，那么无论葡萄牙革命[19]或土耳其
革命[20]，当然都应该算是资产阶级革命。但是无论前者或后者，都
不是"人民"革命，因为人民群众，人民的大多数，在这两次革命中
都没有很积极地、独立地起来斗争，都没有明显地提出自己的经济
要求和政治要求。反之，1905—1907年的俄国资产阶级革命，虽
然没有取得像葡萄牙革命和土耳其革命某些时候得到的那些"辉
煌"成绩，但无疑是一次"真正的人民"革命，因为人民群众，人民的
大多数，惨遭压迫和剥削的社会最"底层"，曾经独立奋起，给整个
革命进程打上了自己的烙印：提出了**自己的**要求，自己尝试着按照
自己的方式建立新社会来代替正被破坏的旧社会。

　　1871年，欧洲大陆上任何一个国家的无产阶级都没有占人民
的大多数。当时只有把无产阶级和农民都包括进来的革命，才能
成为真正把大多数吸引到运动中来的"人民"革命。当时的"人民"
就是由这两个阶级构成的。这两个阶级因为都受"官僚军事国家
机器"的压迫、摧残和剥削而联合起来。**打碎**这个机器，**摧毁**这个
机器，——这就是"人民"，人民的大多数，即工人和大多数农民的
真正利益，这就是贫苦农民同无产者自由联盟的"先决条件"，而没
有这个联盟，民主就不稳固，社会主义改造就没有可能。

　　大家知道,巴黎公社曾力求为自己开辟实现这个联盟的道路,但是,由于许多内部和外部的原因,没有达到目的。

　　所以马克思在谈到"真正的人民革命"时,极严格地估计到了1871年欧洲大陆上多数国家中实际的阶级对比关系,但他丝毫没有忘记小资产阶级的特点(关于这些特点,他说得很多而且常常说)。另一方面,他又确认,"打碎"国家机器是工人和农民双方的利益所要求的,这个要求使他们联合起来,在他们面前提出了铲除"寄生物"、用一种新东西来代替的共同任务。

　　究竟用什么东西来代替呢?

2. 用什么东西来代替被打碎的国家机器呢?

　　1847年,马克思在《共产党宣言》中对这个问题的回答还十分抽象,确切些说,只是指出了任务,而没有指出解决任务的方法。以"无产阶级组织成为统治阶级"来代替,以"争得民主"来代替,这就是《共产党宣言》的回答。[①]

　　无产阶级组织成为统治阶级会采取什么样的具体形式,究竟怎样才能组织得同最完全最彻底地"争得民主"这点相适应,对于这个问题,马克思并没有陷于空想,而是期待群众运动的**经验**来解答。

　　马克思在《法兰西内战》一书中对公社的经验(尽管经验很少)作了极仔细的分析。现在我们把该书中最重要的地方摘录下来:

　　　　起源于中世纪的"中央集权的国家政权连同其遍布各地的机关,即常备军、警察局、官僚机构、教会和法院",在19世

---

　　① 参看《马克思恩格斯文集》第2卷第52页。——编者注

纪发展起来了。随着资本和劳动之间阶级对抗的发展，"国家政权在性质上也越来越变成了压迫劳动的公共权力，变成了阶级统治的机器。每经过一场标志着阶级斗争前进一步的革命以后，国家政权的纯粹压迫性质就暴露得更加突出"。在1848—1849年革命以后，国家政权就成为"资本对劳动作战的全国性武器"。第二帝国把这种情况固定下来了。

"帝国的直接对立物就是公社。""公社正是""一个不但取代阶级统治的君主制形式、而且取代阶级统治本身的共和国的""毫不含糊的形式"。……

无产阶级社会主义共和国的这个"毫不含糊的"形式究竟是怎样的呢？它已开始建立的国家是怎样的呢？

"……公社的第一个法令就是废除常备军而代之以武装的人民。……"

现在一切愿意以社会党自命的政党的纲领中都载有这个要求。但是它们的纲领究竟有什么价值，这从我国社会革命党人和孟什维克的行径中看得最清楚，因为他们恰巧是在2月27日革命以后就已在实际上拒绝实现这个要求！

"公社是由巴黎各区通过普选选出的市政委员组成的。这些委员对选民负责，随时可以撤换。其中大多数自然都是工人或公认的工人阶级代表。……

……警察不再是中央政府的工具，他们立刻被免除了政治职能，而变为公社的承担责任的、随时可以撤换的工作人员。其他各行政部门的官员也是一样。从公社委员起，自上至下一切公职人员，都只能领取相当于**工人工资**的报酬。从前国家的高官显宦所享有的一切特权以及公务津贴，都随着这些人物本身的消失而消失了。……公社在铲除了常备军和警察这两支旧政府手中的物质力量以后,便急切地着手摧毁作为压迫工具的精神力量,即僧侣势力……　法官的虚假的独立性被取消……今后均由选举产生,对选民负责,并且可以撤换。……"①

由此可见,公社用来代替被打碎的国家机器的,似乎"仅仅"是更完全的民主:废除常备军,一切公职人员完全由选举产生并完全可以撤换。但是这个"仅仅",事实上意味着两类根本不同的机构的大更替。在这里恰巧看到了一个"量转化为质"的例子:民主实行到一般所能想象的最完全最彻底的程度,就由资产阶级民主转化成无产阶级民主,即由国家(=对一定阶级的特殊的镇压力量)转化成一种已经不是原来意义上的国家的东西。

镇压资产阶级及其反抗,仍然是必要的。这对公社尤其必要,公社失败的原因之一就是在这方面做得不够坚决。但是实行镇压的机关在这里已经是居民的多数,而不像过去奴隶制、农奴制、雇佣奴隶制时代那样总是居民的少数。既然是人民这个大多数**自己镇压他们的压迫者**,实行镇压的"特殊力量"**也就不需要了**! 国家就在这个意义上**开始消亡**。大多数人可以代替享有特权的少数人(享有特权的官吏、常备军长官)的特殊机构,自己来直接行使这些职能,而国家政权职能的行使愈是全民化,这个国家政权就愈不需要了。

在这方面特别值得注意的是马克思着重指出的公社所采取的一项措施:取消支付给官员的一切公务津贴和一切金钱上的特权,把国家**所有**公职人员的报酬减到**"工人工资"**的水平。这里恰巧最

---

① 参看《马克思恩格斯文集》第3卷第151—155页。——编者注

明显地表现出一种**转变**：从资产阶级的民主转变为无产阶级的民主，从压迫者的民主转变为被压迫阶级的民主，从国家这个对一定阶级实行镇压的**"特殊力量"**转变为由大多数人——工人和农民用**共同的力量**来镇压压迫者。正是在这特别明显的一点上，也许是国家问题的最重要的一点上，人们把马克思的教训忘得最干净！通俗的解释（这种解释多不胜数）是不提这一点的。人们把这一点看做已经过时的"幼稚的东西"，"照例"不讲它，正如基督教徒在获得国教地位以后，把带有民主精神和革命精神的早期基督教的种种"幼稚的东西""忘记了"一样。

　　降低国家的高官显宦的报酬，看来"不过"是幼稚的原始的民主制度的要求。现代机会主义的"创始人"之一，以前的社会民主主义者爱·伯恩施坦曾不止一次地重复资产阶级那种嘲笑"原始的"民主制度的庸俗做法。他同一切机会主义者一样，同现在的考茨基主义者一样，完全不懂得：第一，如果不在某种程度上"返回"到"原始的"民主制度，从资本主义过渡到社会主义**是不可能的**（因为，不这样做，怎么能够过渡到由大多数居民以至全体居民行使国家职能呢？）；第二，以资本主义和资本主义文化为基础的"原始民主制度"同原始时代或资本主义以前时代的原始民主制度是不一样的。资本主义文化**创立了**大生产——工厂、铁路、邮政、电话等等，**在这个基础上**，旧的"国家政权"的大多数职能已经变得极其简单，已经可以简化为登记、记录、检查这样一些极其简单的手续，以致每一个识字的人都完全能够胜任这些职能，行使这些职能只须付给普通的"工人工资"，并且可以（也应当）把这些职能中任何特权制、"长官制"的痕迹铲除干净。

　　一切公职人员毫无例外地完全由选举产生并可以**随时**撤换，

把他们的报酬减到普通的"工人工资"的水平,这些简单的和"不言而喻"的民主措施使工人和大多数农民的利益完全一致起来,同时成为从资本主义通向社会主义的桥梁。这些措施关系到对社会进行的国家的即纯政治的改造,但是这些措施自然只有同正在实行或正在准备实行的"剥夺剥夺者"联系起来,也就是同变生产资料资本主义私有制为公有制联系起来,才会显示出全部意义和作用。

马克思写道:"公社实现了所有资产阶级革命都提出的廉价政府这一口号,因为它取消了两个最大的开支项目,即军队和国家官吏。"①

农民同小资产阶级其他阶层一样,他们当中只有极少数人能够"上升",能够"出人头地"(从资产阶级的意义来说),即变成富人,变成资产者,或者变成生活富裕和享有特权的官吏。在任何一个有农民的资本主义国家(这样的资本主义国家占大多数),大多数农民是受政府压迫而渴望推翻这个政府、渴望有一个"廉价"政府的。能够实现这一要求的**只有**无产阶级,而无产阶级实现了这一要求,也就是向国家的社会主义改造迈进了一步。

3. 取消议会制

马克思写道:"公社是一个实干的而不是议会式的机构,它既是行政机关,同时也是立法机关。……

……普选制不是为了每三年或六年决定一次由统治阶级中什么人在议会里代表和镇压(ver-und zertreten)人民,而是

---

① 参看《马克思恩格斯文集》第3卷第157页。——编者注

为了服务于组织在公社里的人民,正如个人选择权服务于任何一个为自己企业招雇工人、监工和会计的雇主一样。"①

由于社会沙文主义和机会主义占了统治地位,这个在1871年对议会制提出的精彩的批评,现在也属于马克思主义中"被忘记的言论"之列。部长和职业议员们,现今的无产阶级叛徒和"专讲实利的"社会党人,把批评议会制完全让给无政府主义者去做,又根据这个非常正当的理由宣布,对议会制的**任何**批评都是"无政府主义"!! 难怪"先进的"议会制国家的无产阶级一看到谢德曼、大卫、列金、桑巴、列诺得尔、韩德逊、王德威尔得、斯陶宁格、布兰亭、比索拉蒂之流的"社会党人"就产生恶感,而日益同情无政府工团主义,尽管无政府工团主义是机会主义的同胞兄弟。

但是,马克思从来没有像普列汉诺夫和考茨基等人那样,把革命的辩证法看做是一种时髦的空谈或动听的辞藻。马克思善于无情地摒弃无政府主义,鄙视它甚至不会利用资产阶级议会这个"畜圈",特别是在显然不具备革命形势的时候,但同时马克思又善于给议会制一种真正革命无产阶级的批评。

每隔几年决定一次由统治阶级中什么人在议会里镇压人民、压迫人民,——这就是资产阶级议会制的真正本质,不仅在议会制的立宪君主国内是这样,而且在最民主的共和国内也是这样。

但是,如果提出国家问题,如果把议会看做国家的一种机构,从无产阶级在**这**方面的任务的角度加以考察,那么摆脱议会制的出路何在呢? 怎样才可以不要议会制呢?

我们不得不一再指出,马克思从研究公社得出的教训竟被忘

① 参看《马克思恩格斯文集》第3卷第154、156页。——编者注

得这样干净,以致对议会制的批评,除了无政府主义的或反动的批评,任何其他的批评都简直为现代的"社会民主党人"(应读做:现代的社会主义叛徒)所不知道了。

摆脱议会制的出路,当然不在于取消代表机构和选举制,而在于把代表机构由清谈馆变为"实干的"机构。"公社是一个实干的而不是议会式的机构,它既是行政机关,同时也是立法机关。"

"是一个实干的而不是议会式的"机构,这正好击中了现代的议员和社会民主党的议会"哈巴狗"的要害!请看一看任何一个议会制的国家,从美国到瑞士,从法国到英国和挪威等等,那里真正的"国家"工作是在幕后做的,是由各部、官厅和司令部进行的。议会专门为了愚弄"老百姓"而从事空谈。这是千真万确的事实,甚至在俄罗斯共和国这个资产阶级民主共和国里,在还没有来得及建立真正的议会以前,议会制的所有这些弊病就已经显露出来了。带有腐朽的市侩习气的英雄们,如斯柯别列夫和策列铁里之流,切尔诺夫和阿夫克森齐耶夫之流,竟把苏维埃糟蹋成最卑鄙的资产阶级的议会,把它变成了清谈馆。在苏维埃里,"社会党人"部长先生们用空谈和决议来愚弄轻信的农民。在政府里,不断地更换角色,一方面为的是依次让更多的社会革命党人和孟什维克尝尝高官厚禄的"甜头",另一方面为的是"转移"人民的"视线"。而在官厅里,在司令部里,却在"干着""国家"工作!

执政的"社会革命党"的机关报《人民事业报》[21]不久以前在一篇社论中,用"大家"都以政治卖淫为业的"上流社会"中的人物的无比坦率的口吻自供说,甚至在"社会党人"(请原谅我用这个名词!)主管的各部中,整个官吏机构实际上还是旧的,还在按旧的方式行使职权,十分"自由地"暗中破坏革命的创举!即使没有这个自供,社会革命党人和孟什维克参加政府的实际情况不也证明了这一点吗? 这里值得注意的只是,同立宪民主党人一起待在官场里的切尔诺夫、鲁萨诺夫、晋季诺夫之流以及《人民事业报》的其他编辑先生,是这样的不知羞耻,竟满不在乎地在公众面前像谈小事情一样厚着脸皮说,在"他们的"各部中一切照旧!! 革命民主的词句是用来愚弄乡下佬的,官吏的官厅的拖拉作风则是为了博得资本家的"欢心",这就是"真诚"联合的**实质**。

在公社用来代替资产阶级社会贪污腐败的议会的那些机构中,发表意见和讨论的自由不会流为骗局,因为议员必须亲自工作,亲自执行自己通过的法律,亲自检查实际执行的结果,亲自对自己的选民直接负责。代表机构仍然存在,然而议会制这种特殊的制度,这种立法和行政的分工,这种议员们享有的特权地位,在这里**是不存在的**。没有代表机构,我们不可能想象什么民主,即使是无产阶级民主;而没有议会制,我们却能够想象和**应该**想象,除非我们对资产阶级社会的批评是空谈,除非推翻资产阶级统治的愿望不是我们真正的和真诚的愿望,而是像孟什维克和社会革命党人,像谢德曼、列金、桑巴、王德威尔得之流的那种骗取工人选票的"竞选"词句。

非常有教益的是:马克思在谈到既为公社需要、又为无产阶级民主需要的**那种**官吏的职能时,拿"任何一个雇主"招雇的人员来作比喻,即拿招雇"工人、监工和会计"的普通资本主义企业来作比喻。

马克思没有丝毫的空想主义,就是说,他没有虚构和幻想"新"社会。相反,他把从旧社会**诞生**新社会的过程、从前者进到后者的过渡形式,作为一个自然历史过程来研究。他以无产阶级群众运动的实际经验为依据,竭力从这个经验中取得实际教训。他向公

社"学习",就像一切伟大的革命思想家不怕向被压迫阶级的伟大
运动的经验学习而从来不对这些运动作学究式的"训诫"(像普列
汉诺夫说"本来就用不着拿起武器",或者像策列铁里说"阶级应当
自己约束自己")一样。

要一下子、普遍地、彻底地取消官吏,是谈不到的。这是空想。
但是一下子**打碎**旧的官吏机器,立刻开始建立一个新的机器来逐
步取消任何官吏,这并**不是**空想,这是公社的经验,这是革命无产
阶级当前的直接任务。

资本主义使"国家"管理的职能简化了,使我们有可能抛弃"长
官职能",把全部问题归结为无产者组织起来(成为统治阶级)以全
社会名义招雇"工人、监工和会计"。

我们不是空想主义者。我们并不"幻想"**一下子**就可以不要任
何管理,不要任何服从;这种由于不懂得无产阶级专政的任务而产
生的无政府主义幻想,与马克思主义根本不相容,实际上只会把社
会主义革命拖延到人们变成另一种人的时候。我们不是这样,我
们希望由现在的人来实行社会主义革命,而现在的人没有服从、没
有监督、没有"监工和会计"是不行的。

但是所需要的服从,是对一切被剥削劳动者的武装先锋
队——无产阶级的服从。国家官吏的特殊"长官职能"可以并且应
该立即开始、在一天之内就开始用"监工和会计"的简单职能来代
替,这些职能现在只要有一般市民的水平就完全能够胜任,行使这
些职能只须付给"工人工资"就完全可以了。

我们工人**自己**将以资本主义创造的成果为基础,依靠自己的
工人的经验,建立由武装工人的国家政权维护的最严格的铁的纪
律,来组织大生产,把国家官吏变成我们的委托的简单执行者,变

成对选民负责的、可以撤换的、领取微薄报酬的"监工和会计"（当然还要用各式各样的和各种等级的技术人员），——这就是**我们无**产阶级的任务，无产阶级革命实现时就可以而且应该从这里**开始**做起。在大生产的基础上，这个开端自然会导致任何官吏逐渐"消亡"，使一种不带引号的、与雇佣奴隶制不同的秩序逐渐建立起来，在这种秩序下，日益简化的监督职能和填制表报的职能将由所有的人轮流行使，然后将成为一种习惯，最后就不再成其为特殊阶层的**特殊**职能了。

19世纪70年代，有一位聪明的德国社会民主党人认为**邮政**是社会主义经济的模型。这是非常正确的。目前邮政是按国家**资本主义**垄断组织的样式组成的一种经济。帝国主义逐渐把所有托拉斯都变为这种样式的组织。这里压在那些工作繁重、忍饥挨饿的"粗笨的"劳动者头上的仍然是那个资产阶级的官僚机构。但是管理社会事务的机构在这里已经准备好了。只要推翻资本家，用武装工人的铁拳粉碎这些剥削者的反抗，摧毁现代国家的官僚机器，我们就会有一个除掉了"寄生物"而技术装备程度很高的机构，这个机构完全可以由已经联合起来的工人自己使用，招雇一些技术人员、监工和会计，对**所有**这些人的工作如同对**所有**"国家"官吏的工作一样，付给工人的工资。这就是在对待一切托拉斯方面具体、实际而且立即可行的任务，它使劳动者免除剥削，并考虑到了实际上已经由公社开始了的尝试（特别是在国家建设方面）。

把**整个**国民经济组织得像邮政一样，做到在武装的无产阶级的监督和领导下使技术人员、监工和会计，如同**所有**公职人员一样，都领取不超过"工人工资"的报酬，这就是我们最近的目标。这样的国家，在这样的经济基础上的国家，才是我们所需要的。这样才能取消议会制而保留代表机构，这样才能使劳动阶级的这些机构免除资产阶级的糟蹋。

4. 组织起民族的统一

"……在公社没有来得及进一步加以发挥的全国组织纲要上说得十分清楚，公社将成为甚至最小村落的政治形式……" 巴黎的"国民代表会议"也应当由各个公社选举出来。

"……仍须留待中央政府履行的为数不多但很重要的职能，则不会像有人故意胡说的那样加以废除，而应该交给公社的官吏，即交给那些严格负责的官吏。

民族的统一不是应该破坏，相反地应该借助于公社制度组织起来，应该通过这样的办法来实现，即消灭以民族统一的体现者自居同时却脱离民族、凌驾于民族之上的国家政权，这个国家政权只不过是民族躯体上的寄生赘瘤。旧政府权力的纯属压迫性质的机关予以铲除，而旧政府权力的合理职能则从僭越和凌驾于社会之上的当局那里夺取过来，归还给社会的负责的公仆。"①

叛徒伯恩施坦所著的有赫罗斯特拉特²²名声的《社会主义的前提和社会民主党的任务》一书，再清楚不过地表明现代社会民主党内的机会主义者是多么不理解，或者更确切些说，是多么不愿意理解马克思的这些论述。伯恩施坦正是在谈到马克思的上述这些话时写道：这个纲领"就其政治内容来说，在一切要点上都十分类

---

① 参看《马克思恩格斯文集》第 3 卷第 155—156 页。——编者注

似蒲鲁东主张的联邦制……　尽管马克思和'小资产者'蒲鲁东〈伯恩施坦把"小资产者"这几个字放在引号内,想必他是表示讽刺〉之间有其他种种分歧,可是在这几点上,他们的思路是再接近不过的"。伯恩施坦接着又说:自然,地方自治机关的意义在增长,但是"民主的第一个任务是不是就像马克思和蒲鲁东所想象的那样是废除〈Auflösung——直译是解散、融解〉现代国家和完全改变〈Umwandlung——变革〉其组织(由各省或各州的会议选出代表组织全国会议,而各省或各州的会议则由各公社选出代表组成),从而使全国代表机关的整个旧形式完全消失,对此我是有怀疑的"。(伯恩施坦《前提》1899年德文版第134页和第136页)

把马克思关于"消灭国家政权——寄生物"的观点同蒲鲁东的联邦制混为一谈,这简直是骇人听闻的事! 但这不是偶然的,因为机会主义者从来没有想到,马克思在这里谈的根本不是同集中制对立的联邦制,而是要打碎在一切资产阶级国家里都存在的旧的资产阶级的国家机器。

机会主义者所想到的,只是在自己周围、在充满市侩的庸俗习气和"改良主义的"停滞现象的环境中他所看到的东西,即只是"地方自治机关"! 至于无产阶级革命,机会主义者连想都不会去想了。

这是很可笑的。但值得注意的是,在这一点上竟没有人同伯恩施坦进行过争论。许多人都曾驳斥过伯恩施坦,特别是俄国著作界的普列汉诺夫和欧洲著作界的考茨基,但是,无论前者或后者都**没有**谈到伯恩施坦对马克思的**这一**歪曲。

机会主义者根本不会革命地思考,根本不会思考革命,他们竟把"联邦制"强加在马克思头上,把他同无政府主义的始祖蒲鲁东混为一谈。而想成为正统派马克思主义者、想捍卫革命的马克思主义学说的考茨基和普列汉诺夫却对此默不作声！这就是考茨基主义者和机会主义者极端庸俗地认识马克思主义同无政府主义的区别的根源之一。关于这种庸俗的观点，我们以后还要讲到。

在上述的马克思关于公社经验的论述中根本没有一点联邦制的痕迹。马克思和蒲鲁东相同的地方，恰巧是机会主义者伯恩施坦看不到的。而马克思和蒲鲁东不同的地方，恰巧是伯恩施坦认为相同的。

马克思和蒲鲁东相同的地方，就在于他们两人都主张"打碎"现代国家机器。马克思主义同无政府主义（不管是蒲鲁东或巴枯宁）这一相同的地方，无论机会主义者或考茨基主义者都不愿意看见，因为他们在这一点上离开了马克思主义。

马克思同蒲鲁东和巴枯宁不同的地方，恰巧就在联邦制问题上（更不用说无产阶级专政的问题了）。联邦制在原则上是从无政府主义的小资产阶级观点产生出来的。马克思是主张集中制的。在他上述的论述中，丝毫也没有离开集中制。只有对国家充满市侩"迷信"的人们，才会把消灭资产阶级国家机器看成是消灭集中制！

无产阶级和贫苦农民把国家政权掌握在自己手中，十分自由地按公社体制组织起来，把所有公社的行动**统一**起来去打击资本，粉碎资本家的反抗，把铁路、工厂、土地以及其他私有财产交给**整个民族**、整个社会，难道这不是集中制吗？难道这不是最彻底的民主集中制、而且是无产阶级的集中制吗？

伯恩施坦根本不会想到可能有自愿的集中制，可能使各公社自愿统一为一个民族，可能使无产阶级的公社在破坏资产阶级统治和资产阶级国家机器的事业中自愿融合在一起。伯恩施坦同其他所有的庸人一样，以为集中制是只能从上面、只能由官吏和军阀强迫实行和维持的东西。

马克思似乎预料到会有人歪曲他的这些观点，所以特意着重指出，如果非难公社要破坏民族的统一、废除中央政权，那就是故意捏造。马克思特意使用"组织起民族的统一"这样的说法，以便提出自觉的、民主的、无产阶级的集中制来同资产阶级的、军阀的、官吏的集中制相对立。

但是……充耳不闻比聋子还糟。现代社会民主党内的机会主义者正是充耳不闻消灭国家政权、铲除寄生物这样的话。

5. 消灭寄生物——国家

我们已经引用了马克思有关的言论，现在还应当补充几段。

马克思写道："……全新的历史创举都要遭到被误解的命运，即只要这种创举与旧的、甚至已经死亡的社会生活形式可能有某些相似之处，它就会被误认为是那些社会生活形式的翻版。所以，这个新的、摧毁〈bricht——打碎〉了现代国家政权的公社，就恰恰被误认为是……中世纪公社的再现。……是……许多小邦的联盟〈孟德斯鸠，吉伦特派[23]〉……是反对过分集权这一古老斗争的被夸张了的形式。……

……公社制度会把靠社会供养而又阻碍社会自由发展的'国家'这个寄生赘瘤迄今所夺去的一切力量，归还给社会机体。仅此一举就会把法国的复兴推动起来。……

……公社制度是把农村的生产者置于他们所在地区中心城市的精神指导之下，使他们在中心城市有工人作为他们利益的天然代表者。公社的存在本身自然而然会带来地方自治,但这种地方自治已经不是用来牵制现在已被取代的国家政权的东西了。"①

"消灭国家政权"这个"寄生赘瘤","铲除"它,"破坏"它;"国家政权现在已被取代",——这就是马克思评价和分析公社的经验时在国家问题上使用的说法。

所有这些都是在将近半世纪以前写的,现在必须把这些话发掘出来,使广大群众能够认识马克思主义的本来面目。马克思观察了他经历的最后一次大革命之后作出的结论,恰巧在新的无产阶级大革命时代到来的时候被人忘记了。

"……人们对公社有多种多样的解释,多种多样的人把公社看成自己利益的代表者,这证明公社是一个高度灵活的政治形式,而一切旧有的政府形式都具有非常突出的压迫性。公社的真正秘密就在于:它实质上是**工人阶级的政府**,是生产者阶级同占有者阶级斗争的产物,是终于发现的可以使劳动在经济上获得解放的政治形式。

如果没有最后这个条件,公社制度就没有存在的可能,就是欺人之谈。……"②

空想主义者致力于"发现"可以对社会进行社会主义改造的各种政治形式。无政府主义者根本不考虑政治形式问题。现代社会民主党内的机会主义者则把议会制民主国家的资产阶级政治形式当做不可逾越的极限,对这个"典范"崇拜得五体投地,宣布**摧毁**这些形式的任何意图都是无政府主义。

马克思从社会主义和政治斗争的全部历史中得出结论:国家

---

① 参看《马克思恩格斯文集》第3卷第156—157页。——编者注
② 同上书,第157—158页。——编者注

一定会消失；国家消失的过渡形式（从国家到非国家的过渡），将是"组织成为统治阶级的无产阶级"。但是，马克思并没有去**发现**这个未来的政治**形式**。他只是对法国历史作了精确的观察，对它进行了分析，得出了 1851 年所导致的结论：事情已到了**破坏**资产阶级的国家机器的地步。

当无产阶级的群众革命运动已经爆发的时候，马克思就来研究这个运动究竟**发现**了什么样的形式，虽然这个运动遭到了挫折，虽然这个运动为期很短而且有显著的弱点。

公社就是无产阶级革命"终于发现的"可以使劳动在经济上获得解放的形式。

公社就是无产阶级革命**打碎**资产阶级国家机器的第一次尝试和"终于发现的"、可以而且应该用来**代替**已被打碎的国家机器的政治形式。

我们往下就会看到，俄国 1905 年革命和 1917 年革命在另一个环境和另一种条件下继续着公社的事业，证实着马克思这种天才的历史的分析。

第 四 章

续前。恩格斯的补充说明

马克思对公社经验的意义问题指出了基本的要点。恩格斯不止一次地谈到这个问题，说明马克思的分析和结论，并且有时非常有力非常突出地阐明这个问题的**其他**方面，因此我们必须特别来谈谈这些说明。

1.《住宅问题》

恩格斯在他论住宅问题的著作(1872年)①中，已经考虑到了公社的经验，几次谈到了革命在对待国家方面的任务。很有意思的是，他在谈到这个具体问题时，一方面明显地说明了无产阶级国家同现今的国家相似的地方，根据这些相似的地方我们可以把两者都称为国家；另一方面又明显地说明了两者不同的地方，或者说，说明了向消灭国家的过渡。

"那么怎样解决住宅问题呢？在现代社会里，这个问题同其他一切社会问题的解决办法是完全一样的，这就是靠经济上供求的逐渐均衡来加以解决。这样解决了之后，问题又会不断产生，所以也就等于没有解决。社会革命将怎样解决这个问题呢？这不仅要以当时的情况为转移，而且也同一些意义深远的问题有关，其中最重要的问题之一就是消灭城乡对立。既然我们不必为构建未来社会臆造种种空想方案，探讨这个问题也就是完全多余的了。但有一点是肯定的，现在各大城市中有足够的住房，只要合理使用，就可以立即解决现实的住房**短缺**问题。当然，要实现这一点，就必须剥夺现在的房主，或者让没有房子住或现在住得很挤的工人搬进这些房主的房子中去住。只要无产阶级取得了政权，这种具有公共福

---

① 见《马克思恩格斯文集》第3卷第235—334页。——编者注

利形式的措施就会像现代国家剥夺其他东西和征用民宅那样容易实现了。"(1887年德文版第22页)①

这里没有考察国家政权形式的改变,只谈到国家政权活动的内容。剥夺和占据住宅是根据现今国家的命令进行的。无产阶级的国家,从形式上来讲,也会"下令"占据住宅和剥夺房屋。但是很明显,旧的执行机构,即同资产阶级相联系的官吏机构,是根本不能用来执行无产阶级国家的命令的。

"……必须指出,由劳动人民实际占有全部劳动工具和拥有全部工业,是同蒲鲁东主义**24**的'赎买'完全相反的。如果采用后一种办法,单个劳动者将成为住房、农民田园、劳动工具的所有者;如果采用前一种办法,则'劳动人民'将成为房屋、工厂和劳动工具的总所有者。这些房屋、工厂等等,至少在过渡时期难以无偿地转让给个人或协作社。同样,消灭地产并不要求消灭地租,而是要求把地租——虽然形式发生变化——转交给社会。所以,由劳动人民实际占有全部劳动工具,决不排除保存租赁关系。"(第68页)②

我们在下一章将要考察在这段论述中触及的问题,即关于国家消亡的经济基础的问题。恩格斯非常谨慎,他说无产阶级国家"至少在过渡时期难以"免费分配住宅。把属于全民的住宅租给单个家庭就既要征收租金,又要实行一定的监督,还要规定分配住宅的某种标准。这一切都需要有一定的国家形式,但决不需要那种公职人员享有特权地位的特殊的军事和官僚机构。至于过渡到免费分配住宅,那是与国家的完全"消亡"联系着的。

---

① 参看《马克思恩格斯文集》第3卷第264页。——编者注
② 同上书,第328页。——编者注

恩格斯谈到布朗基主义者[25]在公社以后因受到公社经验的影响而转到马克思主义的原则立场上的时候,曾顺便把这个立场表述如下:

"……无产阶级必须采取政治行动,必须把实行无产阶级专政作为达到废除阶级并和阶级一起废除国家的过渡……"(第55页)①

一些喜欢咬文嚼字的批评家或者"从事剿灭马克思主义"的资产阶级分子大概以为,在这里**承认**"废除国家",在上述《反杜林论》的一段论述中又把这个公式当做无政府主义的公式加以否定,是矛盾的。如果机会主义者把恩格斯也算做"无政府主义者",那并没有什么奇怪,因为社会沙文主义者给国际主义者加上无政府主义的罪名现在是愈来愈时行了。

国家会随着阶级的废除而废除,马克思主义向来就是这样教导我们的。《反杜林论》的那段人所共知的关于"国家消亡"的论述,并不是简单地斥责无政府主义者主张废除国家,而是斥责他们鼓吹可以"在一天之内"废除国家。

现在占统治地位的"社会民主主义"学说把马克思主义在消灭国家问题上对无政府主义的态度完全歪曲了,因此我们来回忆一下马克思和恩格斯同无政府主义者的一次论战,是特别有益的。

2. 同无政府主义者的论战

这次论战发生在1873年。马克思和恩格斯曾经把驳斥蒲鲁

---

① 见《马克思恩格斯文集》第3卷第310页。——编者注

东主义者即"自治论者"或"反权威主义者"的文章[26]寄给意大利的一个社会主义文集。这些文章在 1913 年才译成德文发表在《新时代》杂志上。

　　马克思讥笑无政府主义者否认政治时写道："……如果工人阶级的政治斗争采取暴力的形式，如果工人建立起自己的革命专政来代替资产阶级专政，那他们就犯了违反原则的滔天大罪，因为工人为了满足自己低微的平凡的日常需要，为了粉碎资产阶级的反抗，竟不放下武器，不废除国家，而赋予国家以一种革命的暂时的形式。……"（《新时代》杂志第 32 年卷(1913—1914)第 1 册第 40 页）①

　　请看，马克思在驳斥无政府主义者时，仅仅是反对这样地"废除"国家！马克思完全不是反对国家将随阶级的消失而消失，或国家将随阶级的废除而废除，而是反对要工人拒绝使用武器，拒绝使用有组织的暴力，**即拒绝**使用应为"粉碎资产阶级的反抗"这一目的服务的**国家**。

　　马克思故意着重指出无产阶级所必需的国家具有"革命的**暂时的形式**"，以免人们歪曲他同无政府主义斗争的真正意思。无产阶级需要国家只是暂时的。在废除国家是**目的**这个问题上，我们和无政府主义者完全没有分歧。我们所断言的是，为了达到这个目的，就必须暂时利用国家权力的工具、手段、方法去**反对**剥削者，正如为了消灭阶级，就必须实行被压迫阶级的暂时专政一样。马克思在驳斥无政府主义者时，把问题提得非常尖锐，非常明确：工人在推翻资本家的压迫时，应当"放下武器"呢，还是应当利用它来

　　① 见《马克思恩格斯文集》第 3 卷第 339—340 页。——编者注

反对资本家以粉碎他们的反抗？一个阶级有系统地利用武器反对
另一个阶级，这不是国家的"暂时的形式"又是什么呢？

每一个社会民主党人都应该问问自己：他在同无政府主义者
论战时是**这样**提出国家问题的吗？第二国际大多数正式的社会党
是**这样**提出国家问题的吗？

恩格斯更加详尽更加通俗地阐明了这同一个思想。他首先讥
笑了蒲鲁东主义者的糊涂观念，讥笑他们把自己称为"反权威主义
者"，也就是否认任何权威、任何服从、任何权力。恩格斯说，试拿
工厂、铁路、在汪洋大海上航行的轮船来说吧，这是一些使用机器
的、很多人有计划地共同工作的复杂技术设施，如果没有一定的服
从，因而没有一定的权威或权力，那就没有一样能够开动起来，这
难道还不明显吗？

> 恩格斯写道："……如果我拿这种论据来反对最顽固的反
> 权威主义者，那他们就只能给我如下的回答：'是的！这是对
> 的，但是这里所说的并不是我们赋予我们的代表以某种权威，
> **而是某种委托**。'这些先生以为，只要改变一下某一事物的名
> 称，就可以改变这一事物本身。……"①

恩格斯指出，权威和自治都是相对的概念，它们的应用范围是
随着社会发展阶段的不同而改变的，把它们看做绝对的东西是荒
谬的；并且补充说，使用机器和大规模生产的范围在日益扩大。然
后恩格斯从权威问题的一般论述转到国家问题。

> 他写道："……如果自治论者仅仅是想说，未来的社会组
> 织将只在生产条件所必然要求的限度内允许权威存在，那也

---

① 见《马克思恩格斯文集》第3卷第337页。——编者注

许还可以同他们说得通。但是，他们闭眼不看使权威成为必要的种种事实，只是拼命反对字眼。

为什么反权威主义者不只限于高喊反对政治权威，反对国家呢？所有的社会主义者都认为，国家以及政治权威将由于未来的社会革命而消失，这就是说，社会职能将失去其政治性质，而变为维护真正社会利益的简单的管理职能。但是，反权威主义者却要求在产生政治国家的各种社会条件消除以前，一举把政治国家废除。他们要求把废除权威作为社会革命的第一个行动。

这些先生见过革命没有？革命无疑是天下最权威的东西。革命就是一部分人用枪杆、刺刀、大炮，即用非常权威的手段强迫另一部分人接受自己的意志。获得胜利的政党迫于必要，不得不凭借它以武器对反动派造成的恐惧，来维持自己的统治。要是巴黎公社面对资产者没有运用武装人民这个权威，它能支持哪怕一天吗？反过来说，难道我们没有理由责备公社把这个权威用得太少了吗？总之，二者必居其一。或者是反权威主义者自己不知所云，如果是这样，那他们只是在散布糊涂观念；或者他们是知道的，如果是这样，那他们就背叛了无产阶级的事业。在这两种情况下，他们都只是为反动派效劳。"(第 39 页)①

在这些论述中涉及了在考察国家消亡时期的政治与经济的相互关系(下一章要专门论述这个问题)时应该考察的问题。那就是关于社会职能由政治职能变为简单管理职能的问题和关于"政治国家"的问题。后面这个说法(它特别容易引起误会)指出了国家

---

① 参看《马克思恩格斯文集》第 3 卷第 337—338 页。——编者注

消亡有一个过程：正在消亡的国家在它消亡的一定阶段，可以叫做非政治国家。

恩格斯这些论述中最精彩的地方，仍然是他用来反驳无政府主义者的问题提法。愿意做恩格斯的学生的社会民主党人，从1873年以来同无政府主义者争论过无数次，但他们在争论时所采取的态度，恰巧**不是**马克思主义者可以而且应该采取的。无政府主义者关于废除国家的观念是糊涂的，而且是**不革命的**，恩格斯就是这样提问题的。无政府主义者不愿看见的，正是革命的产生和发展，正是革命在对待暴力、权威、政权、国家方面的特殊任务。

现代社会民主党人通常对无政府主义的批评，可以归结为一种十足的市侩式的庸俗论调："我们承认国家，而无政府主义者不承认！"这样的庸俗论调自然不能不使那些稍有头脑的革命的工人感到厌恶。恩格斯就不是这样谈问题的。他着重指出，所有的社会主义者都承认国家的消失是社会主义革命的结果。然后他具体地提出革命的问题，这个问题恰巧是机会主义的社会民主党人通常避而不谈而可以说是把它留给无政府主义者去专门"研究"的。恩格斯一提出这个问题就抓住了关键：公社难道不应该**更多地**运用**国家**即武装起来并组织成为统治阶级的无产阶级这个**革命**政权吗？

现在占统治地位的正式的社会民主党，对于无产阶级在革命中的具体任务问题，通常是简单地用庸人的讥笑来敷衍，至多也不过是含糊地用诡辩来搪塞，说什么"将来再看吧"。因此无政府主义者有权责备这样的社会民主党，责备他们背弃了对工人进行革命教育的任务。恩格斯运用最近这次无产阶级革命的经验，正是为了十分具体地研究一下无产阶级无论在对待银行方面还是在对待国家方面应该做什么和怎样做。

3. 给倍倍尔的信

恩格斯在 1875 年 3 月 18—28 日给倍倍尔的信中有下面这样一段话,这段话在马克思和恩格斯关于国家问题的著作中,如果不算是最精彩的论述,也得算是最精彩的论述之一。附带说一下,据我们所知,倍倍尔第一次发表这封信是在他 1911 年出版的回忆录《《我的一生》》第 2 卷里,也就是在恩格斯写好并发出这封信的 36 年之后。

恩格斯在给倍倍尔的信里批判了也被马克思在给白拉克的有名的信里批判过的哥达纲领草案,并且特别谈到了国家问题,他写道:

"……自由的人民国家变成了自由国家。从字面上看,自由国家就是可以自由对待本国公民的国家,即具有专制政府的国家。应当抛弃这一切关于国家的废话,特别是出现了已经不是原来意义上的国家的巴黎公社以后。无政府主义者用'人民国家'这个名词把我们挖苦得很够了,虽然马克思驳斥蒲鲁东的著作[27] 和后来的《共产主义宣言》[1]都已经直接指出,随着社会主义社会制度的建立,国家就会自行解体和消失。既然国家只是在斗争中、在革命中用来对敌人实行暴力镇压的一种暂时的设施,那么,说自由的人民国家,就纯粹是无稽之谈了:当无产阶级还**需要**国家的时候,它需要国家不是为了自由,而是为了镇压自己的敌人,一到有可能谈自由的时候,国家本身就不再存在了。因此,我们建议把**国家**一词全部

---

① 即《共产党宣言》。——编者注

改成'共同体'(Gemeinwesen)，这是一个很好的古德文词，相当于法文的'公社'。"(德文原版第 321—322 页)①

应当指出：这封信是谈党纲的，这个党纲马克思在离这封信仅仅几星期以后的一封信(马克思的信写于 1875 年 5 月 5 日)里曾作过批判；当时恩格斯和马克思一起住在伦敦。因此，恩格斯在最后一句话里用"我们"二字，无疑是以他自己和马克思的名义向德国工人党的领袖建议，把"国家"一词**从党纲中去掉**，用"**共同体**"来代替。

如果向为了迁就机会主义者而伪造出来的现代"马克思主义"的首领们建议这样来修改党纲，那他们该会怎样狂吠，骂这是"无政府主义"啊！

让他们狂吠吧。资产阶级会因此称赞他们的。

我们还是要做我们自己的事情。在修改我们的党纲时，绝对必须考虑恩格斯和马克思的意见，以便更接近真理，以便清除对马克思主义的歪曲而恢复马克思主义，以便更正确地指导工人阶级争取自身解放的斗争。在布尔什维克当中大概不会有人反对恩格斯和马克思的建议。困难也许只是在用词上。德文中有两个词都作"共同体"解释，恩格斯用的那个词**不是**指单个的共同体，而是指共同体的总和即共同体体系。俄文中没有这样一个词，也许只好采用法文中的"公社"一词，虽然这也有它的不足之处。

"巴黎公社已经不是原来意义上的国家"，——这是恩格斯在理论上最重要的论断。看了上文以后，这个论断是完全可以理解的。公社已经**不再是**国家了，因为公社所要镇压的不是大多数居民，而是少数居民(剥削者)；它已经打碎了资产阶级的国家机器；

---

① 参看《马克思恩格斯文集》第 3 卷第 414 页。——编者注

居民已经自己上台来代替**特殊**的镇压力量。所有这一切都已经不是原来意义上的国家了。如果公社得到巩固，那么公社的国家痕迹就会自行"消亡"，它就用不着"废除"国家机构，因为国家机构将无事可做而逐渐失去其作用。

"无政府主义者用'人民国家'这个名词挖苦我们"，——恩格斯的这句话首先是指巴枯宁和他对德国社会民主党人的攻击说的。恩格斯认为这种攻击有正确之处，**因为**"人民国家"像"自由的人民国家"一样，都是无稽之谈，都是背离社会主义的。恩格斯竭力纠正德国社会民主党人反对无政府主义者的斗争，使这个斗争在原则上正确，使它摆脱在"国家"问题上的种种机会主义偏见。真可惜！恩格斯的这封信竟被搁置了 36 年。我们在下面可以看到，即使在这封信发表以后，考茨基实际上还是顽固地重犯恩格斯告诫过的那些错误。

倍倍尔在 1875 年 9 月 21 日写回信给恩格斯，信中也谈到他"完全同意"恩格斯对纲领草案的意见，并说他责备了李卜克内西的让步态度（倍倍尔的回忆录德文版第 2 卷第 334 页）。但是把倍倍尔的《我们的目的》这本小册子拿来，我们却可以看到国家问题上一种完全错误的论调：

"国家应当由基于**阶级统治**的国家变成**人民国家**。"（《我们的目的》1886年德文版第 14 页）

这就是倍倍尔那本小册子**第 9 版**（第 9 版！）中的话！难怪德国社会民主党竟听任一些人如此顽固地重复关于国家问题的机会主义论调，特别是在恩格斯所作的革命解释被搁置起来而整个生活环境又长期使人"忘记"革命的时候。

4. 对爱尔福特纲领草案的批判

在分析马克思主义的国家学说时，不能不提到恩格斯在1891年6月29日寄给考茨基而过了10年以后才在《新时代》杂志上发表的对爱尔福特纲领[28]草案的批判，因为这篇文章主要就是批判社会民主党在**国家**结构问题上的**机会主义**观点的。

顺便指出，恩格斯还对经济问题作了一个非常宝贵的指示，这说明恩格斯是如何细心、如何深刻地考察了现代资本主义的形态的变化，因而他才能在一定程度上预先想到当前帝国主义时代的任务。这个指示是恩格斯由于该纲领草案用"无计划性"这个词来说明资本主义的特征而作的，他写道：

"……如果我们从股份公司进而来看那支配着和垄断着整个工业部门的托拉斯，那么，那里不仅没有了私人生产，而且也没有了无计划性。"(《新时代》杂志第20年卷(1901—1902)第1册第8页)[①]

这里抓住了对现代资本主义即帝国主义的理论评价中最主要的东西，即资本主义转化为垄断**资本主义**。后面这四个字必须用黑体加以强调，因为目前最普遍的一种错误就是资产阶级改良主义者所断言的什么垄断资本主义或国家垄断资本主义**已经不**是资本主义，已经可以称为"国家社会主义"，如此等等。完全的计划性当然是托拉斯所从来没有而且也不可能有的。但是尽管托拉斯有计划性，尽管资本大王们能预先考虑到一国范围内甚至国际范围

---

① 见《马克思恩格斯文集》第4卷第410页。——编者注

内的生产规模,尽管他们有计划地调节生产,我们还是处在**资本主义**下,虽然是在它的新阶段,但无疑还是处在资本主义下。在无产阶级的真正代表看来,**这种**资本主义之"接近"社会主义,只是证明社会主义革命已经接近,已经不难实现,已经可以实现,已经刻不容缓,而决不是证明可以容忍一切改良主义者否认社会主义革命和粉饰资本主义。

现在我们回过来讲国家问题。恩格斯在这里作了三方面的特别宝贵的指示:第一是关于共和国问题;第二是关于民族问题同国家结构的联系;第三是关于地方自治。

关于共和国,恩格斯把这点作为批判爱尔福特纲领草案的重点。如果我们还记得当时爱尔福特纲领在整个国际社会民主党中具有怎样的意义,它怎样成了整个第二国际的典范,那么可以毫不夸大地说,恩格斯在这里是批判了整个第二国际的机会主义。

恩格斯写道:"草案的政治要求有一个大错误。**这里没有**〈黑体是恩格斯用的〉本来应当说的东西"。①

接着,恩格斯解释道:德国的宪法实质上是 1850 年最反动的宪法的抄本;帝国国会,正如威廉·李卜克内西所说的,只是"专制制度的遮羞布";想在把各小邦的存在合法化、把德意志各小邦的联盟合法化的宪法的基础上实现"将一切劳动资料转变成公有财产","显然毫无意义"。

"谈论这个问题是危险的",——恩格斯补充说,因为他深知在德国不能在纲领中公开提出建立共和国的要求。但是,恩格斯并不因为这个理由很明显,"大家"都满意,就这样算

---

① 参看《马克思恩格斯文集》第 4 卷第 413 页。——编者注

了。他接着说:"但是,无论如何,事情总要着手去解决。这样做多么有必要,正好现在由在很大一部分社会民主党报刊中散布的机会主义证明了。现在有人因为害怕恢复反社会党人法[29],因为回想起在这项法律统治下发表的一些草率的言论,就忽然认为,德国目前的法律状况就足以使党通过和平方式实现自己的一切要求。……"①

德国社会民主党人那样行事是害怕恢复非常法,——恩格斯把这个主要事实提到首位,毫不犹豫地称之为机会主义,而且指出,正是因为在德国没有共和制和自由,所以幻想走"和平"道路是十分荒谬的。恩格斯非常谨慎,没有束缚自己的手脚。他承认,在有共和制或有充分自由的国家里,和平地向社会主义发展是"可以设想"(仅仅是"设想"!)的,但是在德国,他重复说:

"……在德国,政府几乎有无上的权力,帝国国会及其他一切代议机关毫无实权,因此,在德国宣布要这样做,而且在没有任何必要的情况下宣布要这样做,就是揭去专制制度的遮羞布,自己去遮盖那赤裸裸的东西。……"②

德国社会民主党把这些指示"束之高阁",党的大多数正式领袖果然就成了专制制度的遮盖者。

"……这样的政策长此以往只能把党引入迷途。人们把一般的抽象的政治问题提到首要地位,从而把那些在重大事件一旦发生,政治危机一旦来临就会自行提到日程上来的紧迫的具体问题掩盖起来。其结果就是使党在决定性的时刻突然不知所措,使党在具有决定意义的问题上由于从未进行过

---

① 见《马克思恩格斯文集》第4卷第413页。——编者注
② 同上书,第414页。——编者注

讨论而认识模糊和意见不一。……

　　为了眼前暂时的利益而忘记根本大计，只图一时的成就而不顾后果，为了运动的现在而牺牲运动的未来，这种做法可能也是出于'真诚的'动机。但这是机会主义，始终是机会主义，而且'真诚的'机会主义也许比其他一切机会主义更危险。……

　　如果说有什么是毋庸置疑的，那就是，我们的党和工人阶级只有在民主共和国这种政治形式下，才能取得统治。民主共和国甚至是无产阶级专政的特殊形式，法国大革命已经证明了这一点。……"①

恩格斯在这里特别明确地重申了贯穿在马克思的一切著作中的基本思想，这就是：民主共和国是走向无产阶级专政的捷径。因为这样的共和国虽然丝毫没有消除资本的统治，因而也丝毫没有消除对群众的压迫和阶级斗争，但是，它必然会使这个斗争扩大、展开、明朗化和尖锐化，以致一旦出现满足被压迫群众的根本利益的可能性，这种可能性就必然通过而且只有通过无产阶级专政即无产阶级对这些群众的领导得到实现。对于整个第二国际来说，这也是马克思主义中"被忘记的言论"，而孟什维克党在俄国1917年革命头半年的历史则把这种忘却揭示得再清楚不过了。

　　恩格斯在谈到同居民的民族成分有关的联邦制共和国问题时写道：

　　"应当用什么东西来取代现在的德国呢？〈它拥有反动的君主制宪法和同样反动的小邦分立制，这种分立制把"普鲁士

① 参看《马克思恩格斯文集》第4卷第414—415页。——编者注

主义"的种种特点固定下来,而不是使它们在德国的整体中被
融解掉〉在我看来,无产阶级只能采取单一而不可分的共和国
的形式。联邦制共和国一般说来现在还是美国广大地区所必
需的,虽然在它的东部已经成为障碍。在英国,联邦制共和国
将是一个进步,因为在这里,两个岛上居住着四个民族,议会
虽然是统一的,但是却有三种法律体系同时并存。在小国瑞
士,联邦制共和国早已成为一种障碍,之所以还能被容忍,只
是因为瑞士甘愿充当欧洲国家体系中纯粹消极的一员。对德
国说来,实行瑞士式的联邦制,那就是一大退步。联邦制国家
和单一制国家有两点区别,这就是:每个加盟的邦,每个州都
有它自己的民事立法、刑事立法和法院组织;其次,与国民议
院并存的还有联邦议院,在联邦议院中,每一个州不分大小,
都以州为单位参加表决。"在德国,联邦制国家是向单一制国
家的过渡,所以不是要使 1866 年和 1870 年的"从上面进行的
革命"又倒退回去,而是要用"从下面进行的运动"来加以
补充。①

恩格斯对国家形式问题不但不抱冷淡态度,相反,他非常细致
地努力去分析的正是过渡形式,以便根据每一个别场合的具体历
史特点来弄清各该场合的过渡形式是**从什么到什么**的过渡。

恩格斯同马克思一样,从无产阶级和无产阶级革命的观点出
发坚持民主集中制,坚持单一而不可分的共和国。他认为联邦制
共和国或者是一种例外,是发展的障碍,或者是由君主国向集中制
共和国的过渡,是在一定的特殊条件下的"一个进步"。而在这些

---

① 参看《马克思恩格斯文集》第 4 卷第 415—416 页。——编者注

特殊条件中,民族问题占有突出的地位。

恩格斯同马克思一样,虽然无情地批判了小邦制的反动性和在一定的具体情况下用民族问题来掩盖这种反动性的行为,但是他们在任何地方都丝毫没有忽视民族问题的倾向,而荷兰和波兰两国的马克思主义者在反对"自己"小国的狭隘市侩民族主义的极正当的斗争中,却常常表现出这种倾向。

在英国,无论从地理条件、从共同的语言或从数百年的历史来看,似乎已经把各个小地区的民族问题都"解决了"。可是,甚至在这个国家里,恩格斯也注意到一个明显的事实,即民族问题还没有完全消除,因此他承认建立联邦制共和国是"一个进步"。自然,这里他丝毫没有放弃批评联邦制共和国的缺点,丝毫没有放弃为实现单一制的、民主集中制的共和国而最坚决地进行宣传和斗争。

但是,恩格斯绝对不像资产阶级思想家和包括无政府主义者在内的小资产阶级思想家那样,从官僚制度的意义上去了解民主集中制。在恩格斯看来,集中制丝毫不排斥这样一种广泛的地方自治,这种自治在各个市镇和省自愿坚持国家统一的同时,绝对能够消除任何官僚制度和任何来自上面的"发号施令"。

恩格斯在发挥马克思主义对于国家问题的纲领性观点时写道:"……因此,需要统一的共和国。但并不是像现在法兰西共和国那样的共和国,因为它同1798年建立的没有皇帝的帝国没有什么不同。从1792年到1798年,法国的每个省、每个市镇,都有美国式的完全的自治,这是我们也应该有的。至于应当怎样安排自治和怎样才可以不要官僚制,这已经由美国和法兰西第一共和国给我们证明了,而现在又有澳大利亚、加拿大以及英国的其他殖民地给我们证明了。这种省〈州〉的和市镇的自治远比例如瑞士的联邦制更自由,在瑞士的联邦制中,州对 Bund〈即对整个联邦国家〉而言固然有很大的独立性,但它对专区和市镇也具有很大的独立性。州政府任命专区区长和市镇长官,这在讲英语的国家里是绝对没有的,而我们将来也应该断然消除这种现象,就像消除普鲁士的 Landrat 和 Regierungsrat〈专员、县长、省长以及所有由上面任命的官吏〉那样。"根据这一点,恩格斯建议把党纲关于自治问题的条文表述如下:"省〈省或州〉、县和市镇通过依据普选制选出的官员实行完全的自治。取消由国家任命的一切地方的和省的政权机关。"①

在被克伦斯基和其他"社会党人"部长的政府封闭的《真理报》**30**(1917 年 5 月 28 日第 68 号)上我已经指出过,在这一点上(自然远不止这一点),我国所谓革命民主派的所谓社会党人代表们是如何令人气愤地**背弃民主主义**。② 自然,这些通过"联合"而把自己同帝国主义资产阶级拴在一起的人,对我指出的这些是充耳不闻的。

必须特别指出的是,恩格斯用事实和最确切的例子推翻了一种非常流行的、特别是在小资产阶级民主派中间非常流行的偏见,即认为联邦制共和国一定要比集中制共和国自由。这种看法是不正确的。恩格斯所举的 1792—1798 年法兰西集中制共和国和瑞士联邦制共和国的事实推翻了这种偏见。真正民主的集中制共和国赋予的自由比联邦制共和国要**多**。换句话说,在历史上,地方、

---

① 参看《马克思恩格斯文集》第 4 卷第 416—417 页。——编者注
② 参看本版全集第 30 卷第 180—183 页。——编者注

州等等能够享有**最多**自由的是**集中制**共和国,而不是联邦制共和国。

对于这个事实,以及关于联邦制共和国与集中制共和国和关于地方自治这整个问题,无论过去和现在,我们党的宣传鼓动工作都没有充分注意。

5. 1891年为马克思的《内战》所写的导言

恩格斯在为《法兰西内战》第3版写的导言中(导言注明的日期是1891年3月18日,最初刊载在《新时代》杂志上),除了顺便就有关对国家的态度的问题提出一些值得注意的意见,还对公社的教训作了极其鲜明的概括。这个概括,由于考虑到了公社以后20年的全部经验而作得非常深刻,并且是专门用来反对流行于德国的"对国家的迷信"的,完全可以称为马克思主义在国家问题上的**最高成就**。

恩格斯指出:法国每次革命以后工人总是武装起来了;"因此,掌握国家大权的资产者的第一个信条就是解除工人的武装。于是,在每次工人赢得革命以后就产生新的斗争,其结果总是工人失败……"①

对各次资产阶级革命的经验作出的这个总结,真是又简短,又明了。这里正好抓住了问题的实质,也是国家问题的实质(**被压迫阶级有没有武装**?)。正是这个实质却是那些受资产阶级思想影响的教授以及小资产阶级民主派常常避而不谈的。在1917年的俄

---

① 见《马克思恩格斯文集》第3卷第101页。——编者注

国革命中,泄露资产阶级革命的这个秘密的荣幸(卡芬雅克式的荣幸[31])落到了"孟什维克"、"也是马克思主义者"的策列铁里身上。他在6月11日的"具有历史意义的"演说[32]中,脱口说出了资产阶级要解除彼得格勒工人武装的决定,当然,他把这个决定既说成是他自己的决定,又说成这就是"国家的"需要!

策列铁里在6月11日发表的具有历史意义的演说,当然会成为每一个研究1917年革命的历史学家都要援引的一个最明显的例证,证明策列铁里先生所率领的社会革命党人同孟什维克的联盟如何转到资产阶级方面来**反对**革命的无产阶级。

恩格斯顺便提出的另外一个也是有关国家问题的意见是谈宗教的。大家知道,德国社会民主党随着它的日益腐化而愈来愈机会主义化,愈来愈对"宣布宗教为私事"这个有名的公式进行庸俗的歪曲。就是说,把这个公式歪曲成似乎宗教问题**对于革命无产阶级政党也**是私事!! 恩格斯起来反对的就是这种对无产阶级革命纲领的完全背叛,但恩格斯在1891年还只看到自己党内机会主义的**最小的萌芽**,因此他说得很谨慎:

> "因为公社委员几乎全都是工人或公认的工人代表,所以公社所通过的决议也都带有鲜明的无产阶级性质。这些决议,要么是规定实行共和派资产阶级只是由于怯懦才不敢实行的、然而却是工人阶级自由行动的必要前提的那些改革,例如实行宗教**对国家而言**纯属私事的原则;要么就是直接代表工人阶级的利益,有时还深深地触动了旧的社会制度。……"①

----

① 见《马克思恩格斯文集》第3卷第105—106页。——编者注

　　恩格斯故意强调"对国家而言"这几个字,目的是要击中德国机会主义的要害,因为德国机会主义宣布宗教**对党而言**是私事,这样也就把革命无产阶级政党降低到最庸俗的"自由思想派"那班市侩的水平,这种市侩可以容许不信宗教,但是拒绝执行对麻醉人民的宗教鸦片进行**党的**斗争的任务。

　　将来研究德国社会民主党的历史学家在探讨该党 1914 年遭到可耻的破产的根源时,会找到许多关于这个问题的有趣的材料:从该党思想领袖考茨基的论文中为机会主义打开大门的暧昧言论起,直到党对 1913 年的与教会分离运动[33]的态度止。

　　现在我们来看一看恩格斯在公社以后 20 年是怎样为斗争的无产阶级总结公社教训的。

　　下面就是恩格斯认为最重要的教训:

　　"……在此以前,中央集权政府进行压迫所凭借的力量是军队、政治警察、官僚机构。正是这支由拿破仑在 1798 年建立、后来每届新政府都乐于接过去用以反对自己敌人的力量,在一切地方都必须消除,就像在巴黎已经消除那样。

　　公社一开始想必就认识到,工人阶级一旦取得统治权,就不能继续运用旧的国家机器来进行管理;工人阶级为了不致失去刚刚争得的统治,一方面应当铲除全部旧的、一直被利用来反对工人阶级的压迫机器,另一方面还应当保证本身能够防范自己的代表和官吏,即宣布他们毫无例外地可以随时撤换。……"①

　　恩格斯一再着重指出,不仅在君主国,而且**在民主共和国**,国

---

① 见《马克思恩格斯文集》第 3 卷第 109—110 页。——编者注

家依然是国家,也就是说仍然保留着它的基本特征:把公职人员,"社会公仆",社会机关,变为社会的**主人**。

"……为了防止国家和国家机关由社会公仆变为社会主人——这种现象在至今所有的国家中都是不可避免的——公社采取了两个可靠的办法。第一,它把行政、司法和国民教育方面的一切职位交给由普选选出的人担任,而且规定选举者可以随时撤换被选举者。第二,它对所有公职人员,不论职位高低,都只付给跟其他工人同样的工资。公社所曾付过的最高薪金是6 000法郎①。这样,即使公社没有另外给代表机构的代表签发限权委托书,也能可靠地防止人们去追求升官发财了。……"②

恩格斯在这里接触到了一个有趣的界限,在这个界限上,彻底的民主**变成了**社会主义,同时也**要求**实行社会主义。因为,要消灭国家就必须把国家机关的职能变为非常简单的监督和计算的手续,使大多数居民,而后再使全体居民,都能够办理,都能够胜任。而要完全消除升官发财的思想,就必须使国家机关中那些无利可图但是"荣耀的"职位**不能**成为在银行和股份公司内找到肥缺的桥梁,像在一切最自由的资本主义国家内所**经常**看到的那样。

但是,恩格斯并没有犯有些马克思主义者在民族自决权问题上所犯的那种错误:他们说民族自决权在资本主义下是不可能实现的,而在社会主义下则是多余的。这种似乎很巧妙但实际上并

---

① 名义上约等于2 400卢布,但按现在的汇率计算,约等于6 000卢布。有些布尔什维克提议,例如在市杜马内,给9 000卢布的薪金,而不提议**全国**以6 000卢布(这个数目是足够的)为最高薪金,这是完全不可饶恕的。**34**

② 见《马克思恩格斯文集》第3卷第110—111页。——编者注

不正确的论断,对于**任何一种**民主制度,包括给官吏发微薄薪金的办法在内,都可以套得上,因为在资本主义下彻底的民主制度是不可能的,而在社会主义下则任何民主都是会**消亡**的。

这是一种诡辩,正像一句古老的笑话所说的:一个人掉了一根头发,他是否就成了秃子呢?

彻底发展民主,找出彻底发展的种种**形式**,用**实践**来检验这些形式等等,这一切都是为社会革命进行斗争的基本任务之一。任何单独存在的民主制度都不会产生社会主义,但在实际生活中民主制度永远不会是"单独存在",而总是"共同存在"的,它也会影响**经济**,推动**经济**的改造,受经济发展的影响等等。这就是活生生的历史辩证法。

恩格斯继续写道:

"……这种炸毁(Sprengung)旧的国家政权而以新的真正民主的国家政权来代替的情形,《内战》第三章已经作了详细的描述。但是这里再一次简单扼要地谈谈这个问题还是有必要的,因为正是在德国,来自哲学的对国家的迷信,已经进入到资产阶级甚至很多工人的一般意识之中。按照哲学概念,国家是'观念的实现',或是译成了哲学语言的尘世的上帝王国,也就是永恒的真理和正义所借以实现或应当借以实现的场所。由此就产生了对国家以及一切同国家有关的事物的盲目崇拜。尤其是人们从小就习惯于认为,全社会的公共事务和公共利益只能像迄今为止那样,由国家和国家的地位优越的官吏来处理和维护,所以这种崇拜就更容易产生。人们以为,如果他们不再迷信世袭君主制而坚信民主共和制,那就已经是非常大胆地向前迈进了一步。实际上,国家无非是一个阶级镇压另一个阶级的机器,而且在这一点上民主共和国并不亚于君主国。国家再好也不过是在争取阶级统治的斗争中获胜的无产阶级所继承下来的一个祸害;胜利了的无产阶级也将同公社一样,不得不立即尽量除去这个祸害的最坏方面,直到在新的自由的社会条件下成长起来的一代有能力把这国家废物全部抛掉。"①

恩格斯告诫德国人,叫他们在以共和制代替君主制的时候不要忘记社会主义关于一般国家问题的原理。他的告诫现在看起来好像是直接对策列铁里和切尔诺夫之流先生们的教训,因为他们在"联合的"实践中正好表现出对国家的迷信和盲目崇拜!

还应当指出两点:(1)恩格斯说,在民主共和国,国家之为"一个阶级压迫另一个阶级的机器","丝毫不亚于"在君主国,但这决不等于说,压迫的**形式**对于无产阶级是无所谓的,像某些无政府主义者所"教导"的那样。阶级斗争和阶级压迫采取更广泛、更自由、更公开的**形式**,能够大大便于无产阶级为消灭一切阶级而进行的斗争。

(2)为什么只有新的一代才有能力把这国家废物全部抛掉呢?这个问题是同民主的消除问题联系着的,现在我们就来谈这个问题。

6. 恩格斯论民主的消除

恩格斯在谈到"社会民主党人"这个名称**在科学上**不正确的时

候,曾连带说到这一点。

恩格斯在给自己那本 19 世纪 70 年代主要是论述"国际"问题的文集(《〈人民国家报〉国际问题论文集》)作序(1894 年 1 月 3 日,即恩格斯逝世前一年半)的时候写道,在所有的文章里,他都用"共产党人"这个名词,**而不用**"社会民主党人",因为当时法国的蒲鲁东派和德国的拉萨尔派**35**都自称为社会民主党人。

恩格斯接着写道:"……因此,对马克思和我来说,选择如此有伸缩性的名称来表示我们特有的观点,是绝对不行的。现在情况不同了,这个词〈"社会民主党人"〉也许可以过得去(mag passieren),但是对于经济纲领不单纯是一般社会主义的而直接是共产主义的党来说,对于政治上的最终目的是消除整个国家因而也消除民主的党来说,这个词还是不确切的〈unpassend,不恰当的〉。然而,对**真正的**〈黑体是恩格斯用的〉政党说来,名称总是不完全符合的;党在发展,名称却不变。"①

辩证法家恩格斯到临终时仍然忠于辩证法。他说:马克思和我有过一个很好的科学上很确切的党的名称,可是当时没有一个真正的即群众性的无产阶级政党。现在(19 世纪末)真正的政党是有了,可是它的名称在科学上是不正确的。但这不要紧,"可以过得去",只要党**在发展**,只要党意识到它的名称在科学上不确切,不让这一点妨碍它朝着正确的方向发展就行!

也许哪一位爱开玩笑的人会用恩格斯的话来安慰我们布尔什维克说:我们有真正的政党,它在很好地发展;就连"布尔什维克"这样一个毫无意义的奇怪的名词,这个除了表示我们在 1903 年布

---

① 参看《马克思恩格斯文集》第 4 卷第 449 页。——编者注

鲁塞尔—伦敦代表大会³⁶上占多数这一完全偶然的情况外并没有什么其他意思的名词,也还"可以过得去"……　现在,由于共和党人和"革命"市侩民主派在 7、8 月间对我党实行迫害³⁷,"布尔什维克"这个名词获得了全民的荣誉,除此而外,这种迫害还表明我党在**真正的**发展过程中迈进了多么巨大的具有历史意义的一步,在这个时候,也许连我自己也对我在 4 月间提出的改变我党名称的建议①表示怀疑了。也许我要向同志们提出一个"妥协办法":把我们党称为共产党,而把布尔什维克这个名词放在括号内……

但是党的名称问题远不及革命无产阶级对国家的态度问题重要。

人们通常在谈论国家问题的时候,老是犯恩格斯在这里所告诫的而我们在前面也顺便提到的那个错误。这就是:老是忘记国家的消灭也就是民主的消灭,国家的消亡也就是民主的消亡。

乍看起来,这样的论断似乎是极端古怪而难于理解的;甚至也许有人会担心,是不是我们在期待一个不遵守少数服从多数的原则的社会制度,因为民主也就是承认这个原则。

不是的。民主和少数服从多数的原则**不是**一个东西。民主就是承认少数服从多数的**国家**,即一个阶级对另一个阶级、一部分居民对另一部分居民使用有系统的**暴力**的组织。

我们的最终目的是消灭国家,也就是消灭任何有组织有系统的暴力,消灭任何加在人们头上的暴力。我们并不期待一个不遵守少数服从多数的原则的社会制度。但是,我们在向往社会主义

___
① 有关建议,可参看本版全集第 29 卷第 101、110、116 页。——编者注

的同时深信：社会主义将发展为共产主义，而对人们使用暴力，使一个人**服从**另一个人、使一部分居民**服从**另一部分居民的任何必要也将随之消失，因为人们**将习惯于**遵守公共生活的起码规则，而**不需要暴力和服从**。

为了强调这个习惯的因素，恩格斯就说到了新的**一代**，他们是"在新的自由的社会条件下成长起来的一代，有能力把这国家废物全部抛掉"，——这里所谓国家是指任何一种国家，其中也包括民主共和制的国家。

为了说明这一点，就必须分析国家消亡的经济基础问题。

第 五 章
国家消亡的经济基础

马克思在他的《哥达纲领批判》（即 1875 年 5 月 5 日给白拉克的信，这封信直到 1891 年才在《新时代》杂志第 9 年卷第 1 册上发表，有俄文单行本）①中对这个问题作了最详尽的说明。在这篇出色的著作中，批判拉萨尔主义的论战部分可以说是遮盖了正面论述的部分，即遮盖了对共产主义发展和国家消亡之间的联系的分析。

1. 马克思如何提出问题

如果把马克思在 1875 年 5 月 5 日给白拉克的信同我们在前

---

① 见《马克思恩格斯文集》第 3 卷第 425—450 页。——编者注

面研究过的恩格斯在 1875 年 3 月 28 日给倍倍尔的信粗略地对照一下，也许会觉得马克思比恩格斯带有浓厚得多的"国家派"色彩，也许会觉得这两位著作家对国家的看法有很大差别。

　　恩格斯建议倍倍尔根本抛弃关于国家的废话，把国家一词从纲领中完全去掉而用"共同体"一词来代替；恩格斯甚至宣布公社已经不是原来意义上的国家。而马克思却谈到"未来共产主义社会的国家制度"①，这就是说，似乎他认为就是在共产主义下也还需要国家。

　　但这种看法是根本不对的。如果仔细研究一下就可以知道，马克思和恩格斯对国家和国家消亡问题的看法是完全一致的，上面所引的马克思的话指的正是**正在消亡的**国家制度。

　　很清楚，确定**未来的**"消亡"的日期，这是无从谈起的，何况它显然还是一个很长的过程。马克思和恩格斯之间仿佛存在差别，是因为他们研究的题目不同，要解决的任务不同。恩格斯的任务是要清楚地、尖锐地、概括地向倍倍尔指明，当时流行的（也是拉萨尔颇为赞同的）关于国家问题的偏见是十分荒谬的。而马克思只是在论述另一个题目即共产主义社会的**发展**时，顺便提到了**这个**问题。

　　马克思的全部理论，就是运用最彻底、最完整、最周密、内容最丰富的发展论去考察现代资本主义。自然，他也就要运用这个理论去考察资本主义的**即将到来的**崩溃和**未来**共产主义的**未来的**发展。

　　究竟根据什么**材料**可以提出未来共产主义的未来发展问

---

①　见《马克思恩格斯文集》第 3 卷第 445 页。——编者注

题呢？

　　这里所根据的是，共产主义是从资本主义中**产生出来**的，它是历史地从资本主义中发展出来的，它是资本主义所**产生**的那种社会力量发生作用的结果。马克思丝毫不想制造乌托邦，不想凭空猜测无法知道的事情。马克思提出共产主义的问题，正像一个自然科学家已经知道某一新的生物变种是怎样产生以及朝着哪个方向演变才提出该生物变种的发展问题一样。

　　马克思首先扫除了哥达纲领在国家同社会的相互关系问题上造成的糊涂观念。

　　　　他写道："……现代社会就是存在于一切文明国度中的资本主义社会，它或多或少地摆脱了中世纪的杂质，或多或少地由于每个国度的特殊的历史发展而改变了形态，或多或少地有了发展。'现代国家'却随国境而异。它在普鲁士德意志帝国同在瑞士不一样，在英国同在美国不一样。所以，'现代国家'是一种虚构。

　　　　但是，不同的文明国度中的不同的国家，不管它们的形式如何纷繁，却有一个共同点：它们都建立在现代资产阶级社会的基础上，只是这种社会的资本主义发展程度不同罢了。所以，它们具有某些根本的共同特征。在这个意义上可以谈'现代国家制度'，而未来就不同了，到那时，'现代国家制度'现在的根基即资产阶级社会已经消亡了。

　　　　于是就产生了一个问题：在共产主义社会中国家制度会发生怎样的变化呢？换句话说，那时有哪些同现在的国家职能相类似的社会职能保留下来呢？这个问题只能科学地回答；否则，即使你把'人民'和'国家'这两个词联接一千次，也丝毫不会对这个问题的解决有所帮助。……"①

马克思这样讥笑了关于"人民国家"的一切空话以后，就来提出问题，并且好像是告诫说：要对这个问题作出科学的解答，只有依靠确实肯定了的科学材料。

由整个发展论和全部科学十分正确地肯定了的首要的一点，也是从前被空想主义者所忘记、现在又被害怕社会主义革命的现代机会主义者所忘记的那一点，就是在历史上必然会有一个从资本主义向共产主义**过渡**的特殊时期或特殊阶段。

2. 从资本主义到共产主义的过渡

马克思继续写道："……在资本主义社会和共产主义社会之间，有一个从前者变为后者的革命转变时期。同这个时期相适应的也有一个政治上的过渡时期，这个时期的国家只能是**无产阶级的革命专政**。……"②

这个结论是马克思根据他对无产阶级在现代资本主义社会中的作用的分析，根据关于这个社会发展情况的材料以及关于无产阶级与资产阶级对立的利益不可调和的材料所得出的。

从前，问题的提法是这样的：无产阶级为了求得自身的解放，应当推翻资产阶级，夺取政权，建立自己的革命专政。

现在，问题的提法已有些不同了：从向着共产主义发展的资本主义社会过渡到共产主义社会，非经过一个"政治上的过渡时期"不可，而这个时期的国家只能是无产阶级的革命专政。

① 参看《马克思恩格斯文集》第3卷第444—445页。——编者注
② 同上书，第445页。——编者注

这个专政和民主的关系又是怎样的呢?

我们看到,《共产党宣言》是干脆把"无产阶级转化成统治阶级"和"争得民主"①这两个概念并列在一起的。根据上述一切,可以更准确地断定民主在从资本主义向共产主义过渡时是怎样变化的。

在资本主义社会里,在它最顺利的发展条件下,比较完全的民主制度就是民主共和制。但是这种民主制度始终受到资本主义剥削制度狭窄框子的限制,因此它实质上始终是少数人的即只是有产阶级的、只是富人的民主制度。资本主义社会的自由始终与古希腊共和国的自由即奴隶主的自由大致相同。由于资本主义剥削制度的条件,现代的雇佣奴隶被贫困压得喘不过气,结果都"无暇过问民主","无暇过问政治",大多数居民在通常的平静的局势下都被排斥在社会政治生活之外。

德国可以说是证实这一论断的最明显的例子,因为在这个国家里,宪法规定的合法性保持得惊人地长久和稳定,几乎有半世纪之久(1871—1914 年),而在这个时期内,同其他国家的社会民主党相比,德国社会民主党又做了多得多的工作来"利用合法性",来使工人参加党的比例达到举世未有的高度。

这种在资本主义社会里能看到的有政治觉悟的积极的雇佣奴隶所占的最大的百分比究竟是多少呢? 1 500 万雇佣工人中有 100 万是社会民主党党员! 1 500 万雇佣工人中有 300 万是工会会员!

极少数人享受民主,富人享受民主,——这就是资本主义社会的民主制度。如果仔细地考察一下资本主义民主的结构,那么无

---

① 参看《马克思恩格斯文集》第 2 卷第 52 页。——编者注

论在选举权的一些"微小的"(似乎是微小的)细节上(居住年限、妇女被排斥等等),或是在代表机构的办事手续上,或是在行使集会权的实际障碍上(公共建筑物不准"叫花子"使用!),或是在纯粹资本主义的办报原则上,等等,到处都可以看到对民主制度的重重限制。用来对付穷人的这些限制、例外、排斥、阻碍,看起来似乎是很微小的,特别是在那些从来没有亲身体验过贫困、从来没有接近过被压迫阶级群众的生活的人(这种人在资产阶级的政论家和政治家中,如果不占百分之九十九,也得占十分之九)看起来是很微小的,但是这些限制加在一起,就把穷人排斥和推出政治生活之外,使他们不能积极参加民主生活。

马克思正好抓住了资本主义民主的这一**实质**,他在分析公社的经验时说:这就是容许被压迫者每隔几年决定一次究竟由压迫阶级中什么人在议会里代表和镇压他们!①

但是从这种必然是狭隘的、暗中排斥穷人的、因而也是彻头彻尾虚伪骗人的资本主义民主向前发展,并不像自由派教授和小资产阶级机会主义者所想象的那样,是简单地、直线地、平稳地走向"日益彻底的民主"。不是的。向前发展,即向共产主义发展,必须经过无产阶级专政,不可能走别的道路,因为再没有其他人也没有其他道路能够**粉碎**剥削者资本家的**反抗**。

而无产阶级专政,即被压迫者先锋队组织成为统治阶级来镇压压迫者,不能仅仅只是扩大民主。**除了**把民主制度大规模地扩大,使它**第一次**成为穷人的、人民的而不是富人的民主制度**之外**,无产阶级专政还要对压迫者、剥削者、资本家采取一系列剥夺自由

---

① 参看《马克思恩格斯文集》第3卷第156页。——编者注

的措施。为了使人类从雇佣奴隶制下面解放出来,我们必须镇压这些人,必须用强力粉碎他们的反抗,——显然,凡是实行镇压和使用暴力的地方,也就没有自由,没有民主。

读者总还记得,恩格斯在给倍倍尔的信中很好地阐明了这一点,他说:"无产阶级需要国家不是为了自由,而是为了镇压自己的敌人,一到有可能谈自由的时候,国家本身就不再存在了。"①

人民这个大多数享有民主,对人民的剥削者、压迫者实行强力镇压,即把他们排斥于民主之外,——这就是民主在从资本主义向共产主义**过渡**时改变了的形态。

只有在共产主义社会中,当资本家的反抗已经彻底粉碎,当资本家已经消失,当阶级已经不存在(即社会各个成员在同社会生产资料的关系上已经没有差别)的时候,——**只有**在那个时候,"国家才会消失,才有可能谈自由"。只有在那个时候,真正完全的、真正没有任何例外的民主才有可能,才会实现。也只有在那个时候,民主才开始**消亡**,道理很简单:人们既然摆脱了资本主义奴隶制,摆脱了资本主义剥削制所造成的无数残暴、野蛮、荒谬和丑恶的现象,也就会逐渐**习惯于**遵守多少世纪以来人们就知道的、千百年来在一切行为守则上反复谈到的、起码的公共生活规则,而不需要暴力,不需要强制,不需要服从,**不需要**所谓国家这种实行强制的**特殊机构**。

"国家**消亡**"这个说法选得非常恰当,因为它既表明了过程的渐进性,又表明了过程的自发性。只有习惯才能够发生而且一定会发生这样的作用,因为我们在自己的周围千百万次地看到,如果

———————
①　参看《马克思恩格斯文集》第3卷第414页。——编者注

没有剥削，如果根本没有令人气愤、引起抗议和起义而使**镇压**成为必要的现象，那么人们是多么容易习惯于遵守他们所必需的公共生活规则。

总之，资本主义社会里的民主是一种残缺不全的、贫乏的和虚伪的民主，是只供富人、只供少数人享受的民主。无产阶级专政，向共产主义过渡的时期，将第一次提供人民享受的、大多数人享受的民主，同时对少数人即剥削者实行必要的镇压。只有共产主义才能提供真正完全的民主，而民主愈完全，它也就愈迅速地成为不需要的东西，愈迅速地自行消亡。

换句话说，在资本主义下存在的是原来意义上的国家，即一个阶级对另一个阶级、而且是少数人对多数人实行镇压的特殊机器。很明显，剥削者少数要能有系统地镇压被剥削者多数，就必须实行极凶狠极残酷的镇压，就必须造成大量的流血，而人类在奴隶制、农奴制和雇佣劳动制下就是这样走过来的。

其次，在从资本主义向共产主义**过渡**的时候镇压**还是**必要的，但这已经是被剥削者多数对剥削者少数的镇压。实行镇压的特殊机构，特殊机器，即"国家"，**还是**必要的，但这已经是过渡性质的国家，已经不是原来意义上的国家，因为由**昨天**还是雇佣奴隶的多数人去镇压剥削者少数人，相对来说，还是一件很容易、很简单和很自然的事情，所流的血会比镇压奴隶、农奴和雇佣工人起义流的少得多，人类为此而付出的代价要小得多。而且在实行镇压的同时，还把民主扩展到绝大多数居民身上，以致对实行镇压的**特殊机器**的需要就开始消失。自然，剥削者没有极复杂的实行镇压的机器就镇压不住人民，但是**人民**镇压剥削者却只需要有很简单的"机器"，即几乎可以不要"机器"，不要特殊的机构，而只需要有简单的

武装群众的组织（如工兵代表苏维埃，——我们先在这里提一下）。

最后，只有共产主义才能够完全不需要国家，因为**没有人**需要加以镇压了，——这里所谓"没有人"是指**阶级**而言，是指对某一部分居民进行有系统的斗争而言。我们不是空想主义者，我们丝毫也不否认**个别人**采取极端行动的可能性和必然性，同样也不否认有镇压**这种**行动的必要性。但是，第一，做这件事情用不着什么实行镇压的特殊机器，特殊机构，武装的人民自己会来做这项工作，而且做起来非常简单容易，就像现代社会中任何一群文明人强行拉开打架的人或制止虐待妇女一样。第二，我们知道，产生违反公共生活规则的极端行动的根本社会原因是群众受剥削和群众贫困。这个主要原因一消除，极端行动就必然开始"**消亡**"。虽然我们不知道消亡的速度和过程怎样，但是，我们知道这种行动一定会消亡。而这种行动一消亡，国家也就随之**消亡**。

关于这个未来，马克思并没有陷入空想，他只是较详细地确定了**现在**所能确定的东西，即共产主义社会低级阶段和高级阶段之间的差别。

3. 共产主义社会的第一阶段

马克思在《哥达纲领批判》中，详细地驳斥了拉萨尔关于劳动者在社会主义下将领取"不折不扣的"或"全部的劳动产品"的思想。马克思指出，从整个社会的全部社会劳动中，必须扣除后备基金、扩大生产的基金和机器"磨损"的补偿等等，然后从消费品中还要扣除用做管理费用以及用于学校、医院、养老院等等的基金。

马克思不像拉萨尔那样说些含糊不清的笼统的话（"全部劳动

产品归劳动者"），而是对社会主义社会必须怎样管理的问题作了
冷静的估计。马克思**具体地**分析了这种没有资本主义存在的社会
的生活条件，他说：

> "我们这里所说的〈在分析工人党的纲领时〉是这样的共
> 产主义社会，它不是在它自身基础上已经**发展了的**，恰好相
> 反，是刚刚从资本主义社会中**产生出来的**，因此它在各方面，
> 在经济、道德和精神方面都还带着它脱胎出来的那个旧社会
> 的痕迹。"①

就是这个刚刚从资本主义脱胎出来的在各方面还带着旧社会
痕迹的共产主义社会，马克思称之为共产主义社会的"第一"阶段
或低级阶段。

生产资料已经不是个人的私有财产。它们已归全社会所有。
社会的每个成员完成一定份额的社会必要劳动，就从社会领得一
张凭证，证明他完成了多少劳动量。他根据这张凭证从消费品的
社会储存中领取相应数量的产品。这样，扣除了用做社会基金的
那部分劳动量，每个劳动者从社会领回的正好是他给予社会的。

似乎"平等"就实现了。

但是，当拉萨尔把这样的社会制度（通常叫做社会主义，而马
克思称之为共产主义的第一阶段）说成是"公平的分配"，说成是
"每人有获得同等劳动产品的平等的权利"的时候，他是错误的，于
是马克思对他的错误进行了分析。

马克思说：这里确实有"平等的权利"，但这**仍然**是"资产阶级
权利"，这个"资产阶级权利"同任何权利一样，**是以不平等为前提**

---

① 参看《马克思恩格斯文集》第3卷第434页。——编者注

的。任何权利都是把同一标准应用在不同的人身上，即应用在事实上各不相同、各不同等的人身上，因而"平等的权利"就是破坏平等，就是不公平。的确，每个人付出与别人同等份额的社会劳动，就能领取同等份额的社会产品（作了上述各项扣除之后）。

然而各个人是不同等的：有的强些，有的弱些；有的结了婚，有的没有结婚，有的子女多些，有的子女少些，如此等等。

马克思总结说："……因此，在提供的劳动相同，从而由社会消费基金中分得的份额相同的条件下，某一个人事实上所得到的比另一个人多些，也就比另一个人富些，如此等等。要避免所有这些弊病，权利就不应当是平等的，而应当是不平等的。……"①

可见，在共产主义第一阶段还不能做到公平和平等，因为富裕的程度还会不同，而不同就是不公平。但是人剥削人已经不可能了，因为已经不能把工厂、机器、土地等生产资料攫为私有了。马克思通过驳斥拉萨尔泛谈一般"平等"和"公平"的含糊不清的小资产阶级言论，指出了共产主义社会的发展进程，说明这个社会最初只能消灭私人占有生产资料这一"不公平"现象，却不能立即消灭另一不公平现象："按劳动"（而不是按需要）分配消费品。

庸俗的经济学家，包括资产阶级教授，包括"我们的"杜冈在内，经常谴责社会主义者，说他们忘记了人与人的不平等，说他们"幻想"消灭这种不平等。我们看到，这种谴责只能证明资产阶级思想家先生们的极端无知。②

① 见《马克思恩格斯文集》第3卷第435页。——编者注
② 对杜冈的批判，还可参看列宁《自由派教授论平等》一文（本版全集第24卷第393—396页）。——编者注

马克思不仅极其准确地估计到了人们不可避免的不平等,而且还估计到:仅仅把生产资料转归全社会公有(通常所说的"社会主义")还**不能消除**分配方面的缺点和"资产阶级权利"的不平等,只要产品"按劳动"分配,"资产阶级权利"就会**继续通行**。

马克思继续说道:"……但是这些弊病,在经过长久阵痛刚刚从资本主义社会产生出来的共产主义社会第一阶段,是不可避免的。权利决不能超出社会的经济结构以及由经济结构制约的社会的文化发展。……"①

因此,在共产主义社会的第一阶段(通常称为社会主义),"资产阶级权利"**没有**完全取消,而只是部分地取消,只是在已经实现的经济变革的限度内取消,即只是在同生产资料的关系上取消。"资产阶级权利"承认生产资料是个人的私有财产。而社会主义则把生产资料变为**公有**财产。**在这个范围内**,也只是在这个范围内,"资产阶级权利"才不存在了。

但是它在它的另一部分却依然存在,依然是社会各个成员间分配产品和分配劳动的调节者(决定者)。"不劳动者不得食"这个社会主义原则**已经**实现了;"对等量劳动给予等量产品"这个社会主义原则也**已经**实现了。但是,这还不是共产主义,还没有消除对不同等的人的不等量(事实上是不等量的)劳动给予等量产品的"资产阶级权利"。

马克思说,这是一个"弊病",但在共产主义第一阶段是不可避免的,因为,如果不愿陷入空想主义,那就不能认为,在推翻资本主义之后,人们立即就能学会**不要任何权利准则**而为社会劳动,况且

① 见《马克思恩格斯文集》第3卷第435页。——编者注

资本主义的废除**不能立即为这种**变更**创造**经济前提。

可是，除了"资产阶级权利"以外，没有其他准则。所以就这一点说，还需要有国家在保卫生产资料公有制的同时来保卫劳动的平等和产品分配的平等。

国家正在消亡，因为资本家已经没有了，阶级已经没有了，因而也就没有什么**阶级**可以**镇压**了。

但是，国家还没有完全消亡，因为还要保卫那个确认事实上的不平等的"资产阶级权利"。要使国家完全消亡，必须有完全的共产主义。

4. 共产主义社会的高级阶段

马克思接着说：

"……在共产主义社会高级阶段，在迫使个人奴隶般地服从分工的情形已经消失，从而脑力劳动和体力劳动的对立也随之消失之后；在劳动已经不仅仅是谋生的手段，而且本身成了生活的第一需要之后；在随着个人的全面发展，生产力也增长起来，而集体财富的一切源泉都充分涌流之后，——只有在那个时候，才能完全超出资产阶级权利的狭隘眼界，社会才能在自己的旗帜上写上：'各尽所能，按需分配'！"①

只是现在我们才可以充分地认识到，恩格斯无情地讥笑那种把"自由"和"国家"这两个名词连在一起的荒谬见解，是多么正确。还有国家的时候就没有自由。到有自由的时候就不会有国家了。

———————

①　参看《马克思恩格斯文集》第 3 卷第 435—436 页。——编者注

　　国家完全消亡的经济基础就是共产主义的高度发展,那时脑力劳动和体力劳动的对立已经消失,因而现代**社会**不平等的最重要的根源之一也就消失,而这个根源光靠把生产资料转为公有财产,光靠剥夺资本家,是决不能立刻消除的。

　　这种剥夺会使生产力有蓬勃发展的**可能**。我们看到,资本主义目前已经在令人难以置信地**阻碍**这种发展,而在现代已经达到的技术水平的基础上本来是可以大有作为的,因此我们可以绝对有把握地说,剥夺资本家一定会使人类社会的生产力蓬勃发展。但是,生产力将以什么样的速度向前发展,将以什么样的速度发展到打破分工、消灭脑力劳动和体力劳动的对立、把劳动变为"生活的第一需要",这都是我们所不知道而且**也不可能**知道的。

　　因此,我们只能谈国家消亡的必然性,同时着重指出这个过程是长期的,指出它的长短将取决于共产主义**高级阶段**的发展速度,而把消亡的日期或消亡的具体形式问题作为悬案,因为现在还**没有**可供解决这些问题的材料。

　　当社会实现"各尽所能,按需分配"的原则时,也就是说,当人们已经十分习惯于遵守公共生活的基本规则,他们的劳动生产率已经极大地提高,以致他们能够自愿地**尽其所能**来劳动的时候,国家才会完全消亡。那时,就会超出"资产阶级权利的狭隘眼界",超出这种使人像夏洛克[38]那样冷酷地斤斤计较,不愿比别人多做半小时工作,不愿比别人少得一点报酬的狭隘眼界。那时,分配产品就无需社会规定每人应当领取的产品数量;每人将"按需"自由地取用。

　　从资产阶级的观点看来,很容易把这样的社会制度说成是"纯粹的乌托邦",并冷嘲热讽地说社会主义者许诺每个人都有权利向社会领取任何数量的巧克力糖、汽车、钢琴等等，而对每个公民的劳动不加任何监督。就是今天，大多数资产阶级"学者"也还在用这样的嘲讽来搪塞，他们这样做只是暴露他们愚昧无知和替资本主义进行自私的辩护。

说他们愚昧无知，是因为没有一个社会主义者想到过要"许诺"共产主义高级发展阶段的到来，而伟大的社会主义者在**预见**这个阶段将会到来时所设想的前提，既不是现在的劳动生产率，也**不是现在的庸人**，这种庸人正如波米亚洛夫斯基作品[39]中的神学校学生一样，很会"无缘无故地"糟蹋社会财富的储存和提出不能实现的要求。

在共产主义的"高级"阶段到来以前，社会主义者要求社会**和国家**对劳动量和消费量实行**极严格的**监督，不过这种监督应当从剥夺资本家和由工人监督资本家**开始**，并且不是由官吏的国家而是由**武装工人**的国家来实行。

说资产阶级思想家（和他们的走卒，如策列铁里先生、切尔诺夫先生之流）替资本主义进行自私的辩护，正是因为他们一味争论和空谈遥远的未来，而**不谈目前**政治上的迫切问题：剥夺资本家，把**全体**公民变为**一个大"辛迪加"**即整个国家的工作者和职员，并使这整个辛迪加的全部工作完全服从真正民主的国家，即**工兵代表苏维埃国家**。

其实，当博学的教授，以及附和教授的庸人和策列铁里先生、切尔诺夫先生之流谈到荒诞的乌托邦，谈到布尔什维克的蛊惑人心的许诺，谈到"实施"社会主义不可能做到的时候，他们指的正是共产主义的高级阶段，但是无论是谁都不仅没有许诺过，而且连想也没有想到过"实施"共产主义的高级阶段，因为这根本无法

"实施"。

这里我们也就接触到了社会主义和共产主义在科学上的差别问题,这个问题在上面引用的恩格斯说"社会民主党人"这个名称不正确的一段话里已经谈到。共产主义第一阶段或低级阶段同共产主义高级阶段之间的差别在政治上说将来也许很大,但现在在资本主义下来着重谈论它就很可笑了,把这个差别提到首要地位的也许只有个别无政府主义者(在克鲁泡特金之流、格拉弗、科尔纳利森和其他无政府主义"大师"们已经"像普列汉诺夫那样"变成了社会沙文主义者,或者如少数没有丧失廉耻和良心的无政府主义者之一格耶所说,变成了无政府主义卫国战士以后,如果无政府主义者当中还有人丝毫没有学到什么东西的话)。

但是社会主义同共产主义在科学上的差别是很明显的。通常所说的社会主义,马克思把它称做共产主义社会的"第一"阶段或低级阶段。既然生产资料已成为**公有**财产,那么"共产主义"这个名词在这里也是可以用的,只要不忘记这还**不是**完全的共产主义。马克思的这些解释的伟大意义,就在于他在这里也彻底地运用了唯物主义辩证法,即发展学说,把共产主义看成是**从资本主义中**发展出来的。马克思没有经院式地臆造和"虚构"种种定义,没有从事毫无意义的字面上的争论(什么是社会主义,什么是共产主义),而是分析了可以称为共产主义在经济上成熟程度的两个阶段的东西。

在第一阶段,共产主义在经济上还**不**可能完全成熟,完全摆脱资本主义的传统或痕迹。由此就产生一个有趣的现象,这就是在共产主义第一阶段还保留着"**资产阶级**权利的狭隘眼界"。既然在**消费**品的分配方面存在着资产阶级权利,那当然一定要有**资产阶**

级国家，因为如果没有一个能够**强制**人们遵守权利准则的机构，权利也就等于零。

可见，在共产主义下，在一定的时期内，不仅会保留资产阶级权利，甚至还会保留资产阶级国家，——但没有资产阶级！

这好像是奇谈怪论，或只是一种玩弄聪明的辩证把戏，那些没有花过一点功夫去研究马克思主义的极其深刻的内容的人，就常常这样来谴责马克思主义。

其实，无论在自然界或在社会中，实际生活随时随地都使我们看到新事物中有旧的残余。马克思并不是随便把一小块"资产阶级"权利塞到共产主义中去，而是抓住了**从资本主义脱胎**出来的社会里那种在经济上和政治上不可避免的东西。

在工人阶级反对资本家以争取自身解放的斗争中，民主具有巨大的意义。但是民主决不是不可逾越的极限，它只是从封建主义到资本主义和从资本主义到共产主义的道路上的阶段之一。

民主意味着平等。很明显，如果把平等正确地理解为消灭**阶级**，那么无产阶级争取平等的斗争以及平等的口号就具有极伟大的意义。但是，民主仅仅意味着**形式上的**平等。一旦社会全体成员**在占有生产资料方面**的平等即劳动平等、工资平等实现以后，在人类面前不可避免地立即就会产生一个问题：要更进一步，从形式上的平等进到事实上的平等，即实现"各尽所能，按需分配"的原则。至于人类会经过哪些阶段，通过哪些实际措施达到这个最高目的，那我们不知道，也不可能知道。可是，必须认识到：通常的资产阶级观念，即把社会主义看成一种僵死的、凝固的、一成不变的东西的这种观念，是非常荒谬的；实际上，**只是**从社会主义实现时起，社会生活和个人生活的各个领域才会开始出现迅速的、真正的、确实是群众性的即有**大多数**居民参加然后有全体居民参加的前进运动。

民主是国家形式，是国家形态的一种。因此，它同任何国家一样，也是有组织有系统地对人们使用暴力，这是一方面。但另一方面，民主意味着在形式上承认公民一律平等，承认大家都有决定国家制度和管理国家的平等权利。而这一点又会产生如下的结果：民主在其发展的某个阶段首先把对资本主义进行革命的阶级——无产阶级团结起来，使他们有可能去打碎、彻底摧毁、彻底铲除资产阶级的（哪怕是共和派资产阶级的）国家机器即常备军、警察和官吏，代之以武装的工人群众（然后是人民普遍参加民兵）这样一种**更**民主的机器，但这仍然是国家机器。

在这里，"量转化为质"，因为**这样**高度的民主制度，是同越出资产阶级社会的框子、开始对社会进行社会主义的改造相联系的。如果真是**所有的人**都参加国家管理，那么资本主义就不能支持下去。而资本主义的发展又为真是"所有的人"**能够**参加国家管理创造了**前提**。这种前提就是：在一些最先进的资本主义国家中已经做到的人人都识字，其次是千百万工人已经在邮局、铁路、大工厂、大商业企业、银行业等等巨大的、复杂的、社会化的机构里"受了训练并养成了遵守纪律的习惯"。

在这种**经济**前提下，完全有可能在推翻了资本家和官吏之后，在一天之内立刻着手由武装的工人、普遍武装的人民代替他们去**监督**生产和分配，**计算**劳动和产品。（不要把监督和计算的问题同具有科学知识的工程师和农艺师等等的问题混为一谈，这些先生今天在资本家的支配下工作，明天在武装工人的支配下会更好地工作。）

计算和监督，——这就是把共产主义社会**第一阶段**"调整好"，使它能正常地运转所必需的**主要条件**。在这里，**全体**公民都成了国家（武装工人）雇用的职员。**全体**公民都成了**一个**全民的、国家的"辛迪加"的职员和工人。全部问题在于要他们在正确遵守劳动标准的条件下同等地劳动，同等地领取报酬。对这些事情的计算和监督已被资本主义**简化**到了极点，而成为非常简单、任何一个识字的人都能胜任的手续——进行监察和登记，算算加减乘除和发发有关的字据。①

当**大多数**人对资本家（这时已成为职员）和保留着资本主义恶习的知识分子先生们开始独立进行和到处进行这种计算即这种监督的时候，这种监督就会成为真正包罗万象的、普遍的和全民的监督，对它就绝对无法逃避、"无处躲藏"了。

整个社会将成为一个管理处，成为一个劳动平等和报酬平等的工厂。

但是，无产阶级在战胜资本家和推翻剥削者以后在全社会推行的这种"工厂"纪律，决不是我们的理想，也决不是我们的最终目的，而只是为了彻底肃清社会上资本主义剥削制造成的卑鄙丑恶现象**和为了继续**前进所必需的一个**阶段**。

当社会全体成员或者哪怕是大多数成员**自己**学会了管理国家，自己掌握了这个事业，对极少数资本家、想保留资本主义恶习的先生们和深深受到资本主义腐蚀的工人们"调整好"监督的时候，对任何管理的需要就开始消失。民主愈完全，它成为多余的东

---

①　当国家的最主要职能简化为由工人自己来进行的这样一种计算和监督的时候，国家就不再是"政治国家"，"社会职能就由政治职能变为简单的管理职能"（参看上面第4章第2节恩格斯同无政府主义者的论战）。

西的时候就愈接近。由武装工人组成的、"已经不是原来意义上的国家"的"国家"愈民主,则**任何**国家就会愈迅速地开始消亡。

因为当**所有的人**都学会了管理,都来实际地独立地管理社会生产,对寄生虫、老爷、骗子等等"资本主义传统的保持者"独立地进行计算和监督的时候,逃避这种全民的计算和监督就必然会成为极难得逞的、极罕见的例外,可能还会受到极迅速极严厉的惩罚(因为武装工人是重实际的人,而不是重感情的知识分子;他们未必会让人跟自己开玩笑),以致人们对于人类一切公共生活的简单的基本规则就会很快从**必须**遵守变成**习惯于**遵守了。

到那时候,从共产主义社会的第一阶段过渡到它的高级阶段的大门就会敞开,国家也就随之完全消亡。

第 六 章
马克思主义被机会主义者庸俗化

国家对社会革命的态度和社会革命对国家的态度问题,像整个革命问题一样,是第二国际(1889—1914 年)最著名的理论家和政论家们很少注意的。但是,在机会主义逐渐滋长而使第二国际在 1914 年破产的过程中,最突出的一点就是:甚至当他们直接遇到这个问题的时候,他们还是**竭力回避**或者不加理会。

总的看来可以说,由于在无产阶级革命对国家的态度问题上采取了有利于机会主义和助长机会主义的**躲躲闪闪的态度**,结果就产生了对马克思主义的**歪曲**和对马克思主义的完全庸俗化。

为了说明(哪怕是简要地说明)这个可悲的过程,我们就拿最著名的马克思主义理论家普列汉诺夫和考茨基来说吧。

1. 普列汉诺夫与无政府主义者的论战

普列汉诺夫写了一本专门论述无政府主义对社会主义的态度问题的小册子,书名叫《无政府主义和社会主义》,于1894年用德文出版。

普列汉诺夫竟有这样的本事,能够论述这个主题而完全回避反对无政府主义的斗争中最现实、最迫切、政治上最重要的问题,即革命对国家的态度和整个国家问题! 他的这本小册子有两部分特别突出:一部分是历史文献,其中有关于施蒂纳和蒲鲁东等人思想演变的宝贵材料;另一部分是庸俗的,其中有关于无政府主义者与强盗没有区别这样拙劣的议论。

这两个主题拼在一起十分可笑,很足以说明普列汉诺夫在俄国革命前夜以及革命时期的全部活动,因为在1905—1917年,普列汉诺夫正是这样表明自己是在政治上充当资产阶级尾巴的半学理主义者[40],半庸人。

我们已经看到,马克思和恩格斯在同无政府主义者论战时,怎样极其详尽地说明了自己在革命对国家的态度问题上的观点。恩格斯在1891年出版马克思的《哥达纲领批判》时写道:"那时〈第一〉国际海牙代表大会[41]闭幕才两年,我们〈即恩格斯和马克思〉正在同巴枯宁和他的无政府主义派进行最激烈的斗争"。[1]

① 参看《马克思恩格斯文集》第3卷第424页。——编者注

无政府主义者正是企图把巴黎公社宣布为所谓"自己的",说它证实了他们的学说,然而他们根本不懂得公社的教训和马克思对这些教训的分析。对于是否需要**打碎**旧的国家机器以及**用什么东西**来代替这两个具体政治问题,无政府主义者连一个比较接近真理的答案都没有提出过。

但是在谈"无政府主义和社会主义"时回避整个国家问题,**不理会**马克思主义在公社以前和以后的全部发展,那就必然会滚到机会主义那边去。因为机会主义求之不得的,正是完全**不提**我们刚才所指出的那两个问题。光是这一点,**已经**是机会主义的胜利了。

2. 考茨基与机会主义者的论战

考茨基的著作译成俄文的无疑比译成其他各国文字的要多得多。难怪有些德国社会民主党人开玩笑说,在俄国读考茨基著作的人比在德国还多(附带说一说,在这个玩笑里含有比开这个玩笑的人所料到的更深刻得多的历史内容:俄国工人在1905年对世界最优秀的社会民主主义文献中的最优秀的著作表现了空前强烈的、前所未见的需求,他们得到的这些著作的译本和版本也远比其他各国多,这样就把一个比较先进的邻国的丰富经验加速地移植到我国无产阶级运动这块所谓新垦的土地上来了)。

考茨基在俄国特别出名,是因为他除了对马克思主义作了通俗的解释,还同机会主义者及其首领伯恩施坦进行了论战。但是有一个事实几乎是没有人知道的,而如果想要考察一下考茨基在1914—1915年危机最尖锐时期怎样堕落到最可耻地表现出张皇失措和替社会沙文主义辩护的地步,那又不能放过这个事实。这个事实就是：考茨基在起来反对法国最著名的机会主义代表（米勒兰和饶勒斯）和德国最著名的机会主义代表（伯恩施坦）之前，表现过很大的动摇。1901—1902 年在斯图加特出版的、捍卫革命无产阶级观点的、马克思主义的《曙光》杂志[42]，曾不得不同考茨基进行**论战**，把他在 1900 年巴黎国际社会党代表大会[43]上提出的决议叫做"橡皮性"决议，因为这个决议对机会主义者的态度是暧昧的，躲躲闪闪的，调和的。在德国的书刊中还刊载过一些考茨基的信件，这些信件也表明他在攻击伯恩施坦之前有过很大的动摇。

　　但是另一件事情的意义更重大得多，这就是：现在，当我们来研究考茨基最近背叛马克思主义的**经过**的时候，就从他同机会主义者的论战本身来看，从他提问题和解释问题的方法来看，我们也看到，他恰恰是在国家问题上一贯倾向于机会主义。

　　我们拿考茨基反对机会主义的第一部大作《伯恩施坦与社会民主党的纲领》来说。考茨基详细地驳斥了伯恩施坦。但是下面的情况值得注意。

　　伯恩施坦在他著的有赫罗斯特拉特名声的《社会主义的前提》一书中，指责马克思主义为"**布朗基主义**"（此后，俄国机会主义者和自由派资产者千百次地重复这种指责，用以攻击革命马克思主义的代表布尔什维克）。而且伯恩施坦还特别谈到马克思的《法兰西内战》，企图（我们已经看到，这是枉费心机）把马克思对公社的教训的观点同蒲鲁东的观点混为一谈。伯恩施坦特别注意马克思在《共产党宣言》的 1872 年序言中着重指出的结论，这个结论说："工人阶级不能简单地掌握现成的国家机器，并运用它来达到自己的目的。"①

---

　　① 见《马克思恩格斯文集》第 2 卷第 6 页。——编者注

伯恩施坦非常"喜爱"这句名言，所以他在自己那本书里至少重复了三遍，并且把它完全歪曲成机会主义的见解。

我们已经看到，马克思是想说工人阶级应当**打碎、摧毁、炸毁**（Sprengung——炸毁，是恩格斯用的字眼）全部国家机器。但在伯恩施坦看来，似乎马克思说这句话是告诫工人阶级**不要**在夺取政权时采取过激的革命手段。

不能想象对马克思思想的歪曲还有比这更严重更不像样的了。

而考茨基在详尽驳斥伯恩施坦主义[44]的时候是怎样做的呢？

他不去分析机会主义在这一点上对马克思主义的彻头彻尾的歪曲。他引证了我们在前面引证过的恩格斯为马克思的《内战》所写的导言中的一段话，然后就说：根据马克思的意见，工人阶级不能**简单地**掌握**现成的**国家机器，但一般说来它是**能够**掌握这个机器的。仅此而已。至于伯恩施坦把同马克思的真正思想**完全相反的东西**硬加在马克思的身上，以及马克思从1852年起就提出无产阶级革命负有"打碎"国家机器的任务[45]，考茨基却只字不提。

结果是：马克思主义同机会主义在无产阶级革命的任务问题上的最本质的差别被考茨基抹杀了！

考茨基在"**反驳**"伯恩施坦时写道："关于无产阶级专政问题，我们可以十分放心地留待将来去解决。"（德文版第172页）

这不是**反驳**伯恩施坦，同他进行论战，实际上是向他**让步**，是把阵地让给机会主义，因为机会主义者现在所需要的，恰恰是把关于无产阶级革命的任务的一切根本问题都"十分放心地留待将来去解决"。

马克思和恩格斯在 1852 年到 1891 年这 40 年当中，教导无产阶级应当打碎国家机器。而考茨基在 1899 年，当机会主义者在这一点上完全背叛马克思主义的时候，却用打碎国家机器的具体形式问题来**偷换**要不要打碎这个机器的问题，把我们无法预先知道具体形式这种"无可争辩的"（也是争不出结果的）庸俗道理当做护身符！！

在马克思和考茨基之间，在他们对无产阶级政党组织工人阶级进行革命准备这一任务所持的态度上，存在着一条不可逾越的鸿沟。

我们再拿考茨基后来一部更成熟的、在很大程度上也是为了驳斥机会主义的错误而写的著作来说。这就是他那本论"社会革命"的小册子。作者在这里把"无产阶级革命"和"无产阶级制度"的问题作为自己专门的研究课题。作者发表了许多极宝贵的见解，但是恰恰**回避**了国家问题。在这本小册子里，到处都在谈夺取国家政权，并且只限于此，也就是说，考茨基选择的说法是向机会主义者让步的，因为他认为**不破坏国家机器**也能夺得政权。恰巧马克思在 1872 年认为《共产党宣言》这个纲领中已经"过时的"东西[46]，考茨基却在 1902 年把它**恢复了**。

在这本小册子里，专门有这样一节："社会革命的形式与武器"。其中既讲到群众性的政治罢工，又讲到国内战争，又讲到"现代大国的强力工具即官僚和军队"，但是一个字也没有提到公社已经给了工人什么教训。可见，恩格斯告诫人们特别是告诫德国社会党人不要"盲目崇拜"国家，不是没有原因的。

考茨基把问题说成这样：胜利了的无产阶级"将实现民主纲领"。接着他叙述了纲领的各条。至于 1871 年在以无产阶级民主

代替资产阶级民主的问题上所提出的一些新东西,他却一个字也
没有提到。考茨基用下面这种听起来好像"冠冕堂皇"的陈词滥调
来搪塞:

> "不言而喻,在现行制度下我们是不能取得统治的。革命本身要求先要
> 进行持久的和深入的斗争来改变我们目前的政治结构和社会结构。"

毫无疑义,这是"不言而喻"的,正如马吃燕麦和伏尔加河流入
里海的真理一样。所可惜的是他通过"深入的"斗争这种空洞而浮
夸的言词**回避了**革命无产阶级的迫切问题:**无产阶级**革命对国家、
对民主的态度与以往非无产阶级革命不同的"深入的地方"**究竟在
哪里**。

考茨基回避这个问题,**实际上**就是在这个最重要的问题上向
机会主义让步,但他**在口头上**却气势汹汹地向它宣战,强调"革命
这个思想"的意义(如果怕向工人宣传革命的具体教训,那么试问
这种"思想"还有多大价值呢?),或者说"革命的理想主义高于一
切",或者宣称英国工人现在"几乎与小资产者不相上下"。

考茨基写道:"在社会主义社会里同时并存的可以有……各种形式上极
不相同的企业:官僚的〈??〉、工会的、合作社的、个人的"…… "例如,有些企
业非有官僚〈??〉组织不可,铁路就是这样。在这里,民主组织可以采取这样
的形式:工人选出代表来组成某种类似议会的东西,由这个议会制定工作条
例并监督官僚机构的管理工作。有些企业可以交给工会管理,另外一些企业
则可以按合作原则来组织。"(1903年日内瓦版俄译本第148页和第115页)

这种论断是错误的,它比马克思和恩格斯在70年代用公社的
教训作例子来说明的倒退了一步。

从必须有所谓"官僚"组织这一点看来,铁路同大机器工业的
一切企业,同任何一个工厂、大商店和大型资本主义农业企业根本

没有区别。在所有这些企业中，技术条件都绝对要求严格地遵守纪律，要求每个人十分准确地执行给他指定的那一份工作，不然就会有完全停产或损坏机器和产品的危险。在所有这些企业中，工人当然要"选出代表来组成**某种类似议会的东西**"。

　　但是关键就在于这个"某种类似议会的东西"**不**会是资产阶级议会机构式的议会。关键就在于，这个"某种类似议会的东西"**不**会仅仅"制定条例和监督官僚机构的管理工作"，像思想没有超出资产阶级议会制框子的考茨基所想象的那样。在社会主义社会里，由工人代表组成的"某种类似议会的东西"当然会"制定条例和监督""机构的""管理工作"，**可是**这个机构却**不**会是"官僚的"机构。工人在夺得政权之后，就会把旧的官僚机构打碎，把它彻底摧毁，彻底粉碎，而用仍然由这些工人和职员组成的新机构来代替它；为了**防止**这些人变成官僚，就会立即采取马克思和恩格斯详细分析过的措施：(1)不但选举产生，而且随时可以撤换；(2)报酬不得高于工人的工资；(3)立刻转到使**所有的人**都来执行监督和监察的职能，使**所有的人**暂时都变成"官僚"，因而使**任何人**都不能成为"官僚"。

　　考茨基完全没有弄清楚马克思的话："公社是一个实干的而不是议会式的机构，它既是行政机关，同时也是立法机关。"①

　　考茨基完全不理解资产阶级议会制与无产阶级民主制度的区别，资产阶级议会制是把民主(**不是人民享受的**)同官僚制(**反人民的**)结合在一起，而无产阶级民主制度则立即采取措施来根除官僚制，它能够把这些措施实行到底，直到官僚制完全消灭，人民的民

———————
① 见《马克思恩格斯文集》第3卷第154页。——编者注

主完全实现。

考茨基在这里暴露出来的仍然是那个对国家的"盲目崇拜"，对官僚制的"迷信"。

现在来研究考茨基最后的也是最好的一部反对机会主义者的著作，即他的《取得政权的道路》的小册子（好像没有俄文版本，因为它是在 1909 年我们国内最反动的时期出版的[47]）。这本小册子是一个很大的进步，因为它不像 1899 年所写的反对伯恩施坦的小册子那样泛谈革命纲领，也不像 1902 年写的小册子《社会革命》那样不涉及社会革命到来的时间问题而泛谈社会革命的任务，它谈的是那些使我们不得不承认"革命纪元"**已经到来**的具体情况。

作者明确地指出，阶级矛盾一般都在尖锐化，而帝国主义在这方面起着特别巨大的作用。在西欧"1789—1871 年的革命时期"之后，东方从 1905 年起也开始了同样的时期。世界大战已经迫在眉睫。"无产阶级已经不能再说革命为时过早了。""我们已经进入革命时期。""革命的纪元开始了。"

这些话是说得非常清楚的。应当把考茨基的这本小册子当做一个尺度来衡量一下，看看德国社会民主党在帝国主义战争以前**答应要做**什么，在战争爆发时它（包括考茨基本人）又堕落到多么卑鄙的地步。考茨基在这本小册子里写道："目前的形势会引起这样一种危险：人们很容易把我们〈即德国社会民主党〉看得比实际上温和。"事实表明，德国社会民主党实际上比它表面看来要温和得多，要机会主义得多！

更值得注意的是，考茨基虽然如此明确地说革命纪元已经开始，但是就在他这本自称为专门分析**"政治**革命"问题的小册子里，却又完全回避了国家问题。

　　所有这些回避问题、保持缄默、躲躲闪闪的做法加在一起,就必然使他完全滚到机会主义那边去,这一点我们马上就要谈到。

　　德国社会民主党,以考茨基为代表,好像是在声明说:我仍然坚持革命观点(1899 年);我特别承认无产阶级的社会革命是不可避免的(1902 年);我承认革命的新纪元已经到来(1909 年);但是,一涉及无产阶级革命在对待国家方面的任务问题,我还是要从马克思在 1852 年所说的话向后倒退(1912 年)。

　　在考茨基与潘涅库克的论战中,问题就是这样明摆着的。

3. 考茨基与潘涅库克的论战

　　潘涅库克以“左翼激进”派的一个代表的资格出来反对考茨基,在这个派别内有罗莎·卢森堡、卡尔·拉狄克等人,这个派别坚持革命策略,一致确信考茨基已经转到“中派”立场而无原则地摇摆于马克思主义和机会主义之间。这个看法已经由战争充分证明是正确的,在战时,“中派”(有人称它为马克思主义的派别是错误的),即“考茨基派”,充分暴露了它的丑态。

　　潘涅库克在一篇谈到了国家问题的文章《群众行动与革命》(《新时代》杂志第 30 年卷(1912)第 2 册)里,说考茨基的立场是“消极的激进主义”立场,是“毫无作为的等待论”。“考茨基不愿看到革命的过程。”(第 616 页)潘涅库克这样提出问题,就接触到了我们所关心的关于无产阶级革命在对待国家方面的任务问题。

　　他写道:“无产阶级的斗争不单纯是**为了**国家政权而反对资产阶级的斗争,而且是**反对**国家政权的斗争……　无产阶级革命的内容,就是用无产阶级的强力工具去消灭和取消〈Auflösung——直译是解散〉国家的强力工具……　只有当斗争的最后结果是国家组织的完全破坏时,斗争才告终止。多数人的组织的优越性的证明,就是它能消灭占统治地位的少数人的组织。"(第548页)

潘涅库克表达自己思想的时候在措辞上有很大的缺点,但是意思还是清楚的,现在来看一看考茨基**怎样**反驳这种思想倒是很有意思的。

考茨基写道:"到现在为止,社会民主党人与无政府主义者之间的对立,就在于前者想夺取国家政权,后者却想破坏国家政权。潘涅库克则既想这样又想那样。"(第724页)

如果说潘涅库克的说法犯了不明确和不具体的毛病(他的文章中其他一些与本题无关的缺点,这里暂且不谈),那么考茨基倒恰恰是把潘涅库克指出的**具有原则意义的**实质抓住了,而就在这个**根本的具有原则意义的**问题上,他完全离开了马克思主义立场,完全转到机会主义那边去了。他对社会民主党人与无政府主义者的区别所作的说明是完全不对的,马克思主义完全被他歪曲和庸俗化了。

马克思主义者与无政府主义者之间的区别在于:(1)马克思主义者的目的是完全消灭国家,但他们认为,只有在社会主义革命把阶级消灭之后,即导向国家消亡的社会主义建立起来之后,这个目的才能实现;无政府主义者则希望在一天之内完全消灭国家,他们不懂得实现这个消灭的条件。(2)马克思主义者认为无产阶级在夺得政权之后,必须彻底破坏旧的国家机器,用武装工人的组织组成的、公社那种类型的新的国家机器来代替它;无政府主义者主张破坏国家机器,但是,他们完全没有弄清楚无产阶级将**用什么**来代替它以及无产阶级将**怎样**利用革命政权;无政府主义者甚至否定革命无产阶级应利用国家政权,否定无产阶级的革命专政。(3)马克思主义者主张通过利用现代国家来使无产阶级进行革命的准备;无政府主义者则否定这一点。

在这场争论中,代表马克思主义的恰恰是潘涅库克而不是考茨基,因为正是马克思教导我们说,无产阶级不能简单地夺取国家政权,也就是说,不能只是使旧的国家机构转到新的人手中,而应当打碎、摧毁这个机构,用新的机构来代替它。

考茨基离开马克思主义而转到机会主义者那边去了,因为正是机会主义者所完全不能接受的破坏国家机器的思想在他那里完全不见了,而他把"夺取"解释成简单地获得多数,这也给机会主义者留下了后路。

考茨基为了掩饰自己对马克思主义的歪曲,就采用了书呆子的办法:"引证"马克思本人的话。马克思在 1850 年曾说必须"坚决地把权力集中在国家政权手中"[48]。考茨基就得意扬扬地问道:潘涅库克是不是想破坏"集中制"呢?

这不过是一种把戏,正像伯恩施坦说马克思主义和蒲鲁东主义都主张用联邦制代替集中制一样。

考茨基的"引证"是牛头不对马嘴。集中制无论在旧的国家机器或新的国家机器的条件下,都是可能实现的。工人们自愿地把自己的武装力量统一起来,这就是集中制,但这要以"完全破坏"常备军、警察和官僚这种集中制的国家机构为基础。考茨基采取了十足的欺骗手段,回避了大家都知道的马克思和恩格斯关于公社的言论,却搬出一些文不对题的引证来。

考茨基继续写道:"……也许是潘涅库克想要取消官吏的国家职能吧?但是,我们无论在党组织或在工会组织内都非有官吏不可,更不必说在国家管理机关内了。我们的纲领不是要求取消国家官吏,而是要求由人民选举官吏……　现在我们谈的并不是'未来的国家'的管理机构将采取什么样的形式,而是**在我们夺取国家政权以前**〈黑体是考茨基用的〉我们的政治斗争要不要消灭〈auflöst——直译是解散〉国家政权。哪一个部和它的官吏可以取消呢?"他列举了教育部、司法部、财政部、陆军部。"不,现有各部中没有一个部是我们反政府的政治斗争要取消的……　为了避免误会,我再说一遍:现在谈的不是获得胜利的社会民主党将赋予'未来的国家'以什么样的形式,而是我们作为反对党应该怎样去改变现今的国家。"(第 725 页)

　　这显然是故意歪曲。潘涅库克提出的正是**革命**问题。这无论在他那篇文章的标题上或在上面所引的那段话中都讲得很清楚。考茨基跳到"反对党"问题上去,正是以机会主义观点偷换革命观点。照他的意思:现在我们是反对党,到夺取政权**以后**我们再专门来谈。**革命不见了!** 这正是机会主义者所需要的。

　　这里所说的不是反对党,也不是一般的政治斗争,而正是**革命**。革命就是无产阶级**破坏**"管理机构"和**整个**国家机构,用武装工人组成的新机构来代替它。考茨基暴露了自己对"各部"的"盲目崇拜",试问,为什么不可以由——譬如说——拥有全权的工兵代表苏维埃设立的各种专家委员会去代替"各部"呢?

　　问题的本质完全不在于将来是否保留"各部",是否设立"各种专家委员会"或其他什么机构,这根本不重要。问题的本质在于:是保存旧的国家机器(它与资产阶级有千丝万缕的联系,并且浸透了因循守旧的恶习)呢,还是**破坏**它并用**新的**来代替它。革命不应当是新的阶级利用**旧的**国家机器来指挥、管理,而应当是新的阶级**打碎**这个机器,利用**新的**机器来指挥、管理,——这就是考茨基所抹杀或者完全不理解的马克思主义的**基本**思想。

　　他提出的官吏问题,清楚地表明他不理解公社的教训和马克思的学说。他说："我们无论在党组织或在工会组织内都非有官吏不可……"

我们**在资本主义下**，在**资产阶级统治**下是非有官吏不可的。无产阶级受资本主义的压迫，劳动群众受资本主义的奴役。在资本主义下，由于雇佣奴隶制和群众贫困的整个环境，民主制度受到束缚、限制、阉割和弄得残缺不全。因为这个缘故，而且仅仅因为这个缘故，我们政治组织和工会组织内的公职人员是受到了资本主义环境的腐蚀（确切些说，有被腐蚀的趋势），是有变为官僚的趋势，也就是说，是有变为脱离群众、凌驾于群众**之上**、享有特权的人物的趋势。

这就是官僚制的**实质**，在资本家被剥夺以前，在资产阶级被推翻以前，**甚至无产阶级的公职人员也免不了在一定程度上"官僚化"**。

在考茨基看来，既然选举产生的公职人员还会存在，那也就是说，官吏在社会主义下也还会存在，官僚还会存在！ 这一点恰恰是不对的。马克思正是以公社为例指出，在社会主义下，公职人员将不再是"官僚"或"官吏"，其所以能如此，那是**因为**除了选举产生，**还**可以随时撤换，**并且还把报酬减到工人平均工资的水平，并且还以"实干的即既是行政的，同时也是立法的"机构去代替议会式的机构。**①

实质上，考茨基用来反驳潘涅库克的全部论据，特别是考茨基说我们无论在工会组织或在党组织内都非有官吏不可这个绝妙的理由，证明考茨基是在重复过去伯恩施坦用来反对马克思主义的那一套"理由"。伯恩施坦在他那本背叛变节的作品《社会主义的前提》中，激烈反对"原始"民主的思想，反对他所称为"学理主义的

———————

①　参看《马克思恩格斯文集》第3卷第154页。——编者注

民主制度"的东西,即实行限权委托书制度,公职人员不领报酬,中央代表机关软弱无力等等。为了证明这种"原始"民主制度的不中用,伯恩施坦就援引了韦伯夫妇所阐述的英国工联的经验[49]。据说,工联根据自己70年来在"完全自由"(德文版第137页)的条件下发展的情形,确信原始的民主制度已不中用,因而用普通的民主制度,即与官僚制相结合的议会制代替了它。

其实,工联并不是在"完全自由"的条件下,**而是在完全的资本主义奴役下**发展的,在这种奴役下,对普遍存在的邪恶现象、暴虐、欺骗以及把穷人排斥在"最高"管理机关之外的现象,自然非作种种让步"不可"。在社会主义下,"原始"民主的许多东西都必然会复活起来,因为人民**群众**在文明社会史上破天荒第一次站起来了,不仅**独立地**参加投票和选举,**而且独立地**参加**日常管理**。在社会主义下,**所有的人**将轮流来管理,因此很快就会习惯于不要任何人来管理。

马克思以其天才的批判分析才能,从公社所采取的实际措施中看到了一个**转变**。机会主义者因为胆怯,因为不愿意与资产阶级断然决裂而害怕这个转变,不愿意承认这个转变;无政府主义者则由于急躁或由于根本不懂得大规模社会变动的条件而不愿意看到这个转变。"根本用不着考虑破坏旧的国家机器,我们没有各部和官吏可不行啊!"——机会主义者就是这样议论的,他们满身庸人气,实际上不但不相信革命和革命的创造力,而且还对革命害怕得要死(像我国孟什维克和社会革命党人害怕革命一样)。

"只需要考虑破坏旧的国家机器,用不着探究以往无产阶级革命的**具体**教训,用不着分析应当**用什么**来代替和**怎样**代替要破坏的东西。"——无政府主义者(当然是无政府主义者当中的优秀分子,而不是那些追随克鲁泡特金之流的先生去做资产阶级尾巴的无政府主义者)就是这样议论的;所以他们就采取**拼命的**策略,而不是为完成具体的任务以大无畏的精神同时考虑到群众运动的实际条件来进行革命的工作。

马克思教导我们要避免这两种错误,教导我们要以敢于舍身的勇气去破坏全部旧的国家机器,同时又教导我们要具体地提问题:看,公社就是通过实行上述种种措施来扩大民主制度和根绝官僚制,得以在数星期内**开始**建立**新的**无产阶级的国家机器。我们要学习公社战士的革命勇气,要把他们的实际措施看做是具有实际迫切意义并立即可行的那些措施的一个**轮廓**,如果**沿着这样的道路前进**,我们就一定能彻底破坏官僚制。

彻底破坏官僚制的可能性是有保证的,因为社会主义将缩短工作日,使**群众**能过新的生活,使**大多数**居民无一例外地**人人**都来执行"国家职能",这也就会使任何国家**完全消亡**。

考茨基继续写道:"……群众罢工的任务在任何时候都不能是**破坏**国家政权,而只能是促使政府在某个问题上让步,或用一个同情无产阶级的政府去代替敌视无产阶级的政府……　可是,在任何时候,在任何条件下,这〈即无产阶级对敌对政府的胜利〉都不能导致国家政权的**破坏**,而只能引起**国家政权内部**力量对比的某种**变动**……　因此,我们政治斗争的目的,和从前一样,仍然是以取得议会多数的办法来夺取国家政权,并且使议会变成政府的主宰。"(第 726、727、732 页)

这真是最纯粹最庸俗的机会主义,是口头上承认革命而实际上背弃革命。考茨基的思想仅限于要一个"同情无产阶级的政府",这与 1847 年《共产党宣言》宣告"无产阶级组织成为统治阶级"①

---

① 参看《马克思恩格斯文集》第 2 卷第 52 页。——编者注

比较起来,是倒退到了庸人思想的地步。

考茨基只得去同谢德曼、普列汉诺夫和王德威尔得之流实行他所爱好的"统一"了,因为他们都赞成为争取一个"同情无产阶级的"政府而斗争。

我们却要同这些社会主义的叛徒决裂,要为破坏全部旧的国家机器而斗争,使武装的无产阶级自己**成为政府**。这二者有莫大的区别。

考茨基只得成为列金和大卫之流,普列汉诺夫、波特列索夫、策列铁里和切尔诺夫之流的亲密伙伴了,因为他们完全赞同为争取"国家政权内部力量对比的变动"而斗争,为"取得议会多数和争取一个主宰政府的全权议会"而斗争,——这是一个极为崇高的目的,在这个目的下,一切都可以为机会主义者接受,一切都没有超出资产阶级议会制共和国的框子。

我们却要同机会主义者决裂;整个觉悟的无产阶级将同我们一起进行斗争,不是去争取"力量对比的变动",而是去**推翻资产阶级,破坏**资产阶级的议会制,建立公社类型的民主共和国或工兵代表苏维埃共和国,建立无产阶级的革命专政。

＊　　　　＊　　　　＊

在国际社会主义运动中比考茨基更右的派别,在德国有《社会主义月刊》派[50](列金、大卫、科尔布以及其他许多人,其中还包括斯堪的纳维亚人斯陶宁格和布兰亭),在法国和比利时有饶勒斯派[51]和王德威尔得,在意大利党[52]内有屠拉梯、特雷维斯以及其他右翼代表,在英国有费边派和"独立党人"(即"独立工党"[53],实际上始终依附于自由派的党),如此等等。所有这些无论在议会工作中或在党的政论方面都起着很大作用而且往往是主要作用的先

生,都公开否认无产阶级专政,实行露骨的机会主义。在这些先生
看来,无产阶级"专政"是与民主"矛盾"的!! 他们在实质上跟小资
产阶级民主派并没有重大的区别。

　　鉴于这种情况,我们有理由得出结论:第二国际的绝大多数正
式代表已经完全滚到机会主义那边去了。公社的经验不仅被忘记
了,而且被歪曲了。他们不仅没有教导工人群众说,工人们应当起
来的时候快到了,应当打碎旧的国家机器、代之以新的国家机器从
而把自己的政治统治变为对社会进行社会主义改造的基础的时候
快到了,——他们不仅没有这样做,反而教导工人群众相反的东
西,而他们对"夺取政权"的理解,则给机会主义留下无数的后路。

　　当着国家,当着军事机构由于帝国主义竞赛而强化的国家已
经变成军事怪物,为着解决究竟由英国还是德国、由这个金融资本
还是那个金融资本来统治世界的争执而去屠杀千百万人的时候,
在这样的时候歪曲和避而不谈无产阶级革命对国家的态度问题,
就不能不产生极大的影响。①

_____

　　①　手稿上还有下面这一段:

"第 七 章

1905 年和 1917 年俄国革命的经验

　　这一章的题目非常大,可以而且应当写几卷书来论述它。这本小册子自
然就只能涉及与无产阶级在革命中在对待国家政权方面的任务直接有关的
最主要的经验教训了。"(手稿到此中断。)——俄文版编者注

第 一 版 跋

　　这本小册子是在 1917 年 8、9 月间写成的。我当时已经拟定了下一章即第 7 章《1905 年和 1917 年俄国革命的经验》的提纲。但这一章除了题目以外,我连一行字也没有来得及写,因为 1917 年十月革命前夜的政治危机"妨碍"了我。对于这种"妨碍",只有高兴。但是本书第 2 册(《1905 年和 1917 年俄国革命的经验》)看来只好长时间拖下去了;做出"革命的经验"是会比论述"革命的经验"更愉快、更有益的。

作　者

1917 年 11 月 30 日于彼得格勒

1918 年在彼得格勒印成单行本　　　　　　译自《列宁全集》俄文第 5 版
　　　　　　　　　　　　　　　　　　　第 33 卷第 1—120 页

附　录

未写成的《关于国家的作用问题》一文的材料

1

读尼·伊·布哈林
《关于帝国主义国家理论》一文的笔记[54]

（不晚于 1916 年 8 月）

‖读布哈林文章的笔记　　　　　　　　　　　‖注意

（《关于帝国主义国家理论》）

关于帝国主义国家理论。

　　　?　　　（4）

"社会学中的国家理论"：它是由马克思主义提供的……(?) ‖

　　　　　　　　　　　?

"……国家＝统治阶级最一般的组织……"　　　　　‖

洛里亚[55](7)?

第 7 页^①——援引

恩格斯的话 $\left(\begin{array}{l}\text{第 137 页。1889 年第 3 版}\\\text{第 180 页。第 6 版}\end{array}\right)$ （α）

不确切

（"照例"）

参看第 178 页：第 6 版

（β）Niederhaltung 不 = 奴役，

而是制服……

（γ）作为例外的情况……

第 11 页——援引恩格斯的话（第 3 版第 135 页 = 第 6 版第 177
页）。**56**

恩格斯的话载于《**新时代**》杂志第 32 年卷第 1 册第 32 页（?）
（《论权威》）。**57**

第 13 页：国家"自行消亡"（更详细的情况呢?）。

第 14 页："不同类型"（不确切）……第 14 页：国家 = "广泛的（无
所不包的?）社会经济结构的
政治表现"（???）

第 15—16 页：关于马克思主义者和无政府主义者在国家问题上
的区别说得**不正确**（对照《反杜林论》第 3 版第 **303**
页^②）。

论国家资本主义。很有意思。实际上可以**公开**

第 53 页。"由此产生一定的策略要求：**社会民主党应该坚
决强调自己在原则上敌视国家政权。**"（黑体是布哈林用的，

注意

① 左边的页码是布哈林文章手稿的页码。——俄文版编者注
② 参看《马克思恩格斯文集》第 9 卷第 297—298 页。——编者注

第53页)……　（投票反对拨款等等。）

在末尾(54—55)谈到,无产阶级"建立自己暂时的**行使政权的国家**组织"（不清楚:"行使政权的国家组织……" ⦀ ? 对谁行使政权?对整个**社会**吗?**对社会行使**政权就是**国家**政权。同义叠用。同义反复)……无产阶级"废除自己的专政","在国家的坟上钉一个白杨橛子,永远镇住它……"（文章的最后一句话)。

载于 1932 年《布尔什维克》杂志　　　　译自《列宁全集》俄文第 5 版
第 22 期　　　　　　　　　　　　　　第 33 卷第 329—330 页

2

对尼·伊·布哈林
《帝国主义强盗国家》一文的评注⁵⁸

（不早于 1916 年 11 月 18 日〔12 月 1 日〕和 12 月 5 日〔18 日〕）

载于《工人政治》
杂志⁵⁹第 25 期
副标题：关于为祖
国辅助服役问题的
理论见解(?)。

帝国主义[强盗]国家

所谓"保卫祖国"的问题是 我们时 不仅是策
代 最重要的 策略问题，因为这正是区 略问题
分整个资产阶级世界和整个无产阶级
世界的分界线所在。"保卫祖国"这句话
本身就包含着一种欺骗，因为实际上这
里说的不是祖国自身，即它的居民，而
是国家组织，国家。假如祖国丧失了自
己的独立性，这并不意味着它的居民也
不确切 丧失了自己的独立性(在资本主义制度
下居民根本就没有这种独立性)，而只
是意味着国家组织将不复存在。"祖国"
这个无害的字眼就这样掩盖了统治和
服从的关系，掩盖了这种关系背后的血
和泪，奴役和压迫，抢劫和杀戮。这样，
许多"重新学习过的人""更加勇敢"了，
他们从保卫祖国的观点出发，十分自然
地颂扬起了国家，热烈赞美"国家的理
性"和它的一切神圣职能，从被收买的
科学和宗教，到陆军、海军，乃至警察的

> 暴力和阶级的司法。因此,对<u>一般国家</u>,特别是**帝国主义强盗国家**,绝对需要有一个<u>明确的概念</u>。
> ×①

国家是一个**历史**范畴。这就是说,国家(1)不是一种永恒的社会规律,而只是过渡性的(2)社会形态。换句话说:国家只是在一定的发展阶段上产生的,反之,它在另一发展阶段上必将消失。国家是作为统治阶级的组织产生的,这就是它的**本质**。国家是"最强大的、在经济上占统治地位的阶级的"组织,"这个阶级借助于国家而在政治上也成为占统治地位的阶级,因而获得了镇压和剥削被压迫阶级的新手段"。(弗·恩格斯《家庭……的起源》第137页)② 因此,国家的概念是以阶级统治的概念为前提的。没有阶级的国家就像没有阶级的资本主义或者像干的水一样不可思议。**卡尔·马克思**把<u>这一点</u>表述如下。他写道:"连激进的和革命的政治活动家也认为祸害的原因不在于国家的本质,而在于一定的国家形式;他们要用另一种国家形式来代替它。"(见《评……》。《遗著》第2卷第50页)③ 社会主义者的目的则完全不同。**弗·恩格斯**断言:"所有的社会主义者都认为,国家以及政治权威将<u>由于</u>未来的社会革命而消失,这就是说,<u>社会职能</u>№3将失去其政治性质,而变为维护真正社会利益的简单的<u>管理职能</u>。"(用意大利文写的文章:《论权威》,载于《新时代》杂志第32年卷第1册第39页)④ 同一位恩格斯在《反杜林论》(大家知道,这是一部经过马克思审阅的、几乎完全由马克思校订的、而且部分是由马克思撰写的

（1）还在行使职能
（2）现象

＝不是"这一点"……

№3√（服务）

---

① x——x 的这一段在《工人政治》杂志第25期上(1916年12月9日)被删掉了。
② 见《马克思恩格斯文集》第4卷第191页。——编者注
③ 参看《马克思恩格斯全集》第1版第1卷第478页。——编者注
④ 参看《马克思恩格斯文集》第3卷第338页。——编者注

著作)中又指出，国家"是自行消亡的"①。他在《家庭的起源》中也提出了同样的预测。在生产者自由平等的联合体的基础上按新方式来组织生产的社会,将把全部国家机器放到它应该去的地方,即放到古物陈列馆去,同纺车和青铜斧陈列在一起。(第140页)*②随着阶级制度的消灭,这种制度的政治表现即国家也将被消灭(gesprengt),于是将产生一个没有阶级的社会主义社会,在这个社会中国家将不复存在。

不对？？

　　国家是统治阶级**最一般的**组织,这就是说,在这里构成剥削对象的不仅是某些阶层,而是整个被剥削阶级。国家是一部庞大的、可怕的吸血机器,它自己直接剥削人民,同时力求保存、维护和扩大进行"正常"剥削的一切条件。一旦受到什么威胁,国家就用它全部力量,归根到底是用武装力量,来反对"敌人":对外,这就是战争;对内,这就是残酷镇压暴动者。武力,屠杀,这就是国家和**任何**国家形式(无一例外)的铁的规律。这一现象仅在量的方面有所不同,而量是根据国家的类型而变化的,而国家的类型本身又为世界国民经济的发展所决定。恰恰在我们的时代,随着**帝国主义**国家的形成,普遍的军国主义化达到了巨大的空前的规模。

？
教会？
等等

对

不对，
不完全

　　* 说到这里,我们要指出,如果以为社会主义者和无政府主义者之间的区别在于前者赞成国家,后者反对国家,那就完全错了。实际上,区别是在于革命的社会民主党想要组织新的社会生产,集中的生产,即技术上最进步的生产;而分散的无政府主义的生产只能意味着向旧技术、向旧生产形式倒退。

---

① 见《马克思恩格斯文集》第9卷第297页。——编者注
② 见《马克思恩格斯文集》第4卷第193页。——编者注

二

国家是统治阶级的无所不包的组织。在帝国主义以前的时代，№4 国家其实就是个组织。社会生活的一个特别重要的领域，即经济，处于完全无政府的状态。企业是个体的，资本家是单独"劳动"，只和自己的工人打交道，国家只给他保证"剥削权利"的一般条件，——这就是过去那种经济的典型景象。现在完全不同了。单个资本家已成了资本家同盟中的一员。中间阶层的迅速消失和大资本的胜利进展，已经造成了经济生活的一些新形式，当然，这些形式是作为阶级生活的特殊形式出现的。企业主同盟如托拉斯、辛迪加等的形成，以及它们通过联合企业、大银行建立的相互联系，完全改变了过去的形式。如果说资本家**个体**所有制是帝国主义以前时代的特征，那么，在组织上联合起来的资本家的**集体**所有制就是现代金融资本主义经济的特征。然而，这一过程不仅在经济领域可以看到。它还遍及于阶级生活的一切领域。如果说工人阶级建立了自己的工会、政治组织、合作社、文化教育团体等等，那么，资产阶级进行这类活动的规模就要大得多。各式各样的资产阶级的阶级组织就这样建立起来：在经济生活中有企业主同盟如托拉斯等等，在政治领域中有各种政治党派及其全部组织体系；在科学领域中有各种科学组织，一旦需要，这些组织就变成资本主义强盗的忠实的阿谀奉承的奴仆等；归根到底，国家变得愈来愈庞大。不过，这一组织过程并未到此结束。**所有这些组织都有生长在一起而变成统治阶级单一的组织的趋势。这是一个最新的发展阶段，在战时可**

不确切①
№4："国家其实只不过是个组织"。

---

① 列宁的这一评语也是针对布哈林在这段末所用的类似的术语的。列宁把评语和术语都框起来，并用箭头把它们连在一起。——俄文版编者注

以看得特别清楚。最重要的是资产阶级国家组织和经济组织的融合。逐步实行由**国家调节生产**。国家调节生产通过两种重要形式：一是通过**在生产领域中**实行**国家垄断**，这主要出自财政方面（偿还战时公债等等）以及国家和军事方面的考虑（对军用物资的需要）；二是通过所谓"混合企业"这种特殊系统。"混合企业"的共同占有者是国家和企业主经济组织。在**运输部门**也是这种情况。国家**贸易垄断制**的实行，国家的和"私人的"信贷机构（银行）的融合，固定价格的实行，国家对产品分配的干预——这一切都意味着国家组织对经济生活的吞食。"国民经济"日益成为"国家经济"，成为"国家资本主义托拉斯"。No5。然而，不单单是国家组织和资产阶级的纯经济组织结合在一起，一切其他的资产阶级的组织和有阶级性的组织也显示出同样的趋势。科学、政党、教会、企业主同盟都纷纷被纳入国家机构。**这样就逐渐形成一个单一的**无所不包的**组织，即现代帝国主义**强盗**国家这一占统治地位的资产阶级的万能组织。它具有无数的职能和巨大的权力，既有精神的权力（**各种愚弄手段：宗教、出版物、学校等等），又有物质的权力（警察、军队）。这个力量渗透到金融资本主义社会的每个毛孔，并给我们的时代打上了特殊的独有的烙印。在这里我们看到了历史的辩证法：**最初曾经是统治阶级的单一组织的国家变成了与其他组织**并存**的组织，而这又是为了重新变成把其他一切组织都吸收在内的单一组织。这就是当代的怪物，当代的利维坦**[60]**——国家。**[*]

No5：+ 劳动力国有化（这是英国的军需品法、德国的"为祖国辅助服役"法等所使用的说法），是这一发展过程不可避免的结果。

?

---

[*]　黄色"社会民主党人"在"军事社会主义"这种甜蜜字眼的掩饰下所颂扬的，恰恰是帝国主义强盗国家。

三

　　世界经济的发展使得国家的有组织的"国民经济部门"之间的斗争极其尖锐化。另一方面，帝国主义战争反过来又影响国家的结构。如果上述类型可以说是帝国主义国家理想的No6景象，是只有最发达的国家才达到的一个阶段，那么，每一天，特别是**战争时期**的每一天，都导致这种现象的扩大。这就对无产阶级提出了如何适应新形势的任务。显然，帝国主义 强盗 国家〔我们称它为**强盗**国家，是因为它的对外文化使命在于不断地掠夺弱小民族、殖民地国家等等〕是资产阶级阶级组织的最高形式。这个组织的暴力手段是非常强大的。只要想一下现代的军国主义就够了。可见，工人面对的是整个资产阶级的联合力量。他们只有用更大的力量，即**群众的力量**，才能摧毁这个联合力量。群众性的行动是进行胜利斗争必不可少的手段。社会民主党是或者至少应当是群众的**教师**，它现在比任何时候都更加需要强调自己在原则上敌视国家。谁要是像现在的社会爱国主义者那样，以保卫祖国为借口来驱使工人相互残杀，谁就是社会主义的叛徒，因为事实上战争是**国家**这个社会主义的无产阶级的**死敌**所发动的进攻。

　　目前的战争表明，国家观念的根蒂已经深深渗入工人的心灵。但同一个战争又表明，这种心理正日益退居次要地位。这是一个在以往时代有过某种类似情况的过程。过去，与老板处于宗法关系中的工人，曾经把他们的剥削者的利益看成是自己的利益，现在无产者也一样，正在为他们的剥削者和掠夺者的利益而战斗。但是正像**工厂**的铁锤砸碎了这种田园诗般的关系一样，**帝国主义**终将消灭工人的奴

No6"现实的"（在第25 期上）（显然是印错了！！ 不然就是笔误）。

——No7——在《工人政治》杂志第 25 期上这整个结尾都没有，而用了完全不同的结尾，结尾说，"我们左翼激进派"和社会帝国主义者一致认为，资本在这方面是在为社会主义工作，但是，我们和他们是有区别的，我们认为"**无产阶级**"

必须"**战胜帝国主
义国家**"。(是这样!)
· · ·

隶地位,无产阶级在战争的压力下和疯狂的暴力的
压迫下,定将宣告一场唯一"正义的战争",反对资本
××统治的战争。

Нота—Бене

×　×　□　□ ＝ 在《工人政治》杂志第 25 期上删掉的部分。
∣　∣　∣　∣
　×　∣　×

载于 1933 年出版的弗·伊·列宁
《对尼·伊·布哈林论国家的文章
的评注》一书

译自《列宁全集》俄文第 5 版
第 33 卷第 331—338 页

3

《关于国家的作用问题》一文提纲[61]

（1916 年 11 月 18 日〔12 月 1 日〕以后）

关于国家的作用问题

共产主义者还是社会民主主义者？

社会主义和共产主义。（消费品或者至少是其中的**必需品**完全
公有。）

民主也是国家。消亡……　国家的"自行消亡"。

为什么不是废除也不是炸毁？

职能先后"逐渐自行停止"。

没有民主＝没有对人的管理。

"国家观念的根蒂在工人的心灵中"？

机会主义和革命的社会民主党。

无产阶级专政。

利用国家反对资产阶级。

反击资产阶级的复辟尝试。

革命战争。

实行和维护民主。

民主的作用:

> 教育群众
>
> 把他们引向新制度
>
> **社会主义革命的形式**:1905 年的**联盟**。

帝国主义:国家与资本家的经济组织。"国家资本主义托拉斯"……
帝国主义者的民主改良与社会主义革命。

马克思在 1844 年(《遗著》第 2 卷第 50 页,倒数第 2 段末
尾)**62**。

> 除了使社会主义和政治对立,什么也没有。反对卢格的
> 纯粹的政治激进主义。1847 年以前!

恩格斯(《论权威》)论革命……　　(+)

　　　　　论组织……① 　(+)

马克思(同一个出处)((《新时代》杂志,第 32 年卷第 1 册,1913—
1914))论政治作用和争取**让步**的斗争——论革命地利用国
家政权……②

政治上的两派(政治就是参与**国家**事务,给国家定方向,确定国家
活动的形式、任务和内容),机会主义的和革命的,

或者对"国家"态度上的两派?

改良派的民主和革命派的民主。两种不同的内容:少数人和群
众。使群众平息下来?促进群众的**斗争**? 使群众服从领袖的
权威? 起来反对领袖?恩格斯的"下层群众"和**追随**机会主义

---

① 参看《马克思恩格斯文集》第 3 卷第 335—338 页。——编者注
② 同上书,第 339—345 页。——编者注

领袖的"群众"。归结为革命和机会主义。

载于 1933 年《列宁文集》俄文版
第 21 卷

译自《列宁全集》俄文第 5 版
第 33 卷第 339—340 页

马克思主义论国家[63]

（1917 年 1—2 月）

---

　　① 手稿中以如下字样重复了这一项："恩格斯对青年派的答复：**第 9 页旁边**"。——俄文版编者注

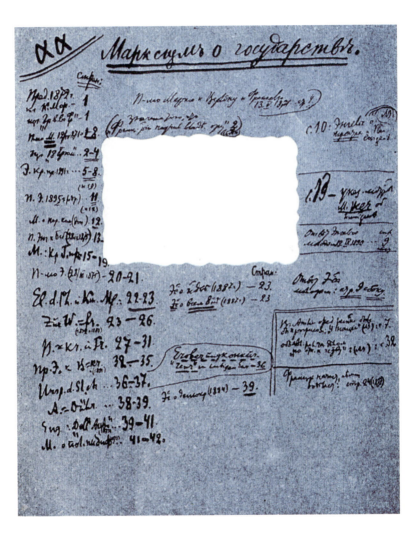

1917 年 1—2 月列宁《马克思主义论国家》笔记本封面

（按原稿缩小）

马克思主义和国家

> 确切些说：
>
> 　　无产阶级革命在对待国家方面的任务。

　　马克思和恩格斯论国家、论革命在政治方面（在它对待国家方面）**的任务。**

　　　　　　　　　《内战》中有一处值得特别注意。《**共产党宣言**》的由**两位作者**署名的最后一篇序言也引证了这一处。这篇序言注明的日期是 1872 年 6 月 24 日于伦敦（卡尔·**马克思**和弗里德里希·**恩格斯**）。序言中说，《共产党宣言》这个纲领"现在有些地方已经**过时了**"（《共产党宣言》190**6** 年柏林第 **7** 版第 17 页[①]；有考茨基的序言——**庸俗的**序言！——和 1872 年 6 月 24 日两位作者合写的序言、1883 年 6 月 28 日恩格斯的序言、1890 年 5 月 1 日恩格斯的序言。最后这篇序言引证了 18**82** 年 1 月 21 日在伦敦为**俄**译本写的谈到

是这样!!!　　俄国村社问题的序言，其中讲到，现在"俄国已是

---

　　① 　见《马克思恩格斯文集》第 2 卷第 6 页。——编者注

欧洲革命运动的先进部队了"，第 20 页)①。

　　纲领中的什么地方"过时了"？作者回答说:((((见下面**第 27 页**②))))

　　"特别是公社已经证明:'工人阶级不能简单地掌握现成的国家机器 1876 年版"国家机器"("Staatsmaschine")一词写的是"Staats-maschinerie"，并运用它 1876 年版"它"字改为"这个机器"来达到自己的目的。'(《法兰西内战》第 19 页)"(1876 年版第 23 页,第 3 章开头。)③

　　孤立地看,这段话不清楚;它似乎给机会主义留下了后路,因为初看起来可以使人对它作这样的解释:不能"简单地""掌握"(in Besitz)"现成的""国家机器"——**就是说**……不需要革命,对革命要小心谨慎,要更多注意**的不是**夺取政权的思想,而是缓慢发展、长入的思想,如此等等。见**伯恩施坦**《前提》1899 年斯图加特版第 VI 页(和第 **18** 页、第 **134** 页),在那里,这段话同 1895 年恩格斯的导言列在一起,并被解释成放弃革命!!!**65**伯恩施坦竟在他的这一本书里把这段话引证了**三次!!**④

　　(注意

---

①　见《马克思恩格斯文集》第 2 卷第 8 页。——编者注

②　见本卷第 176 页。——编者注

③　见《马克思恩格斯文集》第 2 卷第 6 页,第 3 卷第 151 页;另见本卷第 34 页。——编者注

④　方括号里的话列宁原来写在手稿的行间。——俄文版编者注

这种解释（我好像在什么地方看到过这种解释，只是不记得在哪里）是极其错误的。实际上，马克思的意思**完全**相反：无产阶级革命不能"简单地"掌握"现成的"国家机器，革命应当把**它**，把这个**现成的机器打碎**，并用**新**的来代替。下面是特别明显的和有决定意义的一处：

马克思给库格曼的信

和巴枯宁（1870 年 10 月，见斯切克洛夫的著作第 113 页）比较一下很有意思："……对我来说很明显，在实际上破坏了行政的和政府的机器之后，只有人民的直接革命行动能拯救法国……"②**66**

　　1871 年 4 月 12 日，马克思给库格曼写道（《**新时代**》杂志第 20 年卷（1901—1902）第 1 册第 709 页；这一册中只有两封信是关于公社的；给库格曼的其他信件发表在第 20 年卷**第 2 册**中。**注意**）：

　　"如果你查阅一下我的《雾月十八日》的最后一章，你就会看到，我认为法国革命的下一次尝试不应该再像以前那样把官僚军事机器从一些人的手里转到另一些人的手里，而应该把它**打碎**〈黑体是马克思用的〉，这正是大陆上任何一次真正的人民革命的先决条件。这也正是我们英勇的巴黎党内同志们的尝试。"① **注意**

---

① 参看本卷第 35 页。——编者注
② 这段话列宁原来写在手稿当页的上端。——俄文版编者注

马克思对公社可能遭到失败的原因所作的判断(1871年4月12日)十分重要:"如果他们〈巴黎的工人〉战败了,那只能归咎于他们的'仁慈'。……本来是应该立刻向凡尔赛进军的。由于讲良心而把时机错过了。他们不愿意开始内战,好像……梯也尔……还没有开始内战似的!第二个错误是中央委员会为了让位给公社而过早地放弃了自己的权力。这又是出于过分'诚实的'考虑!"(第709页)①

公社的两个错误:

> **两个错误**都在于攻势不够,对**打碎**官僚军事国家机器和资产阶级政权的认识和决心不够。而马克思对巴黎公社感到高兴的是什么呢?这些巴黎人的**灵活性**,**历史主动性**,**自我牺牲精神**。(同上)"冲天的巴黎人"。

注意

1869年3月3日,马克思给库格曼写道(《新时代》杂志第20年卷(1901—1902)第2册第412页):"在法国,一场非常有趣的运动正在进行着。巴黎人为了准备即将开始的新的革命行动,又在一本正经地重温他们不久前的革命经历了。……"成打地出版了各个派别的书籍,有自由派,共和民主派,蒲鲁东派,布朗基派……

注意:

① 参看《马克思恩格斯文集》第10卷第353页。——编者注

"什么时候**我们那里**也会这样呢!"(413)①

注意　　1870 年 12 月 13 日,**马克思**又给库格曼写道:"……可是,不管战争怎样结束,它已经教会法国无产阶级掌握武器,而这就是未来的最好的保证。"(《**新时代**》杂志第 20 年卷(1901—1902)第 2 册第 544 页②)③　　**注意**

而 1871 年 6 月 18 日(《**新时代**》杂志第 20 年卷第 2 册第 797 页)马克思写信给库格曼,说他库格曼大概已经收到了《宣言》(总委员会的《宣言》,即《法兰西内战》),说这个《宣言》引起了新闻界一片疯狂的叫嚣和愤恨④。

显然,马克思 4 月间(1871 年 4 月 12 日)信中提出的,就是 5 月底写成的国际总委员会《宣言》(注明的日期是 1871 年 5 月 30 日)中的**同一个**思想。

《内战》中所说的"现成的国家机器",在 1871 年 4 月 12 日的信中被称做"官僚军事机器";《内战》中用"简单地掌握"这几个字所表达的思想,在 1871 年 4 月 12 日的信中又得到更准确、更清楚、更恰当的表述:"从一些人的手里转到另一些人的手里"。而《内战》中所没有的那个补充叫人看了格外清楚:不是把现成的转到另一些人的手里,而是把它**打碎**。公社已经**开始**这样做,可惜没有做完。

这正是"大陆上任何一次真正的人民〈注意:深刻的用语!〉革

---

① 参看《马克思恩格斯全集》第 1 版第 32 卷第 584、585 页。——编者注
② 见《马克思恩格斯文集》第 10 卷第 349 页。——编者注
③ 这段话列宁原来写在手稿当页的页边。——俄文版编者注
④ 参看《马克思恩格斯全集》第 1 版第 33 卷第 236 页。——编者注

命的先决条件"(为什么是大陆上?因为当时英国既没有官僚,也没有军阀)。

《雾月十八日》

马克思在 1871 年 4 月 12 日的信里提到了《雾月十八日》的最后一章。在《雾月十八日》最后一章(第 7 章)第 98 页和第 99 页上(1907 年汉堡第 4 版)说道:

"然而革命是彻底的。它还处在通过涤罪所的历程中。它在有条不紊地完成自己的事业。1851 年 12 月 2 日以前,它已经完成了前一半准备工作,现在它在完成另一半。它先使议会权力臻于完备,为的是能够推翻这个权力。现在,当它已达到这一步时,它就来使**行政权**臻于完备,使行政权以其最纯粹的形式表现出来,使之孤立,使之成为和自己对立的唯一的对象,**以便集中自己的一切破坏力量来反对行政权**(第 98 页)。而当革命完成自己这后一半准备工作的时候,欧洲就会从座位上跳起来欢呼:掘得好,老田鼠!

这个行政权有庞大的官僚机构和军事机构,有复杂而巧妙的国家机器,有 50 万人的官吏大军和 50 万人的军队。这个俨如密网一般缠住法国社会全身并阻塞其一切毛孔的可怕的寄生机体,是在专制君主时代,在封建制度

(右侧批注:注意 注意 注意 注 意)

崩溃时期产生的,同时这个寄生机体又加速了
封建制度的崩溃。"(98)往下:第一次法国革命
"发展了"(99)中央集权,"但是它同时也就扩大
了政府权力的容量、属性和走卒数目。拿破仑
完成了这个国家机器"。正统王朝和七月王朝
"并没有增添什么东西,不过是扩大了分
工……"

　　"最后,议会制共和国在它反对革命的斗争
中,除采用高压手段外,还不得不加强政府权力
的工具和中央集权。**一切变革都是使这个机器
更加完备,而不是把它摧毁**。那些相继争夺统
治权的政党,都把这个庞大国家建筑物的夺得
视为胜利者的主要战利品。"(99)①

　这几段话真精彩! 正如恩格斯在《雾月十八日》第3版序言
(Vorrede zur dritten Auflage)中所说,**法国历史**具有特别的意义,
就是说:

　"法国是这样一个国家,在那里历史上的阶级斗争,**比起其他
各国来**每一次都达**到更加彻底的结局**;因而阶级斗争借以进行、阶
级斗争的结果借以表现出来的变换不已的政治形式,在那里也表
现得**最为鲜明**。〈第3—4页〉法国在中世纪是封建制度的中心,从
文艺复兴时代起是统一的等级君主制的典型国家,它在大革命中
粉碎了封建制度,建立了纯粹的资产阶级统治,这种统治**所具有的
典型性**是欧洲任何其他国家所没有的。而正在上升的无产阶级反

---

① 参看《马克思恩格斯文集》第2卷第564—565页;另见本卷第25—26
页。——编者注

对占统治地位的资产阶级的斗争,在这里也以**其他各国所没有的**尖锐形式表现出来。"(第4页)①((这篇序言在第4版中简单地署名为**弗·恩·**,未注明日期。要找到第3版,以便确定日期!!恩格斯在这里还这样说到《雾月十八日》:"的确,这是一部天才的著作。"②))

在大多数资本主义国家(现在,1917年,可以说在**一切**资本主义国家),"国家机器"就是官僚军事机器。在法国"特别""**典型地**"显现了**普遍的**资本主义过程:一方面是建立这个机器的过程(中世纪——专制君主制——立宪君主制——议会君主制或共和制);另一方面是使这个机器"以其最纯粹的形式表现出来"(1917年到处如此!!),从而使"**破坏**"这个机器的斗争日益逼近的过程。正是这个"破坏"问题,"摧毁"、"打碎"问题,机会主义者和考茨基主义者一贯**绝口不提**!!!

马克思在18**52**年说:"摧毁"、"破坏"。③

马克思在18**71**年说:"打碎"。④

恩格斯在1872年(《论住宅问题》1887年第2版第55页末尾)谈到"无产阶级专政"。⑤马克思在1875年(《哥达纲领批判》)也同样谈到。⑥

马克思给公社委员弗兰克尔和瓦尔兰的信,见《**新时代**》杂志第**29年卷**第1册第796页(1911年3月10日)。这封

① 参看本卷第29—30页。——编者注
② 见《马克思恩格斯文集》第2卷第468页。——编者注
③ 同上书,第565、564页。——编者注
④ 见《马克思恩格斯文集》第10卷第352页。——编者注
⑤ 见《马克思恩格斯文集》第3卷第310页。——编者注
⑥ 同上书,第445页。——编者注

信是 1871 年 5 月 13 日写的。对公社满怀同情的马克思说,他
为公社的事情写了几百封信。关于外省,他写道:"可惜那里的
〈外省的〉行动只是地方性的和'和平'的。……""我觉得,公
社浪费在琐碎事务和个人争执上的时间太多了。"(796)①②

《1891 年社会民主党纲领草案批判》

恩格斯在 **1891** 年说到(《1891 年社会民主党纲领草案批判》,
见《**新时代**》杂志第 20 年卷(1901—1902)第 1 册第 5 页及以下各
页③。恩格斯给考茨基的那封谈到这篇批判的信,注明的日期是
1891 年 6 月 29 日④):

注意

"草案的政治要求有一个大错误。**这里没
有**〈黑体是恩格斯用的〉本来应当说的东西"。
(第 9 页)⑤

恩格斯解释说:德国的宪法是 1850 年宪法的"抄本",帝国国
会是(如李卜克内西所说)"专制制度的遮羞布"。(第 10 页)

"……想在这个宪法及其所认可的小邦分立的基础上,在普鲁
士和罗伊斯—格赖茨—施莱茨—洛本施泰因**67**的'联盟',即一方
有多少平方里而另一方只有多少平方寸的邦与邦之间的联盟的基
础上,来实行'将一切劳动资料转变成公有财产',显然毫无意义。

---

① 参看《马克思恩格斯文集》第 10 卷第 355—356 页。——编者注
② 方框里的话列宁原来写在手稿当页的页边。——俄文版编者注
③ 见《马克思恩格斯文集》第 4 卷第 403—421 页。——编者注
④ 参看《马克思恩格斯全集》第 1 版第 38 卷第 119—122 页。——编者注
⑤ 见本卷第 65 页。——编者注

谈论这个问题是危险的。但是,无论如何,事情总要着手去解决。这样做多么有必要,正好现在由在很大一部分社会民主党报刊中散布的机会主义证明了。现在有人因为害怕恢复反社会党人法,因为回想起在这项法律统治下发表的一些草率的言论,就忽然认为,德国目前的法律状况就足以使党通过和平方式实现自己的一切要求。"①

恩格斯接着说道,比如在法国和美国那样的民主共和国,在英国那样的君主国,还可以谈("可以设想"——这更含蓄、更谨慎:仅仅是**设想**)"和平""长入","英国报纸上每天都在谈论即将赎买王朝的问题,这个王朝在人民的意志面前是软弱无力的。"

注意:
论据和"人民的意志……"

"但是在德国,政府几乎有无上的权力,帝国国会及其他一切代议机关毫无实权,因此,在德国宣布要这样做,而且在没有任何必要的情况下宣布要这样做,就是揭去专制制度的遮羞布,自己去遮盖那赤裸裸的东西。

这样的政策长此以往只能把党引入迷途。人们把一般的抽象的政治问题提到首要地位,从而把那些在重大事件一旦发生,政治危机一旦来临就会自行提到日程上来的紧迫的具体问题掩盖起来。其结果就是使党在决定性的时刻

((把抽象的提到首要地位,把具体的掩盖起来!!))
注意!

---

① 参看本卷第65—66页。——编者注

注意
好极了！
抓住了要点！
注意

突然不知所措，使党在具有决定意义的问题上由于**从未进行过讨论**而认识模糊和意见不一。……"（第10页）

"为了眼前暂时的利益而忘记〈第11页〉根本大计，只图一时的成就而不顾后果，为了运动的现在而牺牲运动的未来，这种做法可能也是出于'真诚的'动机。**但这是机会主义，始终是机会主义，而且'真诚的'机会主义也许比其他一切机会主义更危险**。①可是这些棘手而又非常重要的问题究竟是哪些呢？"

"真诚的"机会主义比其他一切机会主义更危险②

"第一，如果说有什么是毋庸置疑的，那就是，我们的党和工人阶级只有在民主共和国这种政治形式下，才能取得统治。**民主共和国甚至是无产阶级专政的特殊形式**，法国大革命已经证明了这一点。……"③

注意

"……似乎是不许可把共和国的要求直接写到纲领里去的，虽然这在法国甚至在路易－菲力浦统治下都可以办到，在今天的意大利也同样可以办到。但是，在德国连一个公开要求共和国的党纲都不能提出的事实，证明了以为在这个国家可以用舒舒服服和平的方法建立共和国，不仅建立共和国，而且还可以建立共产主义

---

①　参看本卷第66—67页。——编者注
②　方框里的话列宁是用彩色铅笔写的。——俄文版编者注
③　参看本卷第67页。——编者注

社会,这是多么大的幻想。

不过,关于共和国的问题在万不得已时可以不提。但是,**把一切政治权力集中于人民代议机关之手**的要求在我看来是应该而且能够写到纲领里去的。如果我们不能再进一步,暂时做到这一点也够了。"

> "如果"
> "暂时"

"第二,德国国家制度的改造。……"即:(1)小邦分立状态必须消除,(2)"普鲁士必须停止存在,必须划分为若干自治省,以使道地的普鲁士主义不再压在德国头上"。

> 注意

"……应当用什么东西来取代现在的德国呢?在我看来,无产阶级只能采取单一而不可分的共和国的形式。联邦制共和国一般说来现在还是美国广大地区所必需的,虽然在它的东部已经成为障碍。**在英国,联邦制共和国将是一个进步,因为在这里,两个岛上居住着四个民族**,议会虽然是统一的,但是却有三种法律体系同时并存。在小国瑞士,联邦制共和国早已成为一种障碍,之所以还能被容忍,只是因为瑞士甘愿充当欧洲国家体系中纯粹消极的一员。对德国说来,实行瑞士式的联邦制,那就是一大退步。联邦制国家和单一制国家

> 又一次!!
>
> 注意①
> 英国有
> "四个民族"
>
> 注意

---

①注意   特别**注意**这一点:英国(1891年)有四个民族,**因此**联邦制共和国将是一个进步!!

有两点区别,这就是:每个加盟的邦,每个州都有它自己的民事立法、刑事立法和法院组织;其次,与国民议院并存的还有联邦议院,在联邦议院中,每一个州不分大小,都以州为单位参加表决。"(第 11 页)我们的联邦制国家＝向单一制国家的过渡。我们不是要使 1866 年和 1870 年的**"从上面进行的革命"**(第 11 页)又倒退回去("rückgängig machen"),而是要用"从下面进行的运动"来加以"补充"。①

　　"因此,需要统一的共和国。但并不是像现在法兰西共和国那样的共和国,因为它同 1798 年建立的没有皇帝的帝国没有什么不同〈第 12 页〉。从 1792 年到 1798 年,法国的每个省、每个市镇,都有美国式的完全的自治,这是我们也应该有的。至于应当怎样安排自治和怎样才可以不要官僚制,这已经由美国和法兰西第一共和国给我们证明了,而现在又有澳大利亚、加拿大以及英国的其他殖民地给我们证明了。这种省的和市镇的自治远比例如瑞士的联邦制更自由,在瑞士的联邦制中,州对联邦而言固然有很大的独立性,但它对专区和市镇也具有很大的独立性。州政府任命专区区长和市镇长官,这在讲英语的国家里

注意

---

① 参看本卷第 67—68 页。——编者注

是绝对没有的,而我们将来也应该断然消除这种现象,就像消除普鲁士的县长和政府顾问那样。"①

"以上所说的一切,应当写进纲领中去的不多。我之所以谈到这些,主要也是为了把德国的情况说明一下——那里是不容许公开谈论这类东西的,同时也以此说明,那些希望通过合法途径将这种情况搬到共产主义社会里去的人只是自己欺骗自己。再就是想要提醒党的执行委员会,除了人民直接参与立法和免费司法(没有这两项我们也总是要前进的)之外,还有另外一些重大的政治问题。在普遍不安定的情况下,这些问题一夜之间就可能变成燃眉之急的问题,如果我们对这些问题没有讨论过,没有事先取得一致意见,到那时该怎么办呢?"

"但是下面这个要求是可以写进纲领中去的,并且至少可以间接地作为对不能直言的事情的暗示: **"暗示"**

省、县和市镇通过依据普选制选出的官员实行完全的自治。取消由国家任命的一切地方的和省的政权机关。"② **注意**

"关于上面所讨论的几点,是否还有别的什么可以写成纲领要

---

① 参看本卷第69—70页。——编者注
② 参看本卷第70页。——编者注

求,我在这里不如你们在当地好作出判断。但是这些问题最好趁现在还不太迟的时候能在党内加以讨论。"(第12页)

＝＝＝＝＝＝＝＝＝

注意

┃┃＋在同一篇著作中,恩格斯简单地写道:
┃┃"(5)教会和国家完全分离。国家无例外地把一切宗教团体视为私人的团体。停止用国家资金对宗教团体提供任何资助,排除宗教团体对公立学校的一切影响。"①仅仅如此!! **注意**:以此代替"宣布宗教为私事"②吗??

‾‾‾‾‾‾‾‾‾‾‾‾‾‾
见本笔记第32页③下。
‾‾‾‾‾‾‾‾‾‾‾‾‾‾

由此可见,恩格斯在1891年(1891年6月29日)评论社会民主党的政治纲领时:

(1)直接同**机会主义**进行了斗争,指出了它在党内的增长,认为它是"忘记重大的根本(对比关系)'观点'";

(2)重申了"无产阶级专政"的定义;

(3)坚决主张建立共和国(作为"无产阶级专政的特殊形式");

(4)坚决主张取消地方自治机关中一切由国家任命的官吏;

(5)反对**只走**和平道路、只走合法道路的幻想。

这是多么明确啊!

理论上值得特别**注意**的是把无产阶级专政同最完全的地方自治结合起来。

————————————

① 见《马克思恩格斯文集》第4卷第417页。——编者注
② 参看《马克思恩格斯文集》第3卷第106页。——编者注
③ 指列宁原稿的页码(下同),见本卷第188页。——编者注

　　资产阶级从封建的+专制的君主国那里承袭了"官吏军事的"国家机器,并发展了它。机会主义者(特别是在1914—1917年)长入了这个机器(帝国主义,作为先进国家所处的一个时代,一般说来大大加强了这个机器)。无产阶级革命的任务是:"**打碎**"这个机器,即摧毁这个机器,在下面即在地方上用最完全的自治,而在上面用武装的无产阶级的**直接**政权即无产阶级专政来代替。

　　用什么把各个市镇统一起来,联系起来呢?无政府主义者说:什么也不用(α)。资产阶级说(并且这样做):用官僚和军阀(β)。马克思主义说:用武装的工人的联盟、组织("**工人代表苏维埃**"!)(γ)。

　　(α)="废除"国家;(β)=使国家永久化(确切些说:维护国家);(γ)=革命地利用国家(无产阶级专政;打碎旧的机器;镇压资产阶级的反抗;用武装的、集中的无产阶级把各个完全民主的市镇统一和联系起来),以便**过渡**到废除阶级,**过渡**到导致**国家消亡的共产主义**。

总结:
大致是:

　　关于(α)——不问政治;关于(γ)——参加政治斗争,**以便**为革命地利用国家作准备。

　　伯恩施坦在他的《前提》第24页上特别强调1890年9月13日恩格斯对"青年派"**68**的答复①(载于《社会民主党人

---

　　① 见《马克思恩格斯文集》第4卷第395—397页。——编者注

报》⁶⁹），他把恩格斯的这一答复转述如下："恩格斯把青年派的运动叫做纯粹的'著作家和大学生骚动'，责备他们说，在他们那里'马克思主义被歪曲得面目全非'，并且声称，他们对党团的指责归结起来最多也不过是些微不足道的东西；《萨克森工人报》⁷⁰尽可以希望德国工人的健康思想能克服社会民主党中贪求成功的议会派；他恩格斯是不能分享它的希望的，因为他丝毫不知道党内有这样的多数。"（伯恩施坦就是这样叙述恩格斯的答复的，他把这段话同恩格斯在1887年《论住宅问题》序言中发表的意见①作了对比。**注意**。）②

还应指出，恩格斯在批判爱尔福特纲领草案时还谈到了对等制委员会问题：

原文如此！
（"陷阱"）

非常好！

　　　　　"……应该指出的是，如果同意工人和企业主在劳动委员会里各占半数，那我们就上当了。这样，在今后若干年里，多数总是会在企业主方面，只要工人中出一个害群之马就够了。如果不商定在争论的时候**两个半数分别**〈黑体是恩格斯用的〉表示意见，那么，有一个企业主委员会和一个**与它平行的独立的工人委员会**〈黑体是恩格斯用的〉，会好得多。"（第13页）③

---

① 参看《马克思恩格斯文集》第3卷第242—243页。——编者注
② 方框里的话列宁原来写在手稿当页的页边。——俄文版编者注
③ 参看《马克思恩格斯文集》第4卷第419页。——编者注

> 在同一篇批判爱尔福特纲领草案的著作中,恩格斯就"**无计划性**"一词写道:"如果我们从股份公司进而来看那支配着和垄断着整个工业部门的托拉斯,那么,那里不仅没有了**私人生产**,而且也没有了**无计划性**。"(第8页)①

注意:恩格斯论托拉斯:

总结:1852年马克思——任务:"**打碎**"官僚军事机器。②——

1871年马克思——巴黎公社的意义:**打碎**官僚军事机器的尝试。③

1875年恩格斯(＋马克思)最激烈地"反对"国家④(本笔记第13页⑤)。

从1872年到1891年马克思和恩格斯——"无产阶级专政"。——

> 查对一下,马克思和恩格斯**在1871年以前**是否说到过"无产阶级专政"?⑥似乎没有!

在《**共产党宣言**》(1847年)中只有"无产阶级革命","共产主义革命","用暴力推翻全部现存的社会制度……","使无产阶级上升为统治阶级,争得民主"(第2章末尾)＝第一步(＝最早的表

---

① 见《马克思恩格斯文集》第4卷第410页;另见本卷第64页。——编者注
② 参看《马克思恩格斯文集》第2卷第563—565页。——编者注
③ 参看《马克思恩格斯文集》第10卷第352页。——编者注
④ 参看《马克思恩格斯文集》第3卷第410—417、419—450页。——编者注
⑤ 见本卷第154—155页。——编者注
⑥ 参看卷末注9。——编者注

|||述!!)①②。　　　　　　　　　　　　　　　　　　　　　　‖

1891年恩格斯——无产阶级专政+取消地方自治机关中由国家任
　　命的官吏。③——

同一年恩格斯在《内战》导言中特别指出充斥于德国的"对国家的
　　迷信"的危险④（见本笔记第**34—35**页⑤）。

弗·恩格斯论法国工人党的信

　　《新时代》杂志第19年卷第1册(1901年1月2日第14期第
423—427页)发表了《**弗·恩格斯**论法国工人党的**信**》[71]。

　　(((伯恩施坦在《社会主义运动》杂志[72](第45期)(显然是
1900年)上发表了恩格斯1881年、1882年和1883年反对盖得
派[73]的信。这些信件又用原文转载于1900年11月28日和29
日《前进报》[74]第277号和第278号。这些似乎替克列孟梭作
过辩护的信被机会主义者所利用。于是拉法格在《社会主义者
报》[75](1900年11月24日第115号)上发表了1886—1895年
的信,1901年1月2日的《**新时代**》杂志上述一期也刊载了这
些信。)))这些信在理论上没有什么重要的。这里仅仅指出
1894年3月6日:

---

① 见《马克思恩格斯文集》第2卷第42、66、52页。——编者注
② 这段话列宁在手稿中写在前两段的左边。——俄文版编者注
③ 参看《马克思恩格斯文集》第4卷第415、417页。——编者注
④ 参看《马克思恩格斯文集》第3卷第111页。——编者注
⑤ 见本卷第191页。——编者注

"前激进派会对我们说,是啊,但是我们法国有共和国!在你们那里,就是另一回事了;我们可以利用政府来实现社会主义措施! ——对无产阶级来说,共和国和君主国不同的地方仅仅在于,共和国是无产阶级将来进行统治的**现成的**政治形式。你们比我们优越的地方是,你们已经有了共和国;**而我们则需要花费24小时去建立它**〈第425页〉〈黑体是恩格斯用的〉。但是,共和国像其他任何政体一样,是由它的内容决定的;只要它是资产阶级民主制的形式,它就同任何君主国一样敌视我们(撇开敌视的**形式**不谈)。因此,把它看做本质上是一种社会主义的形式,这是完全不可饶恕的幻想。我们可以迫使它作出某些让步,但是决不能把我们自己的工作交给它去完成;即使我们能够通过一个强大得随时就能使自己变为多数派的少数派去监督它,也不能那样做。"①

> 恩格斯为《法兰西阶级斗争》写的导言注明的日期是(注意):1895年3月6日。②

1895年4月3日:

"Ｘ③……和我开了一个很妙的玩笑。他从我④给马克思关于1848—1850年的法国的几篇文章写的《导言》中,摘引了所有能为他的、**无论如何是和平的和反对使用暴力的策略**进行辩护的东西。近来,特别是目前柏林正在准备非

---

① 参看《马克思恩格斯文集》第10卷第671页。——编者注

② 参看《马克思恩格斯文集》第4卷第532—554页。——编者注

③ 指卡·李卜克内西。——编者注

④ 在手稿中,列宁从"我"字向"1895年3月6日"划了一个箭头。——俄文版编者注

常法的时候,他喜欢宣传这个策略。但我谈的这个策略仅仅是针对**今天的德国**,而且**还有重要的附带条件**。对法国、比利时、意大利、奥地利来说,这个策略就不能整个采用。就是对德国,明天它也可能就不适用了。"(黑体是恩格斯用的)①

注意

注意

注意

和《**取得政权的道路**》1910 年第 2 版第 51 页上 1895 年 4 月 1 日恩格斯给考茨基的信对比:"今天我惊讶地发现,《前进报》事先不通知我就发表了我的《导言》的摘录,在这篇经过修饰整理的摘录中,我成了一个温顺平和、无论如何都要守法的人。我特别希望《导言》现在能全文发表在《新时代》上,以消除这个可耻印象。我将非常明确地把我关于此事的意见告诉李卜克内西,也告诉那些(不管是谁)事先对我只字未提而给他这种机会来歪曲我的观点的人。"②

1894 年 6 月 2 日:

"你们那里表现出的这种社会主义狂热,可能导致决定性的冲突,你们在这种冲突中将取得最初的胜利;国家和首都的革命传统,你们那支自 1870 年以来在更广泛的人民基础上改组过的军队的性质,——这一切都会造成这种可能性。但是要保证胜利,要摧毁资本主义社会的基础,你们需要一个比你们现在所拥有的更

---

① 参看《马克思恩格斯文集》第 10 卷第 700 页。——编者注
② 同上书,第 699 页。——编者注

加强大,人数更多、更加可靠和觉悟更高的社会主义政党的积极支持。那样一来,也许就能实现我们多年来所预见和预言的情景:法国人发出信号,开火,德国人解决战斗。"①

1887 年 11 月 22 日[76]:

"您大概已在 L……上看到了 N.② 在 K. 选区的演说。他有理由抱怨党正在**资产阶级化**。这是一切激进的政党在刚刚成为'可能的'政党时的不幸。但是,如果我们的党不背叛自己,我们就不能在这方面逾越一定的界限,**而在我看来,我们在法国如同在德国一样,已经到达这个界限。好在就此止步还是时候。**"(黑体是恩格斯用的)(第 426 页)③

1890 年 10 月 27 日[77]——反对"青年派":他们全是钻营家,假马克思主义者(关于这种人,马克思曾经说过:"我不是马克思主义者。")——马克思会借用海涅的话说:"我播下的是龙种,而收获的却是跳蚤。"[78](第 427 页)④

同上第 794 页。《**马克思论保护关税**》——马克思关于自由贸易的未发表的(**第 2 篇**)演说,魏德迈译(1848 年出版),原载《纽约人民报》。论保护关税政策。其中还说道:

"然而一般说来,各种社会改革在任何时候都不可能因强者的软弱而引起;它们只能是而且必将是由弱者的强大所促成的。"⑤ 马克思在 1848 年?1848 年 **以前**

---

① 参看《马克思恩格斯全集》第 1 版第 39 卷第 245—246 页。——编者注
② 指奥·倍倍尔。——编者注
③ 参看《马克思恩格斯全集》第 1 版第 39 卷第 308 页。——编者注
④ 参看《马克思恩格斯文集》第 10 卷第 590 页。——编者注
⑤ 参看《马克思恩格斯全集》第 1 版第 4 卷第 284 页。——编者注

恩格斯给倍倍尔的信

1875 年 3 月 18—28 日恩格斯给**倍倍尔**的信①，对国家问题
具有**非常**重大的意义（倍倍尔《我的一生》1911 年斯图加特版
（1911 年 9 月 2 日写的序言）第 2 卷第 318 页及以下各页）。

现在把最重要的地方全部引出来：

注意

"……自由的人民国家变成了自由国家。从字面
上看，自由国家就是可以自由对待本国公民的国家，
即具有专制政府的国家。**应当抛弃这一切关于国家
的废话**〈第 321—322 页〉，特别是**出现了已经不是原
来意义上的国家的巴黎公社以后**。无政府主义者用
'**人民国家**'这个名词把我们挖苦②得很够了，虽然马
克思驳斥蒲鲁东的著作和后来的《共产主义宣言》③都
已经直接指出，**随着社会主义社会制度的建立，国家
就会自行解体和消失**。既然国家只是在斗争中、在革
命中用来对敌人实行暴力镇压的一种暂时的设施，那
么，说自由的人民国家，就纯粹是无稽之谈了：当无产

注意

阶级还需要〈黑体是恩格斯用的〉国家的时候，它需要
国家**不是为了自由，而是为了镇压自己的敌人**，一到
有可能谈自由的时候，国家本身就不再存在了。因

---

① 见《马克思恩格斯文集》第 3 卷第 410—417 页。——编者注
② "(Gerade)in die Zähne((直接)打嘴巴)=gerade ins Gesicht(直接打脸)"：桑德
尔斯辞典。
③ 即《共产党宣言》。——编者注

此,我们建议把**国家**一词全部改成'共同体'("Gemein-
wesen"),这是一个很好的古德文词,相当于法文的
'公社'。"(黑体是恩格斯用的)①

　　在马克思和恩格斯的著作里,这大概是所谓"**反对国家**"的最
精彩最激烈的一段了。

　　(1)"应当抛弃一切关于国家的废话。"

　　(2)"巴黎公社已经**不是**原来意义上的国家。"(那么是什么呢?
显然是从国家到非国家的过渡形式!)

　　(3)无政府主义者用"人民国家"这个名词把我们"挖苦"(in
die Zähne geworfen——直译＝打嘴巴)够了。(就是说,马克思和
恩格斯为自己德国朋友的这种明显的错误感到羞愧;——但是,
他们认为,并且**按当时情况来看**当然是正确地认为,这种错误比起
无政府主义者的错误来要小得多。注意这一点!!)

　　(4)"随着社会主义社会制度的建立",国家就会"自行分解
("解体")[注意]和消失。……"(对照后来的:"消亡")

　　(5)国家是"在斗争中、在革命中……"所需要的(自然是**无产
阶级**所需要的)"一种暂时的设施"。

　　(6)需要国家**不是为了自由**,而是为了**镇压**(? Niederhaltung
就本来意义说不是镇压,而是制止复辟,制服)**无产阶级的敌人**。

　　(7)一到有自由的时候,就不会有国家了。

　　人们通常认为"自由"和"民主"这两个概念是等同的,并且
常常互相代用。庸俗的马克思主义者(考茨基和普列汉诺夫以

注意

---

　　① 参看《马克思恩格斯文集》第3卷第414页;另见本卷第61—62页。——编
　　　者注

及以他们为首的一伙人)常常就是这样议论的。其实,民主是排斥自由的。发展的辩证法(过程)是这样的:从专制制度到资产阶级民主;从资产阶级民主到无产阶级民主;从无产阶级民主到没有任何民主。①

注意!!!! ‖‖‖ 　(8)"我们"(即恩格斯和**马克思**)建议(在纲领中)把"国家"一词"**全部**"改成"共同体"(Gemeinwesen),"公社"!!!

由此可见,把马克思和恩格斯庸俗化和玷污了的不仅是机会主义者,而且还有考茨基。

这**8**点极丰富的思想,机会主义者一点也**不理解**!!

他们**仅仅**看到目前的实际需要:利用政治斗争,利用**现代**国家来训练、教育无产阶级,来"争取让步"。这是正确的(和无政府主义者比较),但这还只是百分之一的马克思主义,如果可以用算术分数来表示的话。

考茨基在他的宣传活动和一般政论活动中完全抹杀了(或者忘记了?或者不懂得?)1、2、5、6、7、8各点和马克思的"打碎"(在1912年或1913年同潘涅库克的论战中,考茨基(见下面第45—47页②)在这个问题上已经完全陷入了机会主义)。

我们同无政府主义者的区别是:我们主张(α)**现在**利用国家,并且(β)在无产阶级**革命**时期利用国家("无产阶级专政"),——这两点现在就对实践极其重要。(布哈林正是**忘记了**这两点!)

我们同机会主义者的区别是我们有更深刻、"更永恒的"真理:

① 这段话列宁在手稿中写在前一页下角空白处,现按内容把它放在(7)的后面。——俄文版编者注
② 见本卷第213—219页。——编者注

（αα）国家是"暂时"的，（ββ）现在关于国家的"废话"是**有害的**，（γγ）无产阶级专政的性质不完全是国家，（δδ）国家和自由是矛盾的，（εε）用来代替国家的"共同体"是个更正确的观念（概念，纲领用语），（ζζ）"打碎"（Zerbrechen）官僚军事机器。此外，不应当忘记：对于**无产阶级专政**，德国公开的机会主义者（伯恩施坦、科尔布等等）是直接地否认，而正式纲领和考茨基则是**间接地**否认，在日常宣传中闭口不谈它，并且**容忍科尔布之流的背叛行为**。

1916 年 8 月曾写信给布哈林："让你的关于国家的思想**成熟起来吧**。"①但是他**没有让它**成熟起来，就以"Nota Bene"为笔名爬上了报刊**79**，结果不但没有揭露考茨基主义者，反而以自己的错误**帮助了他们**!! 不过，从实质上看，布哈林比考茨基更接近真理。

《新时代》杂志第 19 年卷（1900—1901）第 1 册（1901 年 3 月 27 日第 26 期）第 **804** 页：**麦·贝尔论英国**的衰落，其中谈到英国的帝国主义、它的**腐朽**以及其他国家的**帝国主义**。———注意。同一位作者：《社会帝国主义》，《新时代》杂志第 20 年卷（1901—1902）第 1 册第 209 页及以下各页（费边派）；《工联主义的现状》，**同上第 43** 页（注意）（（《**帝国主义社会时代**》））**80**。

第 19 年卷第 2 册第 197 页：**瓦尔特**论"**俄国帝国主义**……"的文章（（从彼得一世到 20 世纪的**中国**））②。

注意

---

①　参看本版全集第 47 卷第 402—403 页。——编者注
②　双线中间的话列宁在手稿中写在前面一页的下边。——俄文版编者注

哥达纲领批判

　　恩格斯给倍倍尔的信写于 1875 年 3 月 28 日。**马克思给白拉克的附有对哥达纲领的批判**的信是晚一个多月**写的：1875 年 5 月 5 日**（1891 年《新时代》杂志第 9 年卷第 1 册）**（1890—1891 年第 18 期）**①。

　　初看起来，马克思在这封信里比恩格斯带有浓厚得多的"国家派"色彩，——如果可以用我们的敌人的这个庸俗字眼来表达的话。

　　　　恩格斯建议：(1)根本不说国家；(2)用"共同体"来代替这个词；(3)甚至宣布巴黎公社（即"无产阶级专政"）"已经不是原来意义上的国家"，——而马克思对这一切**只字未提，相反地，**他甚至谈到"**未来共产主义**社会**的国家制度**"！！（《新时代》杂志第 9 年卷第 1 册第 573 页）。(本笔记第 16 页下②)

!!

　　初看起来会觉得这里有明显的矛盾、混乱或分歧！但这仅仅是初看起来而已。

　　现在把马克思的信中(关于这一点的)有决定意义的地方全部引出来：

　　"'现代社会'就是存在于一切文明国度中的资本主义社会，它或多或少地摆脱了中世纪的杂质，或多或少地由于每个国度

---

①　见《马克思恩格斯文集》第 3 卷第 425—450 页。——编者注
②　见本卷第 159 页。——编者注

的特殊的历史发展而改变了形态,或多或少地有了发展。'现代国家'却随国境而异。它在普鲁士德意志帝国同在瑞士不一样〈572〉,在英国〈573〉同在'美国'不一样。所以,'现代国家'是一种虚构。

但是,不同的文明国度中的不同的国家,不管它们的形式如何纷繁,却有一个共同点:它们都建立在现代资产阶级社会的基础上,只是这种社会的资本主义发展程度不同罢了。所以,它们具有某些根本的共同特征。在这个意义上可以谈'现代国家制度',而未来就不同了,到那时,'现代国家制度'现在的根基即资产阶级社会已经消亡了。

于是就产生了一个问题:**在共产主义社会中国家制度**会发生怎样的变化呢?换句话说,**那时有哪些同现在的国家职能相类似的社会职能保留下来呢?**这个问题只能科学地回答;否则,即使你把'人民'和'国家'这两个词联接一千次,也丝毫不会对这个问题的解决有所帮助。"

注意

"在资本主义社会和共产主义社会之间,有一个从前者变为后者的革命转变时期。同这个时期相适应的也有一个政治上的过渡时期,这个时期的国家只能是**无产阶级的革命专政**。"(黑体是马克思用的)①

"但是,这个纲领既不谈无产阶级的革命专政,也不谈**未来共产主义社会的国家制度**。"

① 参看本卷第81—82页。——编者注

> 显然,这是一种指责;这从下面一句话可以看出:纲领"谈"的是民主主义的陈词滥调(Litanei),**而不是**无产阶级的革命专政问题和共产主义社会的国家制度……

　　"纲领的政治要求除了人所共知的民主主义的陈词滥调,如普选权、直接立法、人民权利、国民军等等,没有任何其他内容。这纯粹是资产阶级的人民党[81]、和平和自由同盟[82]的回声。……"(573)

　　这些要求已经"实现了"——不过不是在德国,而是在其他国家,在瑞士、美国。这些要求**只有**在**民主共和国**内才是适宜的("am Platze")。纲领没有像法国工人纲领在路易-菲力浦和路易-拿破仑时代那样要求共和国,——这样做在德国是不行的,向军事专制制度要求只有在民主共和国内才是适宜的东西是毫无意义的……就连庸俗的民主派**"也比这种局限于为警察所容许而为逻辑所不容许的范围内的民主主义高明得多"**。①

很好
(并且很重要)

> 在这些话里,仿佛马克思预见到了考茨基主义的无比庸俗:关于一切事物

---

　　① 参看《马克思恩格斯文集》第3卷第445—446页。——编者注

> 都很美好的甜言蜜语,变成了对现实
> 的粉饰,因为民主的和约和帝国主
> 义、民主制和君主制等等的不可调和
> 性都被掩盖起来或者隐匿起来了。

由此可见,无产阶级专政是"政治上的过渡时期";显然,**这个时期的国家**也是从国家到非国家的过渡,就是说,"已经不是原来意义上的国家"。因此,马克思和恩格斯之间在这个问题上没有任何矛盾。

但是,马克思接着谈到"未来共产主义社会的国家制度"!! 就是说,甚至在"**共产主义**社会"还有国家制度!! 这不是矛盾吗?

不矛盾:

资产阶级 需要国家	I——在资本主义社会是原来意义上的国家
无产阶级 需要国家	II——过渡(无产阶级专政):过渡型的国家(不是原来意义上的国家)
不需要国家, 国家消亡	III——共产主义社会: 国家**消亡**。

完全合乎逻辑,并且十分清楚!!

换句话说:

I——民主只供富人和无产阶级中一个很小的阶层享受。

穷人无暇过问民主！

II——民主供穷人、供十分之九的居民享受,对富人的反抗实行强力镇压

III——民主是完全的,它成为习惯,并且因此而消亡,让位于"各尽所能,按需分配"的原则 见第 19 页边注①

I——民主只是例外,从来不是完全的……

II——民主几乎是完全的,只是由于镇压资产阶级的反抗而受到限制

III——民主是真正完全的,它成为习惯,并且因此而消亡…… 完全的民主等于没有任何民主。这不是怪论,而是真理！

《哥达纲领批判》中对未来社会进行经济分析的几段十分重要,这几段也同国家问题有关。

马克思在这里(第 565—567 页)批判了拉萨尔的"不折不扣的劳动所得"这一思想,指出必须扣除用来补偿消耗掉的生产资料的部分的基金、后备基金以及用于管理、学校、保健设施等等的费用。接着他写道:

注意 ‖ "我们这里所说的是这样的共产主义社会,它不是在它自身基础上已经发展了的,恰好相反,是刚刚从资本主义社会中产生出来的,因此它在各方面,在经济、道德和精神方面都还带着它脱胎出来的那个旧社会的痕迹。②

注意 ‖ 所以,每一个生产者,在作了各项扣除以后,从

---

① 见本卷第 164 页。——编者注
② 参看本卷第 88 页。——编者注

社会领回的,正好是他给予社会的。他给予社 ⫶
会的,就是他个人的劳动量。例如,社会劳动日
是由全部个人劳动小时构成的;各个生产者的
个人劳动时间就是社会劳动日中他所提供的部
分,就是社会劳动日中他的一份。他从社会领
得一张凭证,证明他提供了多少劳动(扣除他为
公共基金而进行的劳动),他根据这张凭证从社
会储存中领得一份耗费同等劳动量的消费资
料。他以一种形式给予社会的劳动量,又以另
一种形式领回来。"(566)

　　"除了个人的消费资料,没有任何东西可以转为个人的财产。"
(567)"至于消费资料在各个生产者中间的分配,那么这里通行的是
商品等价物的交换中通行的同一原则,即一种形式的一定量劳动同
另一种形式的同量劳动相交换。"(567)这种权利的平等以**不平等**、
事实上的不平等、人们之间的不平等为前提,因为有的人强,有的人
弱,如此等等("而如果他们不是不同等的,他们就不成其为不同的
个人")(567),——这一个人所得到的会比另一个人多些。

　　"但是这些弊病,在经过长久阵痛刚刚从
资本主义社会产生出来的共产主义社会**第一
阶段**,是不可避免的。权利决不能超出社会的
经济结构以及由经济结构制约的社会的文化
发展。"

> 由此可见:
> Ⅰ "长久阵痛"⎤
> Ⅱ "共产主义
> 　社会第一
> 　阶段"
> Ⅲ "共产主义
> 　社会高级
> 　阶段"⎦

　　"在**共产主义**社会**高级阶段**,在迫使个人 ⫶　　　注意
　　　● ● ● ●　　　 ● ● ● ●

奴隶般地服从分工的情形已经消失,从而脑力
劳动和体力劳动的对立也随之消失之后;在劳
动已经不仅仅是谋生的手段,而且本身成了生
活的第一需要之后;在随着个人的全面发展,
生产力也增长起来,而集体财富的一切源泉
都充分涌流之后,——只有在那个时候,才能

注意

完全超出**资产阶级权利的狭隘眼界**,社会才能
在自己的旗帜上写上:'各尽所能,按需分
配!'"(567)①

　　由此可见,这里明显地、清楚地、准确地
区别了共产主义社会的两个阶段:

也是一种强制
的形式:"谁不
劳动,谁就没
有饭吃"

注意

　　低级阶段("第一阶段")——消费品的分
配是和每个人向社会提供的劳动量"成比例
的"(567)。分配的不平等还很严重。"狭隘的
资产阶级的权利眼界"**还没有完全被超出**。**注
意这一点!!** 显然,和(半资产阶级)权利一起,
(半资产阶级)国家也还不能完全消失。**注意
这一点!!**

劳动成了需
要,没有任何
强制

　　"高级阶段"——"各尽所能,按需分配"。
到什么时候才能做到这一点呢?到(1)脑力劳动
和体力劳动的对立消失了;(2)劳动成了**生活的
第一需要**(注意:劳动的习惯成了常规,不用强

---

① 见《马克思恩格斯文集》第3卷第434—436页;另见本卷第90、91页。——
编者注

制!!);(3)生产力高度发展了,等等。显然,只
有在这个高级阶段,国家才能**完全**消亡。注意
这一点。

1875 年恩格斯的信

　　在恩格斯 **1875 年 3 月 18—28 日**给倍倍尔的信中,还有一些
比通常更为清晰地阐述了马克思主义的某些方面的特别有教益的
地方:

　　(1)"……第一,接受了〈在哥达纲领中〉拉
萨尔的响亮的但从历史的观点来看是错误的说
法:对工人阶级说来,其他一切阶级**只是反动的
一帮**。这句话只有在个别例外场合才是正确
的,例如,在像巴黎公社这样的无产阶级**革命时
期**,或者是在**这样的国家**,那里**不仅资产阶级按
照自己的形象塑造了**国家和社会,**而且民主派**
小资产阶级**也跟着资产阶级彻底完成了**这种变
形。"(第 319 页)(在德国,你们同人民党携手合
作了"多年",你们提出了七项政治要求,"这七
项要求中没有一项不是**资产阶级**〈黑体是恩格
斯用的〉民主主义的要求"。)

　　注意

　　(例如在瑞士)

　　注意

　　(2)"……第五〈恩格斯的第五点反驳意见〉,
根本就没有谈到通过**工会**使工人阶级作为阶
级组织起来。而这是非常重要的一点,因为
工会是无产阶级的真正的阶级组织,无产阶级

　　是这样!

靠这种组织和资本进行经常的斗争,使自己受到训练,这种组织即使今天遇到最残酷的反动势力(像目前在巴黎那样)也决不会被摧毁。〈321〉既然这一组织在德国也获得了这种重要性,我们认为,在纲领里提到这种组织,并且尽可能在党的组织中给它一个位置,那是绝对必要的。"

注意

(3)"……同样没有提出〈在纲领中〉一切自由的首要条件:一切官吏对自己的一切职务活动都应当在普通法庭面前遵照普通法向每一个公民负责。"(321)

注意

(4)"……用'消除一切社会的和政治的不平等'来代替'消灭一切阶级差别',这也很成问题。在国和国、省和省、甚至地方和地方之间总会有生活条件方面的**某种**不平等存在,这种不平等可以减少到最低限度,但是永远不可能完全消除。阿尔卑斯山的居民和平原上的居民的生活条件总是不同的。把社会主义社会看做**平等的**王国,这是以'自由、平等、博爱'这一旧口号为根据的片面的法国人的看法,这种看法**作为**当时当地**一定的发展阶段**的东西曾经是正确的,但是,像以前的各个社会主义学派的一切片面性一样,它现在也应当被克服,因为它只能引起思想混乱,而且因为这一问题已经有了更精确的叙述方法。"(322)

注意

注意

（5）巴枯宁在他的著作《国家制度和无政府状态》中要**我们**替李卜克内西的一切"不加思考的话"负责……（322—323）

李卜克内西的"不加思考的话"

（6）"一般说来，**一个政党的正式纲领没有它的实际行动那样重要**。但是，一个**新的**纲领毕竟总是一面公开树立起来的旗帜，而外界就根据它来判断这个党。……"（323）①

倍倍尔在1875年9月21日写回信给恩格斯，信中顺便谈到："**我完全同意**您对纲领草案所作的**批判**，我给白拉克的信也证明了这一点。〈334—335〉我也严厉责备了李卜克内西的让步态度……"，但是现在事已如此，"一切只好归结为教育问题了"。

注意
哈—哈!

在这以前不久，倍倍尔**自己**在"人民国家"问题上也赞同所有这些混乱观点，他的小册子《我们的目的》（**1886年**第9版，收在《社会民主主义丛书》中，按1872年第3版重印，没有修改）就是证明。这本小册子第14页上写道："总之，国家应当由基于**阶级统治**的国家变成**人民国家**……②在这个国家中……合作社生产应当代替私人企业……"　在同一本小册子第44页上，**既**介绍了马克思，**也**介绍了拉萨尔!!! 相提并论!! 当时倍倍尔并**没有**看到他们在国家问题上的分歧。

---

① 参看《马克思恩格斯文集》第3卷第411、413—415页。——编者注
② 参看本卷第63页。——编者注

《哲学的贫困》

恩格斯在 1875 年 3 月 18—28 日的信中提到的(见上面第 13 页)^①《哲学的贫困》的那个地方(第 182 页),显然是下面这段话:

注意 ‖ "劳动阶级在发展进程中将创造一个消除阶级和阶级对抗的联合体来代替旧的资产阶级社会;从此再不会有原来意义的政权了。因为政权正是资产阶级社会内部阶级对抗的正式表现。"(《哲学的贫困》1885 年斯图加特版第 182 页^②)(序言注明的日期是:**1847 年 6 月 15 日**^③)

《共产党宣言》

注意:
《共产党宣言》
论国家

在《共产党宣言》(1847年11月)里,这个思想是这样表达的:

《共产党宣言》:"国家即组织成为统治阶级的无产阶级"。　注意 ‖

---

① 见本卷第 154 页。——编者注
② 参看《马克思恩格斯文集》第 1 卷第 655 页;另见本卷第 21 页。——编者注
③ 参看《马克思恩格斯全集》第 1 版第 4 卷第 75 页。——编者注

"……在叙述无产阶级发展的最一般的阶段的时候,我们循序探讨了现存社会内部或多或少隐蔽着的国内战争,直到这个战争爆发为公开的革命,**无产阶级用暴力推翻资产阶级而建立自己的统治**。"(1906 年第 7 版第 **31** 页)((第 1 章末尾))

在第 2 章末尾第 37 页上我们读到:"……前面我们已经看到,工人革命的第一步**就是使无产阶级上升为统治阶级,争得民主**。

无产阶级将利用自己的政治统治,一步一步地夺取资产阶级的全部资本,把一切生产工具集中在**国家即组织成为统治阶级的无产阶级手里**,并且尽可能快地增加生产力的总量。"①

"国家",即组织成为统治阶级的无产阶级

"要做到这一点,当然首先必须对所有权和资产阶级生产关系实行**强制性的干涉**,也就是采取这样一些措施,这些措施在经济上似乎是不够充分的和无法持续的,但是在运动进程中它们会越出本身,而且作为变革全部生产方式的手段是必不可少的。……"(第 37 页)作者在列举了各项"措施"(第 1—10 项)②之后继续写道:

注意:"强制性的干涉"

---

① 参看本卷第 22 页。——编者注
② 在这些措施(第 1、5、6 项)中,到处都直截了当地谈到"国家",例如第 6 项:"把全部运输业集中在国家手里。"

"公共权力就失去政治性质"

"当阶级差别在发展进程中已经消失而全部生产集中在联合起来的个人的手里的时候，**公共权力就失去政治性质**。原来意义上的政治权力，是一个阶级用以压迫另一个阶级的有组织的暴力。如果说无产阶级在反对资产阶级的斗争中一定要联合为阶级，通过革命使自己成为统治阶级，并以统治阶级的资格用暴力消灭旧的生产关系，那么它在消灭这种生产关系的同时，也就消灭了阶级对立的存在条件，消灭了阶级本身，从而消灭了它自己这个阶级的统治。……"(第38页)①

《共产党宣言》论**现代的国家**："现代的国家政权不过是管理整个资产阶级的共同事务的委员会罢了。"②③

《共产党宣言》谈到"工人革命"、"共产主义革命"、"无产阶级革命"。似乎还没有出现"无产阶级专政"这一术语。但是，很明显，无产阶级转化成"统治阶级"、它"组织成为统治阶级"、它"对所有权实行强制性的干涉"等等，这**也就是**"无产阶级专政"……

① 参看《马克思恩格斯文集》第2卷第52、53页。——编者注
② 同上书，第33页。——编者注
③ 方框里的话列宁原来写在手稿当页的最上端。——俄文版编者注

> **"国家即组织成为统治阶级的无产阶级"**——这也就是无产阶级专政。
>
> 注意

恩格斯在 1887 年 12 月 15 日还为**西·波克罕**的小册子《纪念 1806—1807 年德意志极端爱国主义者》(《社会民主主义丛书》①第 2 卷第 24 册)写过一篇《**引言**》。那里顺便谈到了**德意志的国家**："……国家也日益背离广大人民群众的利益,变成大地主、交易所经纪人和大工业家的集团去剥削人民。"(第 7 页)那里也谈到未来的**世界大战**将导致"普遍的衰竭和为工人阶级的最后胜利创造条件"(7),到这个战争"结束"时,"无产阶级的胜利要么已经取得,要么已经不可避免"(8)②。

恩格斯
论
国家
和
战争

《论住宅问题》

《**论住宅问题**》(1872 年)③中有许多论述无产阶级专政问题和(与此有关的)国家问题的地方值得指出:

"那么怎样解决住宅问题呢? 在现代社会里,这个问题同其他一切社会问题的解决办法是完全一样的,这就是靠经济上供求的

---

① 列宁在这里注上了小册子的图书编号"K.II.F.874ca"。——俄文版编者注
② 见《马克思恩格斯文集》第 4 卷第 330—332 页。——编者注
③ 见《马克思恩格斯文集》第 3 卷第 235—334 页。——编者注

逐渐均衡来加以解决。这样解决了之后,问题又会不断产生,所以也就等于没有解决。**社会革命**将怎样**解决**这个**问题**呢? 这不仅要以当时的情况为转移,而且也同一些意义深远的问题有关,其中最重要的问题之一就是消灭**城乡对立**。既然我们不必为构建未来社会臆造种种空想方案,探讨这个问题也就是完全多余的了。但有一点是肯定的,现在各大城市中有足够的住房,只要合理使用,就可以立即解决现实的'住房**短缺**'〈黑体是恩格斯用的〉问题。当然,要实现这一点,就必须**剥夺现在的房主**,或者让没有房子住或现在住得很挤的工人**搬进这些房主的房子中去住**。只要无产阶级取得了政权,这种具有公共福利形式的措施就会像现代国家剥夺其他东西和征用民宅那样容易实现了。"(1887 年版第 22 页)①

> 这里明显地指出了无产阶级专政的一个职能,**国家**(无产者的联合)在从资本主义向完全的共产主义**过渡时期**的一个任务。如果不**革命地利用国家政权**,就不能**立即**开始做这样的事情。

　　第 26 页指出了十分重要的一点:信用、国债、税收等等这样一些问题,对资产者、**特别是对小资产者**说来很有利害关系,而对工人说来利害关系则很小。税款归根到底包括在劳动力的生产费用里面:"……'国债'! 工人阶级知道,国债不是它筹借的,当它夺得政权时,它将让那些筹借国债的人偿还。"(26)②

---

① 　参看《马克思恩格斯文集》第 3 卷第 264 页;另见本卷第 54—55 页。——编者注
② 　同上书,第 270 页。——编者注

第9页——"……因此,**将来首先发难的恐怕还得是法国人,但是最后解决战斗只能在德国**。……"(第10页——见 **1887** 年 1 月 10 日的序言——以同样的精神谈到即将到来的**革命**、"**起义**",谈到"农民子弟"即"英勇军队"的革命作用等等)①

同上第 36 — 37 页:"……〈在论述了消灭城乡矛盾的必要性之后〉但是,每一次社会革命起初都不免要接过现有的东西,**并且凭借现有的手段来消除最难容忍的祸害**。我们已经看到:把属于有产阶级的豪华住宅的一部分加以剥夺,并把其余一部分征用来住人,就会立即弥补住房**短缺**。"(36 — 37)②

(第 55 页),巴黎公社……蒲鲁东主义者在那里有许多代表……但是,公社的**荣幸**,就在于它的经济措施是从"简单的实际需要"中产生的……

"正因为如此,废除面包工人的夜工,禁止工厂罚款、没收停业工厂和作坊并将其交给工人协作社等这样一些措施,完全不合乎蒲鲁东的精神,而合乎德国科学社会主义的精神。蒲鲁东主义者所实行的唯一社会措施就是**拒绝没收法兰西银行**,而这是公社覆灭的部分原因。……"(55)

布朗基主义者……宣告(见公社流亡者的宣言[83])"(……几乎是逐字逐句宣告)德国科学

---

① 见《马克思恩格斯文集》第 3 卷第 248 页。——编者注
② 同上书,第 283 — 284 页。——编者注

"废除国家"……

社会主义的观点,即无产阶级必须采取政治行动,必须把实行无产阶级专政作为达到**废除阶级**并和**阶级一起废除国家**的过渡①;这种观点在《共产主义宣言》②中已经申述过并且以后又重述过无数次。"(55—56)③

> 恩格斯甚至"说到""废除"国家! 如果抓住这一点不放,那就是可笑的吹毛求疵:重要的在于**和阶级一起**这几个字!!

第 56 页中间顺便说到:"……'停留'在革命中,即**在最具暴力的运动中! ……**"(对"停留"这个词加以嘲笑。顺便给革命下了一个不坏的定义。)

注意

第 57 页:"……既然每个政党都力求取得在国家中的统治,所以德国社会民主工党就必然力求争得**自己的**统治,工人阶级的统治,即'阶级统治'。而且,**每个**〈黑体是恩格斯用的〉真正的无产阶级政党,从英国宪章派⁸⁴起,总是把阶级政治,把无产阶级组织成为独立政党当做首要条件,把**无产阶级专政**当做斗争的**最近目的**。"(57)

"……不过,必须指出,由劳动人民'实际占有'全部劳动工具和拥有全部工业,是同蒲鲁东

主义的'赎买'完全相反的。如果采用后一种办法,**单个劳动者**将成为住房、农民田园、劳动工具的所有者;如果采用前一种办法,则'劳动人民'将成为房屋、工厂和劳动工具的总所有者。这些房屋、工厂等等,至少在过渡时期难以无偿地转让给个人或协作社。同样,消灭地产并不要求消灭地租,而是要求把地租——虽然形式发生变化——转交给社会。所以,由劳动人民实际占有全部劳动工具,决不排除保存租赁关系。"(68)①

（无产阶级"国家"、无产阶级专政的一个职能）

"一般说来〈69〉,问题并不在于,无产阶级取得政权后是去简单地运用暴力占有生产工具、原料和生活资料,还是为此立即给以补偿,或者是通过缓慢的分期付款办法赎买这些东西的所有权。试图预先面面俱到地回答这个问题,那就是制造空想,这种事情我留给别人去做。"(69)②

关于恩格斯为《法兰西阶级斗争》写的导言,**考茨基**在《新时代》杂志(1909 年)第 27 年卷第 2 册第 **416** 页(《没有性格的恩格斯》)上写道:"……在他〈恩格斯〉的手稿中〈考茨基从前

---

① 参看本卷第 55 页。——编者注
② 参看《马克思恩格斯文集》第 3 卷第 328 页。——编者注

注意 ‖	已经写过这一点〉，革命的观点强调得很厉害，但是，革命的地方在柏林被**删掉了**，如果我得到的消息正确的话，是被理查·**费舍**同志删掉的……"

《新时代》杂志第 17 年卷第 2 册（1898—1899 年第 28 期），在和伯恩施坦的论战中写道：

注意 ‖	"……德国朋友们坚持要他〈恩格斯〉删去结论，**因为它过于革命了**。"（黑体是考茨基用的）（第 47 页）

+《**新时代**》杂志第 27 年卷第 1 册（1908 年 10 月 2 日）第 6—7 页，恩格斯就他为《阶级斗争》写的导言给考茨基的信**85**。①

> 还可参看《**取得政权的道路**》（比较详细；有恩格斯给考茨基的信的摘录）。

《法兰西内战》

《**法兰西内战**》（1876 年莱比锡版）。注明的日期是 **1871 年 5 月 30 日**（参看本笔记第 2 页中）②，——第 3 章整章或者几乎整章都是论述国家问题，说明工人阶级不能"简单地"掌握"现成的国家机器"（见上面第 1 页）③。

---

① 在手稿中这句话写在上面考茨基的两段引文之间。——俄文版编者注
② 见本卷第 136 页。——编者注
③ 见《马克思恩格斯文集》第 3 卷第 151—167 页；另见本卷第 133 页。——编者注

"……中央集权的国家政权连同其遍布各地的机关，即常备军、警察局、官僚机构、教会和法院……"((起源于中世纪，在 19 世纪得到了进一步发展……))。随着资本和劳动之间阶级对抗的发展，"国家政权在性质上也越来越变成了压迫劳动的公共权力，变成了阶级统治的机器。每经过一场标志着阶级斗争前进一步的革命以后，国家政权的**纯粹压迫**性质就暴露得更加突出。……"

"国家政权"的机关	
注意	

((接着对此进行了详细的分析：1830 年革命，——1848 年革命等等，第二帝国。))((其中指出(在 1848—1849 年以后)："……国家政权"="资本对劳动作战的全国性武器……"))

"……帝国的直接对立物就是公社。""公社正是这个共和国"（即"一个不但取代阶级统治的君主制形式、而且取代阶级统治本身的共和国"）的"毫不含糊的形式"。第 3 版第 45 页①

> 《内战》，1876 年版，特别注意：
> 第 28 页倒数第 2 行——（"摧毁"）
> 第 28 页顺数第 18 行——（"铲除"）
> 第 28 页顺数第 13 行——（"消灭"）
> 第 29 页：国家＝"寄生赘瘤"。②③

由此可见，公社＝无产阶级社会主义共和国的"**毫不含糊的形**

---

① 参看《马克思恩格斯文集》第 3 卷第 151—154 页；另见本卷第 38—39 页。——编者注
② 见本卷第 179—180 页(((12))和((14))两条)。——编者注
③ 方框里的话列宁原来写在手稿当页的上角。——俄文版编者注

式"。这究竟表现在哪里呢？这"毫不含糊的形式"究竟是怎样的呢？

废除常备军	((1))"公社的第一个法令就是**废除常备军**而代之以武装的人民。" 第3版第46页
民主选出的 机构 对选民负责 { 随时**可以** 撤换 }	((2))"公社是由巴黎各区通过普选选出的市政委员组成的。这些委员对选民负责，**随时可以撤换**。其中大多数自然都是工人或公认的工人阶级代表。"①

> 1876年写的是 Commune
> 1891年写的是 *Kommune*

"实干的而**不**是议会式的"：**既**是行政的机关，同时**也是**立法的机关	((3))"公社是一个**实干的而不是议会式的机构**，它既是行政机关，同时也是立法机关。"②
警察被免除了政治职能而变为可以撤换的执行者	((4))"警察不再是中央政府的工具，他们立刻被免除了政治职能，而变为公社的承担责任的、随时可以撤换的工作人员。"
一切官员也都一样	((5))"其他各行政部门的官员也是一样。"
"普通的工人工资"	((6))"从公社委员起，自上至下一切公职人员，都只能领取相当于工人**工资**的报酬。"

---

① 见本卷第39页。——编者注
② 见本卷第42页。——编者注

((7))"从前国家的高官显宦所享有的一切特权以及公务津贴,都随着这些人物本身的消失而消失了。……"(26—27)第3版第46页

消灭(显贵的)高官的特权

((8))"……公社在铲除了常备军和警察这两支旧政府手中的物质力量以后,便急切地着手摧毁作为压迫工具的精神力量,即僧侣势力……"(解散和剥夺教会)

"摧毁"僧侣势力

((9))"……法官的虚假的独立性被取消……" 他们"今后均由选举产生,对选民负责,并且可以撤换。……"(27)①

((10))"……在公社没有来得及进一步加以发挥的全国组织纲要上说得十分清楚,公社将成为甚至最小村落的政治形式……"巴黎的"国民代表会议"也应当由各个公社选举出来(28)……第3版第47页

公社体制的"全国组织"

((11))"……仍须留待中央政府履行的为数不多但很重要的职能,则不会像有人故意胡说的那样加以废除,而应该交给公社的官吏,即交给那些严格负责的官吏。"

由"公社的"即严格负责的官吏组成"中央政府"

((12))"民族的统一不是应该破坏,相反地应该借助于公社制度组织起来,应该通过这样的办法来实现,即消灭以民族统一的体现者自居同时却脱离民族、凌驾于民族之上的国家政

"公社制度"="消灭"是寄生赘瘤的"国家组织"

---

① 见本卷第39—40页。——编者注

权,这个国家政权只不过是民族躯体上的**寄生赘瘤**。旧政府权力的纯属压迫性质的机关予以**铲除**,而旧政府权力的合理职能则从僭越和凌驾于社会之上的当局那里夺取过来,归还给社会的负责的公仆。"(28)②

见本笔记第 **31** 页①,伯恩施坦认为这一点和蒲鲁东很"接近"!

不是旧的议会制,而是"按公社体制组织起来的人民"

((13))"普选制不是为了每三年或六年决定一次由统治阶级中什么人在议会里代表和镇压人民,而是为了服务于组织在公社里的人民,正如个人选择权服务于任何一个为自己企业招雇工人、监工和会计的雇主一样。"③ 第 3 版第 47 页

"全新的历史创举"

((14))"……**全新的历史**创举都要遭到被误解的命运,即只要这种创举与旧的、甚至已经死亡的社会生活形式可能有某些相似之处,它就会被误认为是那些社会生活形式的翻版。所以,这个**新的、摧毁了现代国家政权的公社**,就恰恰被误认为是……中世纪公社的再现。……是……许多小邦的联盟〈孟德斯鸠,吉伦特派〉……是反对过分集权这一古老斗争的被夸张了的形式。……" 第 3 版第 48 页

"这个**新**的、摧毁了现代国家政权的公社……"

马克思说"寄

((15))"……公社制度会把靠社会供养而

① 见本卷第 182—183 页。——编者注
② 见本卷第 48 页。——编者注
③ 见本卷第 42—43 页。——编者注

又阻碍社会自由发展的'**国家**'这个寄生赘瘤迄今所夺去的一切力量,归还给社会机体。仅此一举就会把法国的复兴推动起来。……" 第3版第48页

> **生赘瘤""国家"。是这样!**

((16))"……事实上,公社制度是把农村的生产者置于他们所在地区中心城市的精神指导之下,使他们在中心城市有工人作为他们利益的天然代表者。公社的存在本身**自然而然会带来地方自治**,但这种地方自治已经不是用来牵制**现在已被取代的国家政权**的东西了。"(29)① 第3版第48页

> **"现在已被取代的国家政权"**

((17))"公社实现了所有资产阶级革命都提出的廉价政府这一口号,因为它**取消了两个最大的开支项目,即军队和国家官吏**。"(30)② 第3版第49页

> 注意:
> **取消了军队和国家官吏**

((18))"人们对公社有**多种多样的解释**,多种多样的人把公社看成自己利益的代表者,这证明公社是一个**高度灵活的政治形式**,而一切旧有的**政府形式**都具有非常突出的压迫性。公社的真正秘密就在于:它实质上**是工人阶级的政府**〈黑体是马克思用的〉,是生产者阶级同占有者阶级斗争的产物,**是终于发现的可以使劳动在经济上获得解放的政治形式**。"(30) 第3版第49页

> **公社=工人阶级的政府**
>
> 注意:
> **公社="终于发现的政治形式"**

((19))"如果没有最后这个条件,公社制度就没有存在的可

---

① 参看本卷第51—52页。——编者注
② 见本卷第42页。——编者注

能,就是欺人之谈……"①

"……公社是想要剥夺剥夺者。……"(31)

注意	公社拯救了巴黎的小资产阶级,——它对农民说,它的胜利是他们的唯一希望,这是完全正确的;……如果"公社治理下的巴黎"同外省自由交往起来,那么不出三个月就会引起一场"农民大起义"(35) 第 3 版第 53 页 。 公社是"法国社会的一切健全成分……"的真正代表(35) 第 3 版第 53 页 。

庸人伯恩施坦把一切都归结为"自治机关"和地方自治。白痴!!	"……它〈公社〉所采取的各项具体措施,只能显示出通过人民自己实现的人民管理制的发展趋势"(36) 1891 年第 3 版第 53 页 ——不让面包工人做夜工;——禁止罚款;——把已关闭的工厂交给工人协作社……②

(注意)**伯恩施坦**的评论:

伯恩施坦在《前提》第 134 页引证了《内战》中的这几段(我列举的第 12、第 13 和第 15 条),并且声称:这个"纲领""就其政治内容来说,在一切要点上都十分类似**蒲鲁东**主张的联邦制"。(哈—哈!)

"……尽管马克思和〈!!〉'小资产者'蒲鲁东之间有其他种种分歧,可是在这几点上,他们的思路是再接近不过的。"(136)接着又说:"地方自治机关"的意义在增长,**但是**:"民主的第一个任务是不是就像马克思和蒲鲁东所想象的那样是废

---

① 参看本卷第 52 页。——编者注
② 参看《马克思恩格斯文集》第 3 卷第 158、160 — 163 页。——编者注

除现代国家和完全改变其组织(由各省或各州的会议选出代表组织全国会议,而各省或各州的会议则由各公社选出代表组成),从而使全国代表机关的整个旧形式完全消失,对此我是有怀疑的。"(136)他说,不能没有中央机关的监督!!!①

从上面列出的马克思关于公社的最重要的论述中可以清楚地看出,马克思竭力强调必须"取消"(军队和国家官吏),"消灭"那种国家政权,"摧毁了现代国家政权",等等;消灭、摧毁、铲除(beseitigen)什么呢?**不是**国家,而是"现代国家政权","现成的国家机器",首先是国家官吏和军队。马克思把"国家"叫做寄生赘瘤,是"**几乎**"说到了消灭国家。但是,问题当然不在于名词,而在于**实质**。

马克思的基本思想是:无产阶级夺取**政权不是**掌握"现成的"国家机器,**而是**(I)把它"打碎"、破坏,用**新的代替**。所谓新的是什么呢?

大致是:

(I)

马克思研究了公社的**经验**,他不是臆造这个"新的"政权,而是研究革命本身**如何**"**发现**"("**终于发现**") 第3版第49页 这个政权,工人运动本身如何**对待**这个任务,**实践**如何开始解决这个任务。

{II}

{用武装的人民代替常备军}

……(III)**取消官僚**,包括法官在内:(α)赶走"hohe Staatswürdenträger",即"国家的高官显宦";(β)使其他官吏成为纯粹的执行者;(γ)

(III)

---

① 从伯恩施坦的书中摘录下来的这段话,列宁原来写在手稿当页的左边。——俄文版编者注

可以撤换；(δ)领取普通工人的工资。

(IV)　　……用"公社的"（"公社制度"）**即既是行政的**，同时也是立法的人民代表机关代**替议会式的**人民代表机关（"不应当是议会式的"，第3版第46页）……

(V)　　……没有国家从上面进行监督和监护的**地方自治**……

(VI)　　……**完全的民主**……

这一切的条件是：(以革命的烈火、革命的

I ‖ 积极性)唤起劳动群众，即**大多数**居民，使**他们**

‖ **代替**官吏积极参与国家事务，——无产阶级领

II ‖ 导，必须由组织起来的、集中的无产者来领导

‖ 他们。

这一切的条件是：把工作日减至 8—6—4

小时；——把**人人**参加生产劳动同**人人**参加

"国家"管理结合起来。

俄国革命也**实行了**这种方法，一方面它比

巴黎公社实行得差（更缩手缩脚），另一方面它

III 把这种方法表现得**更广泛**——"工人代表苏维

埃"、"铁路工人代表苏维埃"、"士兵和水兵代表

苏维埃"、"农民代表苏维埃"。**注意**这一点。

对照：《新时代》杂志第 30 年卷第 2 册第**732** 页，考茨基同潘涅库克相比非常庸俗(注意)

对照：《新时代》杂志第 30 年卷第 2 册(1912 年)，参看第723—725 页和第 732 页，**考茨基**和潘涅库克的论战。非常重要！这里的**考茨基**＝改良主义者（和骗子）；**潘涅库克**不明

> 确,但在寻求革命的策略。
>
> 　　注意:特别是第 723 页:第 4 节,1:"破坏国家"……①

　　1871 年以后的变化呢? 所有这些变化,或者说这些变化的一般性质、它们的总和就是:官僚机构**不论在哪里**都猛烈地增长了(既在议会中,在它内部——也在地方自治机关中——也在股份公司中——也在托拉斯中,等等),这是一。第二:"社会主义"工人政党有四分之三"长入了"**这样的**官僚机构。因此,社会爱国主义者和国际主义者之间、改良派和革命派之间的分裂具有更深刻的意义:改良派和社会爱国主义者使官僚国家机器"**更加完备**"(参看**本笔记**第 3 页下马克思的话②),而革命派应当"**摧毁**"这个"官僚军事国家机器",摧毁它,用"公社",用新的"**半国家**"来代替它。③

　　这一切大致可以简单明了地表述如下:用**工人代表的苏维埃**和**他们的**受托人代替旧的("现成的")国家机器**和议会**。问题的实质就在这里!! 而不劳动的居民呢? 不劳动者不得食(更不用说管理国家)!!(机会主义者会反对说,而伯恩施坦在 1899 年已经这样反对说:这是"原始的民主"。**在社会主义的基础上**,"原始的"民主将不再是原始的了!)　　　　注意

　　是否还要"利用"现代国家政权和议会呢? 无政府主义者回答说:不利用。——直接的机会主义者和间

接的机会主义者(考茨基主义者)回答说:要利用,**照过去那样**,同原来一样,走导致 1914 年破产的那条道路。

我们回答说:要利用,**但不是照过去那样**,而只是像卡尔·李卜克内西那样,即(α)**为了领导革命的行**动,而不是做运动的尾巴;——(β)为了服务于革命的群众运动;——(γ)在这种运动的监督之下;——(δ)经常把合法工作和秘密工作结合起来;——(ε)经常同机会主义者和工人运动的**官吏**作斗争,同他们斗到底,直到和他们分裂。

> **在无政府主义者那里**也有:
> 作家,新闻记者,
> 茹奥之流!

注意　　　资产阶级国家是这样并且仅仅是这样**允许**工人和社会民主党人**进入**它的机关,**享受它的**民主的:它(α)把他们加以过滤,把革命者淘汰出去;(β)用纠缠的方法"捕获"他们,把他们变成官吏;我们的对手、敌人实行的"疲劳战略";**从另一方面实行的疲劳战略!!**(γ)用收买的方法捕获他们:"**你们训练他们,而我们收买他们……**"(δ)除了粗笨的收买,还采用巧妙的收买,包括**阿谀奉承**,向他们献殷勤,等等;(ε)用"工作""缠住"他们、吞没他们,用成堆的"公文"、用"改良"和小改良的污浊空气窒息他们;(ζ)用小市民那种够得上"文明"的庸俗的安逸生活腐蚀他们……

同这种现象进行全线斗争。如何斗争?**不是拒**

绝参加(资产阶级**生活?**)——这**只有**在特殊场合才有
可能——而是建立**派别和政党来**进行这种斗争。卡
尔·李卜克内西并不是孤身一人,他是从德国社会民
主党左**派中成长起来**的。布尔什维克不是"怪物",他
们是从 1894—1914 年同机会主义的斗争中**成长起来**
的!!

恩格斯为《内战》写的导言

　　恩格斯为《内战》第 **3** 版写的导言①,注明的日期是 18**91** 年 3
月 18 日 还登 载在《新时代》杂志第 9 年卷(1890—1891)第 2 册
第 **33** 页上 。这篇导言**正是**就这个问题发表了许多精辟的见解。
特别指出下列几点:

　　第 4 页:法国每次革命以后工人总是**武装起来**
了,——"……掌握国家大权的资产者的**第一个信条**就
是**解除工人的武装**。于是,在每次工人赢得革命以后就
产生新的斗争,其结果总是工人失败。……"②

　　第 7—8 页:对公社的**各项措施**作了卓越的总结(并注明了
日期)。

　　"因为公社委员几乎全都是工人或公认的工人代
表,所以公社所通过的决议也都带有鲜明的无产阶级性
质。这些决议,要么是规定实行共和派资产阶级只是由

---

　　① 见《马克思恩格斯文集》第 3 卷第 99—112 页。——编者注
　　② 同上书,第 101 页;另见本卷第 71 页。——编者注

注意
于怯懦才不敢实行的、然而却是工人阶级自由行动的必要前提的那些改革，例如实行宗教**对国家而言**〈黑体是恩格斯用的〉纯属私事的原则；要么就是直接代表工人阶级的利益，有时还深深地触动了旧的社会制度。①但是在一个被围困的城市内，实行这一切措施最多只能作出一个开端。"（第8页）

公社委员分为布朗基主义者多数派和蒲鲁东主义者少数派（第10页）。和一切"笃信某种学说的人们"一样(11)，（当他们取得政权时）他们**不得不**做出与他们学派的信条"相反的事情"(11)。

蒲鲁东对联合是切齿痛恨的。公社的主要措施是"规定要把大工业以至工场手工业组织起来，这种组织工作不但应该以每一工厂内工人的联合为基础，而且应该把所有这些合作社组成一个大的联社；简言之，这种组织工作，正如马克思在《内战》中完全正确地指出的，归根到底必然要导致共产主义，即导致与蒲鲁东学说正相反的方面"。（第11页）②

注意
显然，恩格斯指的是下面这件事情（第8页）："4月16日，公社下令，对被厂主停工的工厂进行登记，并制定计划把这些工厂的原有工人联合成合作社以开工生产，同时还要把这些合作社组成一个大的联社。"

而布朗基主义者呢？他们的学派＝密谋，

---

① 参看本卷第72页。——编者注
② 见《马克思恩格斯文集》第3卷第106、107—108、108—109页。——编者注

严格的纪律,"少数"人的革命毅力…… "这首先就要把全部权力最严格地、独断地集中在新的革命政府手中。正是由这些布朗基派占大多数的公社,在实际上是怎样做的呢?〈第11—12页〉它在向外省的法国人发出的一切公告中,要求他们把法国的所有公社同巴黎联合起来,**组成一个自由的联邦**,一个第一次真正由国民自己建立的全国性组织。在此以前,**中央集权政府进行压迫所凭借的力量是军队、政治警察、官僚机构**。正是这支由拿破仑在1798年建立、后来每届新政府都乐于接过去用以反对自己敌人的力量,在一切地方都必须消除,就像在巴黎已经消除那样。"

> 这不是"联邦制"吗?不是,这样提问题纯粹是挑剔字眼
>
> 注意

(α—)"公社一开始想必就认识到,工人阶级一旦取得统治权,就不能继续运用**旧的国家机器**来进行管理;工人阶级为了不致失去刚刚争得的统治,一方面应当**铲除**全部旧的、一直被利用来反对工人阶级的**压迫机器,另一方面**还应当**保证本身**能够防范自己**的代表和官吏**,即宣布他们毫无例外地可以随时撤换。〈—β〉②以往国家的特征是什么呢?"(第12页)这就是

> α—β①:**不能**运用"旧的"国家机器
>
> 注意:
>
> (1) "铲除"镇压机器((军队;警察;官僚))
>
> (2) "保证本身能够防范代表和官吏"

---

① α—β:考茨基在答复伯恩施坦时引证过这段话,见《伯恩施坦与社会民主党的纲领》**第22页**(见本笔记第47页)。(见本卷第220—221页。——编者注)

② 见本卷第73页。——编者注

把"社会公仆","Diener der Gesellschaft",把社会机关,变成"Herren über dieselbe","社会主人"。"这样的例子不但在世袭君主国内可以看到,**而且在民主共和国内**也同样可以看到。"例如美国的两"帮"政治投机家(那里没有王朝,没有贵族,没有常备军,不存在"拥有固定职位或享有年金"的官僚)(第12页)。国民无力对付这两大"政客集团"(第13页)……

"为了防止**国家和国家机关**由社会公仆变为社会主人——这种现象**在至今所有的国家中**都是不可避免的——公社采取了**两个可靠的办法**。第一,它把行政、司法和国民教育方面的一切职位交给由普选选出的人担任,而且规定选举者可以随时撤换被选举者。第二,它对所有公职人员,不论职位高低,都只付给跟其他工人同样的工资。公社所曾付过的最高薪金是6 000法郎。这样,即使公社没有另外给代表机构的代表签发限权委托书,也能可靠地防止人们去**追求升官发财**了。"①

"**这种炸毁**(Sprengung)**旧的国家政权而以新的真正民主的国家政权来代替**的情形,《内战》第三章已经作了详细的描述。但是

两个"可靠的"办法:

(1)可以随时撤换

(2)普通工人的工资

注意:
"炸毁旧的国家政权而以**新**的来代替它……"

---

① 见本卷第74页。——编者注

这里再一次简单扼要地谈谈这个问题还是有必要的,因为正是在德国,来自哲学的**对国家的迷信**,已经进入到资产阶级甚至很多工人的一般意识之中。按照哲学概念,国家是'观念的实现',或是译成了哲学语言的尘世的上帝王国,也就是永恒的真理和正义所借以实现或应当借以实现的场所。由此就产生了**对国家**以及一切同国家有关的事物的**盲目崇拜**。尤其是人们从小就习惯于认为,全社会的公共事务和公共利益只能像迄今为止那样,由国家和国家的地位优越的官吏来处理和维护,所以这种崇拜就更容易产生。人们以为,如果他们不再迷信世袭君主制而坚信民主共和制,那就已经是非常大胆地向前迈进了一步。实际上,国家无非是一个阶级镇压另一个阶级的机器,而且在这一点上民主共和国并不亚于君主国。国家再好也不过是在争取阶级统治的斗争中获胜的无产阶级所继承下来的一个祸害;胜利了的无产阶级也将同公社一样,**不得不**立即尽量**除去**这个祸害的最坏方面,直到在新的自由的社会条件下成长起来的一代有能力**把这国家废物全部抛掉**。"(13)①

注意:
"对国家的
迷信"

注意:
"对国家的盲
目崇拜"等等

注意
注意

打倒全部
"国家破烂"
(垃圾)
(废物)

---

① 见本卷第75—76页。——编者注

"近来,德国的**86**庸人又是一听到无产阶级专政这个词就吓出一身冷汗。好吧,先生们,你们想知道无产阶级专政是什么样子吗?请看看巴黎公社。这就是无产阶级专政。"(第 14 页)

((导言完。日期:1891 年 3 月 18 日巴黎公社二十周年))①

注意:
"把这国家
废物全部
抛掉"

　　不能不承认,恩格斯在这里以及在 1875 年 3 月 18—28 日的信②中,对无产阶级专政、对无产阶级将要**争得**的那种国家政权的**形式**(确切些说:对新形式的必要性)这些极其重要的思想的阐述,比起马克思来要通俗得多。为了争得和保持住国家政权,无产阶级不应当掌握旧的、现成的国家机器,不应当把它从旧的人的手中转到新的人的手中,而应当**打碎**旧的并**建立**("neue geschichtliche Schöpfung")("全新的历史‖**创举**"‖:见本笔记第 29 页③)新的。

"民 族 战 争"

　　《**内战**》第 **3** 版第 67 页:"旧社会还能创造的最高英雄伟绩不过是民族战争,而这种

---

① 参看《马克思恩格斯文集》第 3 卷第 105、109—112 页。——编者注
② 同上书,第 410—417 页。——编者注
③ 见本卷第 180 页。——编者注

战争如今被证明不过是政府用来骗人的东
西,意在延缓阶级斗争,一旦阶级斗争爆发
成内战,这种骗人的东西也就会立刻被抛在
一边。"①

｜｜＝"政府用来
｜｜骗人的东西"

《雾月十八日》第 4 版第 10—11 页,——
(18 世纪的)资产阶级革命接连不断地取得胜
利,这种革命"为时短暂",等等;"无产阶级革
命,例如 19 世纪的革命,则经常自我批判……
它十分无情地嘲笑自己的初次行动的不彻底
性……它在自己无限宏伟的目标面前……往
后退却……"(11)②

｜｜资产阶级革命
｜｜和无产阶级
｜｜革命

弗·恩格斯
《家庭、私有制和国家的起源》③
1894 年斯图加特第 6 版
(第 4 版序言写于 1891 年 6 月 16 日④)

"……可见,**国家**决不是从外部强加于社会的一种力量。国家
也不像黑格尔所断言的是'伦理观念的现实','理性的形象和现
实'。确切地说,国家是社会在一定发展阶段上的产物;国家是承

---

① 见《马克思恩格斯文集》第 3 卷第 179 页。——编者注
② 见《马克思恩格斯文集》第 2 卷第 474 页。——编者注
③ 见《马克思恩格斯文集》第 4 卷第 13—198 页。——编者注
④ 同上书,第 18—31 页。——编者注

认:这个社会陷入了不可解决的自我矛盾〈第 177—178 页〉,分裂为不可调和的对立面而又无力摆脱这些对立面。而为了使这些对立面,这些经济利益互相冲突的阶级,不致在无谓的斗争中把自己和社会消灭,就**需要有一种表面上凌驾于社会之上的力量**,这种力量应当缓和冲突,把冲突保持在'秩序'的范围以内;这种从社会中产生但又自居于社会之上并且日益同社会相异化的力量,就是国家。"(178)[①]

"国家和旧的氏族〈或克兰〉组织不同的地方,**第一点**就是它**按地区**来划分它的国民。……"(我们现在觉得这种划分"很自然",但这是同血族或氏族的旧组织进行了长期的斗争才获得的……)

注意:

武装的居民

"自动的武装组织"

"武装的人＋监狱＋强制设施"

"第二个不同点,是 公共权力 的设立,这种公共权力已经不再直接就是自己组织为武装力量的居民了。这个特殊的公共权力之所以需要,是因为自从社会分裂为阶级以后,**居民的自动的武装组织已经成为不可能了。**〈178〉……这种〈179〉公共权力在每一个国家里都存在。构成这种权力的,不仅有**武装的人**,而且还有**物质的附属物**,如**监狱**和各种**强制设施**,这些东西都是以前的氏族〈克兰〉社会所没有的。……有时,如在北美**某些地方**,这种公共权力极其微小……但是,随着国内阶级对立的尖锐化,随着彼此相邻的各国的扩大和它们人口的增加,公

[①] 参看本卷第 5 页。——编者注

共权力就日益加强。就拿我们**今天的欧洲**来看吧，在这里，**阶级斗争**和**争相霸占**已经把公共权力提升到大有吞食整个社会甚至吞食国家之势的高度。"(179)①

注意：
现代欧洲的
"争相霸占"

争相霸占和帝国主义有什么区别呢？——在**兼并**的对外政策上没有任何区别。——**因此**，恩格斯在1891年**既**承认德国的争相霸占，**又**承认德国的"**保卫祖国**"！！(《德国的社会主义》，见《**新时代**》杂志第10年卷(1891—1892)第1册)②。——是的，但是在1891年，从德国**方面**看战争**会是防御**性的。问题的实质就在这里。争相霸占过去**一直**存在，在**一切**国家都存在，因为一切国家都是阶级统治的机关。但是，**不是**国家之间的一切战争都是由争相霸占引起的！！ 这是一。也**不是**一切战争从**双方**说都是由争相霸占引起的。这是二。③

……为了维持公共权力，就需要**捐税**和**国债**……

"……官吏既然掌握着公共权力和征税权，他们就作为社会机关而凌驾于社会**之上**。从前人们对于氏族〈克兰〉制度的机关的那种自由的、自愿的尊敬，即使他们能够获得，也不能使他们满足了……"(179)于是制定了官吏神圣不可侵犯的特别法律……一个最微不足道的警

---

① 参看《马克思恩格斯文集》第4卷第189—190页；另见本卷第7—8、9页。——编者注
② 同上书，第423—441页。——编者注
③ 这段话列宁原来写在手稿当页的上端和下端。——俄文版编者注

察都拥有比克兰机关还要大的"权威",然而,即使是掌握军权的首脑等等,也可能会对"不是用强迫手段获得"社会"尊敬"的克兰首领表示羡慕。

"由于国家是从控制阶级对立的需要中产生的,由于它同时又是在这些阶级的冲突中产生的,所以,它照例是最强大的、在经济上占统治地位的阶级的国家,这个阶级借助于国家而在政治上也成为占统治地位的阶级,因而获得了镇压和剥削被压迫阶级的新手段。……"古代国家、封建国家……同样……"现代的代议制的国家是资本剥削雇佣劳动的工具。但也例外地有这样的时期,那时互相斗争的各阶级达到了这样势均力敌的地步,以致国家权力作为表面上的调停人而暂时得到了对于两个阶级的某种独立性。……"(180)(17世纪和18世纪的专制君主制;第一帝国和第二帝国的波拿巴主义,俾斯麦。)

通常是资格限制。在民主共和国中,"财富是间接地但也是更可靠地运用它的权力的……":(1)"**直接**收买**官吏**"(美国);(2)"**政府**和交易所**结成联盟**"(法国和美国)。[①]

普选制也是资产阶级统治的工具。普选制="测量工人阶级成熟性的标尺。在现今的

[①]　参看本卷第10—12页。——编者注

国家里,普选制不能而且永远不会提供更多的东西"(182)。

"……所以,国家并不是从来就有的。曾经有过不需要国家,而且根本不知国家和国家权力为何物的社会。在经济发展到一定阶段而必然使社会分裂为阶级时,国家就由于这种分裂而成为必要了。现在我们正在以迅速的步伐走向这样的生产发展阶段,在这个阶段上,这些阶级的存在不仅不再必要,而且成了生产的真正障碍。阶级不可避免地要消失,正如它们从前不可避免地产生一样。随着阶级的消失,国家也不可避免地要消失。在生产者自由平等的联合体的基础上按新方式来组织生产的社会,**将把全部国家机器放到**它应该去**的地方**,即放到古物陈列馆去,同纺车和青铜斧陈列在一起。"(182)①

熟性的尺度

《反杜林论》②

《反杜林论》第 3 版(1894 年)(该版序言写于 1894 年 5 月 23 日)第 301—302 页:

① 参看《马克思恩格斯文集》第 4 卷第 193 页;另见本卷第 13—14 页。——编者注
② 见《马克思恩格斯文集》第 9 卷第 3—398 页。——编者注

　　"……**无产阶级将取得国家政权,并且首先把生产资料变为国家财产**。但是这样一来,它就消灭了作为无产阶级的自身,消灭了一切阶级差别和阶级对立,也消灭了作为国家的国家。到目前为止在阶级对立中运动着的社会,都需要有国家,即需要一个剥削阶级的组织,以便维护这个社会的外部生产条件,特别是用暴力把被剥削阶级控制在当时的生产方式所决定的那些压迫条件下(奴隶制、农奴制或依附农制、雇佣劳动制)。国家是整个社会的正式代表,是社会在一个有形的组织中的集中表现,但是,说国家是这样的,这仅仅是说,它是当时独自代表整个社会的那个阶级的国家:在古代是占有奴隶的公民的国家,在中世纪是封建贵族的国家,在我们的时代是资产阶级的国家。当国家终于真正成为整个社会的代表时,它就使自己成为多余的了。当不再有需要加以镇压的社会阶级的时候,当阶级统治和根源于至今的生产无政府状态的个体生存斗争已被消除,而由此二者产生的冲突和极端行动也随着被消除了的时候,就不再有什么需要镇压了,也就不再需要国家这种特殊的镇压力量了。国家真正作为整个社会的代表所采取的第一个行动,即以社会的名义占有生产资料,同时也是它作为国家所采取的最后一个独立行动。那时,国家政权对社会关系的干预在各个领域中将先后成为多余的事情而自行停止下来。那时,对人的统治将由对物的管理和对生产过程的领导所代替。国家不是'被废除'的,**它是自行消亡的**。应当以此来衡量'自由的人民国家'这个用语,这个用语在鼓动的意义上暂时有存在的理由,但归根到底是没有科学根据的;同时也应当以此来衡量〈第302

页〉所谓无政府主义者提出的在一天之内废除国家的要求。"
(《反杜林论》第 3 版第 303 页)①

　　恩格斯在为《〈人民国家报〉国际问题论文集》写的序
言(**1894 年** 1 月 3 日)中写道,"社会民主党人"这个词"现
在也许可以过得去"(第 6 页),"但是对于经济纲领不单纯
是一般社会主义的而直接是共产主义的党来说,对于政治
上的最终目的是**消除整个国家**因而**也消除民主**的党来说,‖注意
这个词〈"社会民主党人"这个词〉还是不确切的〈unpas-
send,不恰当的〉"(7)②。

弗·恩格斯《论权威》

　　弗里德里希·恩格斯:《新时代》杂志第 32 年卷(1913—
1914)第 1 册第 10、37 页。(发表于 18**73** 年)
　　弗里德里希·恩格斯《论权威》,《论权威原则》(37—39)③。
　　权威以"**服从**"为前提。小生产被大生产所排挤。"没有权威能
够组织起来吗?"(37)
　　"我们假定,**社会革命**推翻了……资本家。……　在**这种**情
况下,权威将会消失呢,还是只会改变自己的形式?"(38)

①　参看《马克思恩格斯文集》第 9 卷第 297—298 页;另见本卷第 14—15
　　页。——编者注
②　参看《马克思恩格斯文集》第 4 卷第 449 页;另见本卷第 77 页。——编者注
③　见《马克思恩格斯文集》第 3 卷第 335—338 页。——编者注

举例来说:棉纺厂,——铁路,——在汪洋大海上航行的轮船…… 没有权威是不可思议的。

"如果〈第 39 页〉我拿这种论据来反对最顽固的反权威主义者,那他们就只能给我如下的回答:'是的! 这是对的,但是这里所说的并不是我们赋予我们的代表以某种权威,**而是某种委托**。'这些先生以为,只要改变一下某一事物的名称,就可以改变这一事物本身①。这些深奥的思想家,简直是开我们的玩笑。

这样,我们看到,一方面是一定的权威,不管它是怎样形成的,另一方面是一定的服从,这两者都是我们不得不接受的,而不管社会组织以及生产和产品流通赖以进行的物质条件是怎样的。

另一方面,我们也看到,生产和流通的物质条件,不可避免地随着大工业和大农业的发展而扩展起来,并且趋向于日益扩大这种权威的范围。所以,把权威原则说成是绝对坏的东西,而把自治原则说成是绝对好的东西,这是荒谬的。权威与自治是相对的东西,它们的应用范围是随着社会发展阶段的不同而改变的。

如果自治论者仅仅是想说,未来的社会组织将只在生产条件所必然要求的限度内允许权威存在,那也许还可以同他们说得通。但是,他们闭眼不看使权威成为必要的种种事实,只是拼命反对字眼。

国家将
消失

为什么反权威主义者不只限于高喊反对政治权威,反对国家呢?所有的社会主义者都认为,**国家以及政治权威**将由于未来的社会革命而消失,这就是说,**社会职能将失去其政治性**

---

① 参看本卷第 58 页。——编者注

质,而变为维护真正社会利益的简单的管理职能。①但是,反权威主义者却要求在产生政治国家的各种社会条件消除以前,一举把政治国家〈注意:用语!!〉废除。他们要求把废除权威作为社会革命的第一个行动。

不清楚!!

"政治国家"(!!)

这些先生见过革命没有?革命无疑是天下最权威的东西。革命就是一部分人用枪杆、刺刀、大炮,即用非常权威的手段强迫另一部分人接受自己的意志。获得胜利的政党迫于必要,不得不凭借它以武器对反动派造成的恐惧,来维持自己的统治。要是巴黎公社面对资产者没有运用武装人民这个权威,它能支持哪怕一天吗?反过来说,难道我们没有理由责备公社把这个权威用得太少了吗?总之,二者必居其一。或者是反权威主义者自己不知所云,如果是这样,那他们只是在散布糊涂观念;或者他们是知道的,如果是这样,那他们就背叛了无产阶级的事业。在这两种情况下,他们都只是为反动派效劳。"(39)②

说得好!

注意:

巴黎公社它的经验

注意:

责备巴黎公社什么?

恩格斯的文章完。

---

① □布哈林仅仅引证了□□□,而没有接着引下去!!□(列宁的这个注原来写在附在手稿中的单独的一张纸上,这张纸上还抄录了恩格斯《论权威》中的这一段话和下一段话。列宁在这里指出,布哈林在《帝国主义强盗国家》一文中对恩格斯的话引得不全。——俄文版编者注)

② 参看本卷第58—59页。——编者注

卡·马克思论政治冷淡主义

马克思的文章也登在 1874 年的意大利文集上（写于 1873 年），标题是：《**政治冷淡主义**》①。

马克思首先讥笑了蒲鲁东主义者，这些人认为，工人不应该进行政治斗争，因为这意味着承认国家！不应该举行罢工！不应该"争取让步"！不应该争取缩短工作日和争取工厂立法！这意味着"妥协"！！如此等等。

很

好

！

"如果工人阶级的政治斗争采取**暴力的形式**，如果**工人建立起自己的革命专政**来代替资产阶级专政，那他们就犯了违反原则的滔天大罪，因为**工人**为了满足自己低微的平凡的日常需要，**为了粉碎资产阶级的反抗，竟不放下武器，不废除国家**，而赋予**国家以一种革命的暂时的形式**。②工人不应该建立各行各业的单独的工会，因为这样会使资产阶级社会中存在的社会分工永世长存，而正是这种导致工人分裂的分工构成了他们受奴役的真正基础。"（40）"总之，工人应该袖手旁观，不把自己的时间浪费在政治运动和经济运动上面。……"应该等待"社会清算"，像牧师等待天堂一样，如此等等。

---

① 见《马克思恩格斯文集》第 3 卷第 339—345 页。——编者注
② 对蒲鲁东主义者和巴枯宁主义者[87]的讥笑。（列宁的这个注原来写在附在手稿中的单独的一张纸上，这张纸上还抄录了这段话的一部分，列宁在《国家与革命》一书中引用了这部分（见本卷第 57 页）。——俄文版编者注）

　　"在日常的实际生活中,工人应该成为国家的最忠顺的奴仆,但是在内心中他们应该坚决反对国家的存在,并通过购买和阅读有关消灭国家的文献来证明自己在理论上对国家的极端蔑视;他们应该当心,只能围绕没有可恶的资本主义制度存在的未来社会空发议论,此外千万不要对资本主义制度进行任何反抗!

　　毫无疑问,如果这些政治冷淡主义的圣徒们说得这样露骨,那么工人阶级就要叫他们滚蛋;工人阶级会把这看做资产阶级空论家和腐化堕落的贵族对他们的侮辱。这些人是如此愚蠢,或者说,如此幼稚,竟然禁止工人阶级使用一切现实的斗争手段,因为这种斗争手段必须从现代社会中索取,因为这个斗争的不可避免的条件可惜并不符合这些社会科学博士们在**自由**、**自治**、**无政府状态**的名义下加以神化的唯心主义幻想。"(41)①

　　(接下去是批评蒲鲁东的经济"原则"。)

　　(("这些慈善的宗派主义者"——同上。))

＝＝＝＝＝＝＝＝＝＝＝＝＝＝＝＝＝＝＝＝＝＝＝＝＝＝

另一个阶级应当升到管理的地位。问题的实质就在这里。

　　马克思在《**内战**》中讲的一句话特别深刻:巴黎公社是一个实干的而**不是**议会式的机构 见本笔记第 **28** 页第 **3** 条② ,"它既是行政机关,同时也是立法机关。"

不是**那种**民主!!

―――――――――――

① 见《马克思恩格斯文集》第 3 卷第 340—341 页。——编者注
② 见本卷第 178 页。——编者注

　　无产阶级需要的——能够成为社会主义革命的形式和工具的——**不是**现在的民主,不是资产阶级民主,而是**另一种**民主,即无产阶级民主。区别何在呢? 在经济上:资产阶级民主是假招牌,等等。

建立在另一种基础即高级基础上的"原始的"民主

　　　　　　　　在政治上:(**1**)无产阶级民主是完全的,普遍的,不受限制的(量转化为质:最完全的民主和不完全的民主**在质上不是**一个东西);(**2**)不是议会式的机构,而是"实干的"机构:从什么意义上说是"实干的"呢?(α)在经济上:它的成员是工作者;(β)在政治上:不是"清谈馆",而是办事情,不是分立,而是结合。(**3**)把立法职能和行政职能结合起来 = 向**消灭国家过渡**,就是说,处理国家事务的将**不是**一个特殊的机关,将不是几个特殊的机关,而是国家的**全体**成员。通过什么方法? 通过一种独特的、**新型的**、在资本主义制度下曾被恩格斯所拒绝的"直接的人民立法"①。现在必须把"管理"和**体力**劳动**结合起来**,不仅有工厂劳动的**换班**,而且还有工厂劳动(农业劳动,一切体力劳动)和管理的**彼此换班**。

　　卡·考茨基的论述(见本笔记第 43 页②,**注意**)庸俗化了:他丝毫没有想到**另外一种**民主。

————————

　　① 参看《马克思恩格斯文集》第 3 卷第 414 页。——编者注
　　② 见本卷第 205—208 页。——编者注

考茨基《社会革命》

1902 年第 1 版,**1907 年**(上半年)第 2 版,第 2 版有一篇关于**俄国革命**的序言。虽然如此,作者总是**一般地**谈到"**国家**"(俄译本第 158 页及其他各页,第 2 编第 8 节),谈到无产阶级"夺取政权"(谈到"无产阶级革命",谈到"无产阶级制度"……),但是**没有谈到**"打碎官僚军事机器"的任务,没有谈到"消灭国家",甚至**一个字也没有谈到**同"对国家的迷信"作斗争……①

> 第 1 编:
> 社会改良和
> 社会革命

> 第 2 编:
> 社会革命后
> 的第二天

考茨基谈到"为掌握国家政权而斗争"(俄译本第 32 页,第 1 编第 4 节)(Um den Besitz dieser (politischen) Macht,第 1 版第 20 页),"力求夺取国家机器"(同上,第 34 页!!)(Bestreben die *Staatsmaschinerie zu erobern*,第 1 版第 21 页)。

> **注意:** 从 1852 — 1891 年退到 1847 年

第 2 编第 2 节:《剥夺剥夺者》——**到处**都是简单地谈到**国家**!!②

"议会制需要革命是为了重新成为有生命力的制度"(?不确切)(第 72 页,第 1 编第 6 节)。

"作为**训练**无产阶级进行社会革命的手段,民主是必需的,但

---

① 参看本卷第 103 页。——编者注
② 这句话列宁原来写在手稿当页上端的空白处。——俄文版编者注

是它不能防止社会革命。"(同上,第 74 页)

　　＝＝＝　　　　第 1 编第 7 节:《社会革命的形式和武器》
（«Formen und Waffen der sozialen Revolu-
tion»）:一开头就提到"Machtmittel des modernen
Großstaates: seine Bureaukratie und Armee"
（"现代大国的强力工具:它的官僚和军队"）（德
文第 1 版第 47 页;俄译本第 77 页）,但是**仍然
只字未提破坏**（"Zerbrechen"）**这些强力工具**!!!

　　（"政治罢工也许＝无产阶级的最革命的武器……"（俄译本
第 83 页;德文第 1 版第 51 页）……　　也许发生"内战"（俄译本
79 页;德文第 1 版第 48 页）,但**不是**武装起义（"bewaffnete Insur-
rektionen"）,而是使军队变得"不可靠"（第 79 页）,"unzuverlässig"
（第 49 页）。）

仅仅如此!!

太少了!

　　　　　　　　在第二本小册子中,**最明确的**(!)一处是
下面这段话:"不言而喻,在现行制度下我们
是不能取得统治的。革命本身要求先要进行
持久的和深入的斗争来改变我们目前的政治
结构和社会结构。"（俄译本第 2 编第 1 节,
第 97 页）[①]（"Und doch ist es selbstverständlich

　　＝　　而在旁边就是一大堆这样的词句:"革命的理想主
义""高于一切"（俄译本第 91 页）（德文第 1 版第 56 页:
"revolutionärer Idealismus""vor allem"）,"革命这个思想"（同
上）。**英国工人"几乎与小资产者不相上下"**（第 91 页）
（"*kaum noch etwas Anderes als kleine Bourgeois*",第 1 版第 56
页）。

!!

① 见本卷第 104 页。——编者注

〈第 4 页〉, daß wir nicht zur Herrschaft kommen unter den heutigen Verhältnissen. Die Revolution selbst setzt lange und tiefgehende Kämpfe voraus, die bereits unsere heutige politische und soziale Struktur verändern werden."）我（考茨基）曾在 1890 年反对把从资本主义向社会主义过渡的措施写进纲领……（俄译本第 2 编第 1 节, 第 95—96 页; 德文第 1 版第 3 页）

 注意

"无产阶级将实现民主纲领"（第 2 编第 2 节, 俄译本第 99—101 页）, 接着列举了纲领的各条! 仅仅如此!! **关于民主和无产阶级专政的独特的结合, 只字未提!!**

注意

德文原文是:"它〈无产阶级〉……将实现资产阶级也曾一度捍卫过的那种民主纲领。"（第 2 编第 2 节, 第 1 版第 5 页）

正好
**不是"那种",
不是那个民主**
纲领……

像托拉斯这样的"垄断组织","现在已经扩展到很大的范围, 在很大的程度上支配着全部经济生活, 并且发展得很快"（第 2 编第 2 节, 俄译本第 104 页）[①]。

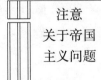 注意
关于帝国
主义问题

还应指出, 考茨基竟写出了**这样的话**（《关于革命的杂论》）, 载于 1904 年 2 月 24

---

　① 这段话列宁原来写在手稿当页的最下端。——俄文版编者注

机会主义地反对在军队中进行鼓动	日《新时代》杂志第 22 年卷第 1 册第 686 页):"两部分军队之间的斗争"……"只能是'军队变得不可靠'这一总前提的特殊形式"……　"但是,我们是否有理由来进一步研究这个特殊形式呢? 考虑未来的问题以及解决这些问题的手段,只有当这种考虑能对现在的实践和理论发生影响的时候才有意义……　既然我们无意在
体面而又……方便!	军队中进行宣传,无意唆使军队抗命——现在,在整个德国社会民主党中没有任何人想这样做——所以,这种抗命可能和应当采取什么形式的问题就不应当拿来讨论……"

考茨基《取得政权的道路》

第 1 版:1909 年;**1910 年**第 2 版((共 112 页))。

副标题:《对长入革命的政治考察》。(第 2 版序言:1910 年 7 月 1 日)

小册子的主题:政治革命	第 1 版序言第 1 行:"探讨**政治革命**问题……"(引自第 2 版第 5 页)……　"整个说来 = 对那本论社会革命的小册子的……补充。"(第 6 页) 第 1 章:《夺取政权》。小册子的第一句

话……社会民主党"是一个**革命的**〈黑体是卡·考茨基用的〉政党"(第 15 页)。

第 16 页(在叙述**马克思和恩格斯**的观点时注意这一点)……有可能"夺得和保持住 仅仅如此！不是打碎 国家政权"。"事情已经越来越明显，革命只有作为**无产阶级**〈黑体是卡·考茨基用的〉革命才是可能的"(第 18 页)…… "不进行政治①革命，不改变国家政权的本质"，就不可能夺得政权(18 — 19)……第 20 页："同时，他们〈马克思和恩格斯〉锻造了**无产阶级专政**〈黑体是卡·考茨基用的〉的概念……认为无产阶级的政治独裁是无产阶级实行政治统治的唯一形式。"(20)

注意

仅仅如此！

究竟怎样做？

仅仅如此？

无产阶级专政是什么，只字未提

在整个第 1 章(第 15—21 页)中，一个字也没有提到"打碎"军事官僚国家机器，——一个字也没有提到同对国家的迷信作斗争，一个字也没有提到用巴黎公社类型的无产阶级机构代替议会式的机构和官吏。

第 2 章论对革命的预言……在革命斗争中，应当作可能失败的准备，如果我们从一开始就"确信失败不可避免……"，那我们就是"背叛者"(原文如此！)(第 26 页)。

和战争相联系的革命可能是这样造成的：较弱的一方使无产阶级掌握政权(29)……但是

___

① 手稿中漏掉了"政治"一词。——俄文版编者注

考茨基

在 1909 年：

"我们

显得

比

实际上

温和"

也可能有另一种情况："当军队已经被击溃并且不愿再忍受战争所造成的苦难时⋯⋯战争引起的革命,也可能从人民群众的起义中发生。"(29)

> 仅仅如此！ 在第 2 章中一个字也没有提到**革命地**利用**一切**革命形势！丝毫没有！ 和恩格斯《反杜林论》中关于革命与暴力的那段① 对照！！

第 3 章论"长入""未来的国家"⋯⋯反对"改良主义者"(33)和"修正主义者"(34),而第 4 章

——第 4 章(论意志:胡说)——毫无意义。

第 5 章:《**既非不惜任何代价的革命,也非不惜任何代价的合法性**》。还引证了 1893 年的文章,这篇文章反对的是无政府主义者(1873 年西班牙起义时期)——和 1878 年德国的谋杀案、1884 年奥地利的谋杀案、1886 年美国的谋杀案[88]。他说,危险的是:"目前的形势会引起这样一种危险:**人们很容易把我们看得比实际上'温和'**"(59)②⋯⋯如果群众对社会民主党失去了信任,不再相信它是革命的政党,那么群众就会转向无政府主义(法国的工团主义)⋯⋯(60)。

注意:
是这样!!!

!!!

---

① 参看《马克思恩格斯文集》第 9 卷第 190—192 页。——编者注
② 参看本卷第 106 页。——编者注

"我们知道,历史形势是不能任意创造的,我们的策略必须符合于历史形势。"(60)

"……对当前形势的观察使我得出这样的结论:……我们有一切理由认为,我们现在已经进入了一个为国家设施和国家政权而斗争的时期……"(61)

注意	第50页:引证了恩格斯给考茨基的信(1895年1月3日):"……假如德国是一个罗曼语国家,**那么革命的冲突就不可避免**"。①②	注意

第6章:《**革命因素的增长**》。

其中还提到:"它〈统治制度〉所固有的工具,即官僚和军队"(63)。

> 他知道官僚和军队的作用

第7章:《**阶级矛盾的缓和**》(71—79)。第76页:帝国主义……"把海外的帝国并入一个欧洲国家的版图"……

> **帝国主义**

"但是,一个大国的帝国主义,意味着一种掠夺政策,意味着对其他大国采取敌对的态度……　没有强大的武装,就不能实行帝国主义……"　有产阶级尽管有区别,但"都愿意为军国主义付出牺牲……　只有〈!!注意〉无产阶级〈第76页〉才构成反对派。"

> 注意 关于和平主义问题

第8章:《**阶级矛盾的尖锐化**》。

---

① 参看《马克思恩格斯全集》第1版第39卷第345页。——编者注
② 方框里的话列宁原来写在同页手稿右上角的空白处。——俄文版编者注

卡特尔,托拉斯,"人为的垄断"(80)……"要求不高的外国劳动力"(81)……　物价高涨(83)。

关于和平
主义问题!
┃┃┃　　"苏特讷尔[89]式的和平空谈并不能使问题的解决前进一步。现在的军备竞赛首先是**殖民政策**和**帝国主义**的结果;只要这个政策还继续存在,那么进行和平宣传便是毫无意义的。"(90)

注意
┃┃┃　　"……正是帝国主义政策可以成为推翻统治制度的支点。"(96)

第 9 章:《**革命的新时代**》(97—112)。

　　军备的增长(97)……"民族矛盾"的尖锐化(100)……　"如果不是革命在战争之后比在武装和平之后更有可能发生……这种形势早就导致战争了,因为除了革命以外,战争是唯一的〈注意〉出路……"(100)

注意
　　"西欧"的"1789—1871 年的革命时期";"……从 1905 年起,东方也进入了这样的时期……"(104)　"世界大战已经迫在眉睫。而近几十年的经验证明,战争意味着革命。"(105)"它〈无产阶级〉已经不能再说革命**为时过早了**"……("我们已经进入了")(112)"这个革命时期"(112)……　"革命的纪元开始了……"(112)……(小册子完)

是这样!!

正好是无产阶
┃┃┃　　总结:口口声声讲"革命",特别是"政治革命",但**就是不谈**马克思和恩格斯在

1852 年、1871 年和 1891 年[90]如何把革命具体化。就是不谈"打碎",不谈"寄生物——国家",不谈用实干机构代替议会式的机构。

> 级政治革命的特点被模糊了

这样,考茨基就给自己留下了后路。到 1910 年(下半年),他已经转了(半)个弯:"疲劳战略"!!《新时代》杂志第 28 年卷第 2 册(1910 年 4—9 月)。而……在和潘涅库克论战时,就完全陷入了改良主义:《新时代》杂志第 **30 年卷第 2 册**(1912 年 4—9 月)(《新时代》杂志第 30 年卷第 2 册)。

考茨基反对潘涅库克:潘涅库克的文章标题是:《**群**   注意
众行动与革命》(注意)。**潘涅库克**在头几行指出了"**俄国
革命的经验教训**"(第 541 页)…… 帝国主义:……军备,物价高涨,等等。"政治统治,夺取国家政权…… 每个革命阶级的目的…… 夺取政权。"注意。"必须详细地考察这种政治革命的条件和方法。"(542)资产阶级的力量在哪里呢?(1)精神上的优势…… (2)组织:"**统治阶级的这个组织就是国家政权**"(黑体是潘涅库克用的)(543)。"国家政权是全体官吏的总和"…… "它像一个巨大的水螅体"…… 其次是(国家的)"更加强大的强力工具":"警察和军队"……(黑体全是潘涅库克用的)

无产阶级必须……"战胜国家政权"…… "**无**   No1   考茨基
产阶级的斗争不单纯是为了国家政权而反对资   —   的第一
产阶级的斗争,而且是反对国家政权的斗争。   —   处引文
⟨544⟩社会革命的问题可以简单地表述如下:大   —   (第 724
大提高无产阶级的力量,使无产阶级的力量超   —   页)
过国家的力量;而这一革命的内容,就是用无产   No2   考茨基

的第二
处引文

不对！！

陷入了改良
主义！！

不对！！
那1905年12月
呢？ 92

№3.

№3. 考茨
基的第三处
引文

潘涅库克
反对
考茨基
不成功的
用语，
卑鄙的卡·考
茨基对这个用
语进行了挑剔

阶级的强力工具去消灭和取消国家的强力工具。"（544）（接下去是一页半论述知识和组织的意义的废话！！ 马吃燕麦！！）然后谈到"通过议会夺取政权的幻想"…… "从形式方面讲"，夺取政权包括两个部分：(1)"为人民群众争得政治权利"…… (2)"把大多数人争取到社会主义方面来"（545）…… 无产阶级将采取各种群众行动，从最简单的形式（游行示威），到"最强有力的〈!???〉形式——群众罢工"（546）……像 1905 年 10 月在俄国那样91（547）……"只有当斗争的最后结果是国家组织的完全破坏时，斗争才告终止。多数人的组织的优越性的证明，就是它能消灭占统治地位的少数人的组织。"（548）①

"……不应当把无产阶级的组织，即我们认为是无产阶级最重要的强力工具的那种组织，同今天的各种组织和协会的形式混为一谈…… 这一组织的实质是一种精神的东西"（548）……"这种精神将创造出新的活动形式"（549）（接下去几行引证了"反社会党人法"）（549）…… 这一切都发生在"革命时期"（549）（注意）。

"军队呢？…… 人民的子弟〈549〉,对资产阶级说来是不可

---

① 参看本卷第 107—108 页。——编者注

靠的武器……"

"到革命过程结束时,这种力量〈资产阶级和国家的物质力量〉将不再剩下任何东西……"(550)

再往下是关于"群众行动"的论述。他说,卡·考茨基把这种行动和"街头"区别开来(586)。但是,我们不把"群众行动"理解为这样,而是把它理解为"**有组织的〈注意〉工人的一定的新的活动形式**"(586)(黑体是潘涅库克用的)。"群众行动"="有组织的〈注意〉工人阶级的议会外的政治行动"(同上),"这是我们的看法"。

> 不对!

> 群众行动的定义

> 不对!

他说,但是,"这并不排除将来也可能有上百万的无组织的群众突然举行反政府的强大的起义"(587)。

> 这还不够。什么是革命呢?

在**591**页上,潘涅库克**作了更正**,他说,有组织的群众的行动把"无组织的群众""迅速吸引过来",从而把斗争变为"整个无产阶级"的行动。而卡·考茨基的结论只能是:群众行动"是无法预计的",这就是说,"一切照旧,只是范围愈来愈大"……"**毫无作为的等待论**"(591)……我们的学说主张"革命的积极性",卡·考茨基的立场是"消极的激进主义"(592)……在实践中"总是""接近修正主义的策略"。

> **十分**正确!!

> 对!

第4节:《反战斗争》(609—616)。考茨基描绘了人民对"入侵"的恐惧…… 工人阶级"必须"而且一定会采取行动反对战争,以便是这样!

考茨基回答
潘涅库克

回避
关于秘密
组织的问题
（骗子）!

关于恩格斯的
"遗嘱"**93**

骗子和无赖!!

他们自己伪
造了遗嘱

第4章第1节
把马克思主义
庸俗化的
顶峰

阻止战争。卡·考茨基"**没有看到革命的过程**"(616)。

卡·考茨基对潘涅库克的回答是庸俗的,说什么"群众的本能"(似乎问题在这里!),什么"庸俗的马克思主义",他并且对"精神的"一词吹毛求疵(说潘涅库克用的是"炼丹术")(688)。他说,在实行非常法时期,曾经有过"秘密"组织(690)……"但是,直到现在还没有任何人发现,无产阶级组织的增长和改善在这种条件下可以超过在比较自由的条件下所能达到的程度。"(690)

"……我们建议大家学习恩格斯在他的最后一篇著作中,在他的政治遗嘱中向我们表明的那种智慧。"(692)对照伯恩施坦的《前提》1899年版第26页:恩格斯的政治"遗嘱"!!!(接下去同样是用欺骗的手法谈到潘涅库克把组织"神化"(692),说他所希望的是什么"不清楚",说他想"举行"革命(697),等等)

然后是第4章:《夺取国家政权》,第1节是《**破坏国家**》。主要的就在这里。卡·考茨基"引证了"№1、№2和№3(本笔记第45—46页①)——第724页——于是"作出结论"说:

"……到现在为止,社会民主党人与无政府主义者之间的对

---

① 见本卷第213—214页。——编者注

立,就在于前者想夺取国家政权,后者却想破坏国家政权。潘涅库克则既想这样又想那样……"①

"……对这个被如此描述的组织,潘涅库克想破坏它的什么呢? 破坏集中制吗? ……〈接着引证了 **1850 年马克思**的一句话(见马克思《揭露科隆共产党人案件》第 81 页):"坚决地把权力集中在国家政权手中"。〉②"如果潘涅库克也持这种看法,那么他说'完全破坏国家组织'的意思是什么呢?〈724〉也许〈725〉是他想要取消官吏的国家职能吧? 但是,我们无论在党组织或在工会组织内都非有官吏不可,更不必说在国家管理机关内了。我们的纲领不是要求取消国家官吏,而是要求由人民选举官吏…… 现在我们谈的并不是'未来的国家'的管理机构将采取什么样的形式,而是**在我们夺取国家政权以前**〈黑体是卡·考茨基用的〉我们的政治斗争要不要消灭国家政权。哪一个部和它的官吏可以取消呢?"(**教育部? 司法部? 财政部? 陆军部?**)"不,现有各部中没有一个部是我们反政府的政治斗争要取消的…… 为了避免误会,我再说一遍:现在谈的不是获得胜利的社会民主党将赋予未来的国家以什么样的形式,而是我们作为反对党应该怎样去改变现今的国家。"

> 引自马克思的"引文"!!
> 引的正好**不是**地方!!

> 骗子,因为潘涅库克谈的正好是"**革命**"!

---

① 见本卷第 108 页。——编者注
② 见本卷第 109 页。——编者注

‖ (725)①

改良主义的
妙语！

　　"……它的〈群众罢工的〉任务在任何时候都不能是**破坏**〈黑体是卡·考茨基用的〉国家政权，而只能是促使政府在某个问题上让步，或用一个同情无产阶级的政府去代替敌视无产阶级的政府……"(726)

核心和
总结：

　　"……可是，在任何时候，在任何条件下，这〈即"无产阶级"对"敌对政府"的"胜利"〉都不能导致国家政权的**破坏**〈黑体是卡·考茨基用的〉，而只能引起**国家政权内部**力量对比的某种**变动**……"(727)

注意
这里已经是在
谈论革命！！

总结 ＝ **没·有·**
革命的社会主
义！！或者不破
坏政权即资产
阶级"国家机
器"的革命！！

　　"……因此，我们〈732〉政治斗争的目的，和从前一样，仍然是以取得议会多数的办法来夺取国家政权，并且使议会变成政府的主宰②。但不是破坏国家政权。试问，如果不借助关于……工业部门的国有化……〈如此等等〉方面的立法措施，潘涅库克还能用什么实行社会主义的生产方式呢？ 如果不用无产阶级的国家政权，潘涅库克还能用什么手段调整这些关系呢？ 可是，如果任何国家政权都被群众的行动破坏了，这种无产阶级的国家政权将从哪里来呢？…… 我仍然保留一年以前在结束我那一

---

① 参看本卷第 109—110 页。——编者注
② 参看本卷第 113 页。——编者注

组论述群众行动的文章时所表达的意见:'……
发展组织,夺取一切我们靠自己的力量所能夺
取和守住的政权阵地,研究国家和社会,教育群
众,因为暂时我们还不能自觉地和有计划地向
自己和向我们的组织提出其他任务。'"(733)

‖‖‖

白痴的妙语!!

这是**彻底毁掉马克思主义**!! 马克思和恩格斯在
1852—1891年所提出的教训和学说都被**忘记**和歪曲了。马
克思和恩格斯教导说:"**打碎**军事官僚国家机器。"关于这一
点,只字未提。无产阶级专政被偷换成了为争取改良而斗争
的小市民空想。以改良主义的方法实现社会主义;为了争取
改良而举行群众罢工——所有一切都归结到这一点上。只
字不提同"对国家的迷信"作斗争,只字不提无产阶级要建立
的**不是**议会式的代表机构,而是"实干的即既是行政机关,同
时**也**是立法机关的"代表机构。而这竟是在 1912 年 8
月——在《取得政权的道路》一书之后! ——在巴塞尔宣言[94]
前夕!! 在专门回答论述**革命**、论述"政治革命"的文章的时
候!! 既没有宣传革命,也没有研究革命的问题。

伯恩施坦在《前提》中指责马克思主义为
"布朗基主义"(第 2 章第 2 节),并且坚决拒绝
"无产阶级专政",而在巴黎公社问题上(见本
笔记**上面第 31 页**引文①),他白痴似地把马克
思主义和蒲鲁东混为一谈,以欺诈的手法**完全**

伯恩施坦
论"巴黎
公社"……

(考茨基回

① 见本卷第 182—183 页。——编者注

避了）

和恩格斯《反杜林论》中关于革命的一段话② 对照!! 请看他们把马克思主义庸俗化到何等地步!!

回避、绝对地回避"打碎"国家机器的问题。(参看伯恩施坦的书第 183 页论"无产阶级专政"＝"俱乐部演说家和著作家的专政",第 137 页论原始的民主,如不要领取报酬的官吏等等,以及关于原始的民主在工联的"自由"哈—哈!发展中的衰落,韦伯夫妇!!)

考茨基在他反驳伯恩施坦的那本书中也回避了问题,他说:"关于无产阶级专政问题,我们可以十分放心地留待将来去解决。"(172 页)①真是妙语惊人! 哈—哈—哈!!"十分放心地!!"他说,没有专政未必能制服容克地主先生们、洛克菲勒家族等等,但是,我不愿"发誓说"无产阶级的阶级统治一定要采取"阶级专政的形式"。不过,民主不会消灭无产阶级阶级统治的必要性。(第 172 页)

总结:我赞成无产阶级专政,但我不愿意坚持无产阶级专政,不愿意对它进行分析。既不赞成,也不反对!!!!

第 180 页:我们既不知道无产阶级将在什么时候,也不知道它将用什么方法取得政治统治,是在一次崩溃中,还是在一系列灾变中,还是在逐渐的发展中……但是,我们是"主张社会革命的党"……

对于伯恩施坦引证马克思所说的工人阶级不能简单地掌握现

---

① 见本卷第 102 页。——编者注
② 参看《马克思恩格斯文集》第 9 卷第 191—192 页。——编者注

成的国家机器，卡·考茨基引证了 α—β（见本笔记上面第 33
页①），仅此而已（第 **22** 页）。他说，**简单地**掌握现成的是不行的，
但一般说来是可以掌握的！

卡·马克思《德国的革命和反革命》[95]
1907 年斯图加特第 2 版

　　第 117 页："起义也正如战争或其他各种艺术一样，是一种艺
术，它要遵守一定的规则，这些规则如果被忽视，那么忽视它们的
政党就会遭到灭亡。这些规则是从各政党的性质和在这种情况下
所要对待的环境的性质中产生的逻辑推论，它们是如此浅显明白，
1848 年的短时期的经验已经使德国人十分熟悉它们了。第一，不
要玩弄起义，除非你有充分的准备应付你所玩弄的把戏的后果。
起义是一种用若干极不确定的数进行的演算，这些不确定数的值
每天都可能变化。敌人的战斗力量在组织、训练和传统的威望方
面都占据优势；如果你不能集中强大的优势力量对付敌人，你就要
被击溃和被消灭。第二，起义一旦开始，就必须以最大的决心行动
起来并采取进攻。防御是任何武装起义的死路，它将使起义在和
敌人较量以前就遭到毁灭。必须在敌军还分散的时候，出其不意
地袭击他们；每天都必须力求获得新的胜利，即令是不大的胜利；
必须保持起义的最初胜利给你造成的精神上的优势；必须把那些
总是尾随强者而且总是站在较安全的一边的动摇分子争取过来；

---

① 见本卷第 189 页。——编者注

必须在敌人还没有能集中自己的力量来攻击你以前就迫使他们退却；用迄今为止人们所知道的最伟大的革命策略家丹东的话来说，就是要'勇敢,勇敢,再勇敢!'"(118)①

载于 1930 年《列宁文集》俄文版   译自《列宁全集》俄文第 5 版
第 14 卷   第 33 卷第 123—307 页

① 见《马克思恩格斯文集》第 2 卷第 446 页。——编者注

《国家与革命》一书的提纲和纲要

（1917 年 7—9 月）

1

几 个 提 纲

1

马克思主义关于国家的学说

是采用刻板的历史的（α）叙述方式，还是采用逻辑的（β）叙述
方式？

（α）马克思和恩格斯的观点的发展（按年代）。1847，1848，
1852，1871.4.12，1872，1873，1875，1878（《反杜林论》），
1891（《爱尔福特纲领批判》）、(1891:《内战》的导言），
1894,(1895)

（β）克兰社会中的国家············⎫
　　阶级社会中的国家···········⎬ 导言⎫
　　　　　　　　　　　　　　　　　　　　　　⎭

异化；资产阶级在民主共和国中是怎样进行统治的？

　　恩格斯 1887。恩格斯 1894（《起源》）。

国家与革命（与社会主义）。

　　　　1847 和 1848。

1852:法国几次革命的经验

公社的经验……　1871;1872;1873;1875。

从资本主义到社会主义的过渡:

经济上的:《哥达纲领批判》:共产主义社会的两个阶段

政治上的:从国家到**非国家**的过渡。

普列汉诺夫在 1894 年说的毫无价值。

1912 年卡·考茨基反对潘涅库克。

（毫无价值,甚至比毫无价值更坏。）

1905 年和 1917 年的经验。"苏维埃"……

2

大致是:

I.导言。(有阶级以前的社会中的国家和阶级社会中的国家。什么是国家?)

II.现代国家。

{民主共和国和交易所。

军备和战争。}

III."国家自行消亡"。

这一概念的概括。

IV.1847 和 1848:"理论"。

V.1852:法国历史和法国几次革命的教训。

注意 VI.公社的经验。

（"终于发现的"①）

---

① 见《马克思恩格斯文集》第 3 卷第 158 页。——编者注

关于 VI：

  1871 年 4 月 12 日的信⁹⁶。 1871

  《共产党宣言》1872 年 6 月 24 日的序言①。

  1873。

  1875。

 VII. 从资本主义到共产主义的过渡阶段的经济。

VIII. 从国家到"**非国家**"的政治上的过渡。

  IX. 马克思主义被忘记和庸俗化。

  普列汉诺夫 1894 说的**毫无价值**。

  卡·考茨基 1912 **倒退**。

  X. 1905 年和 1917 年的经验。

或者,更谨慎些:

X. 结论

(1905 年和 1917 年的经验)。

3

小册子的提纲。

马克思主义关于国家的学说。

(第 1 页)**序言**:问题在理论上的重要性

 和迫切性。

1. **导言。**　　　　　　第 **36** 页;第 **37—38** 页

  摘自《起源》的引文:有阶级以　　[193—197]。⁹⁷

---

① 见《马克思恩格斯文集》第 2 卷第 5—6 页。——编者注

前的没有国家的社会和有国家的
阶级社会。①

　　什么是国家?(机会主义者和考
茨基主义者仅仅"知道"这一点。)

2.　**现代国家**:

　　　民主共和国和交易所(恩格
斯的《起源》)　　　　　　　第 **37** 页[196]

　　　军备和战争(恩格斯的《反杜
林论》)

?　　**帝国主义"国家托拉斯",国家
垄断组织**。(+恩格斯论无计划
性……②)

3.　**"国家自行消亡"**。人们记住了这
一点,而对"自由的人民国家"的
批判(同上,恩格斯的《反杜林
论》)却忘记了!!　　　　第 **38—39** 页[197—199]

总结 = 一般的结论。人所共知的东
西。作为**一般的东西**,不涉及革
命问题,不涉及自行消亡的形式
和方法问题。可以使人作机会主
义的解释:

‖"自行消亡"与"打碎"‖

对照一下"自行消亡"和摘自《反杜林

──────────

①　参看《马克思恩格斯文集》第 4 卷第 190 页。——编者注
②　同上书,第 410 页。——编者注

论》的引文①。

对暴力革命的颂扬。

> 把第 1—3 节合并成《阶级社会
> 和国家》②(第 2 页)③。

马克思和恩格斯的观点的具体发展：

4. **1847**(《哲学的贫困》)和 **1848**　　　第 **22** 页[168]

(《共产党宣言》)　　　　　　　　第 **22**—**23** 页[168—171]

被人忘记的一处："国家即组织成为
统治阶级的无产阶级……"

如何组织成的?

5. **1852**：法国几次革命的教训（"摧
毁机器"）……　　　　　　　第 **2**—**3**—**4** 页[137—138]

恩格斯论法国历史的"典型性"：　第 **4** 页[138—139]

6. **公社的经验**：

(γ)1871.4.12.(马克思给库格曼
的信。)　　　　　　　　　第 **1**—**2** 页[134—135]

(δ)1871.5.28.(5.**30**.?)　　　第 **27**—28—29—**30**—31 页

(《内战》)　　　　　　　　　　　[176—186]

(α)《共产党宣言》1872 年 6 月

---

① 参看《马克思恩格斯文集》第 9 卷第 191—192 页。——编者注
② 在手稿中最初是这样写的："或者,把第 1—3 节合并成《马克思主义在国家问题上的一般理论观点》?"。——俄文版编者注
③ 见本卷第 4 页。——编者注

24 日的序言。　　　　　　　第 **1** 页[132—133]

(β)伯恩施坦论"学理主义的　　　　12 日
　　民主制度"　　　　　　　第 **1** 页(注意)[133]

　　　第 **23**—**24**—**25**—**26** 页　　　⎛1872:《论住宅问题》⎞
　　　　　　　　　　[171—175]　　　⎜第 **25** 页[173—174]:⎟
　　　　　　　　　　　　　　　　　　　⎝"废除国家"。　　　　⎠

　　　　　　　　　　　　　　　　　　⎛"无产阶级专政":第 **26** 页⎞
　　　　　　　　　　　　　　　　　　⎝[174]　　　　　　　　　　⎠

7. 伯恩施坦的歪曲和考茨基躲
　　躲闪闪的遁词("不能简单地　　　| 注意+**47**[219—221]。 |
　　掌握")……

8. 1873(反对无政府主义者)　　　第 **39**—**40**—**41**—**42** 页
　　　　　　　　　　　　　　　　　　[199—203]

9. 1875。**国家变为非国家**的经
　　济基础。

　　　　(马克思的《哥达纲领　　　第 **15**—**16**—**17**—**18**—
　　批判》)　　　　　　　　　19 页[158—165]

10. 1875(恩格斯致倍倍尔)。　　　第 **13**—(14)页[154—
　　　(总结)　　　　　　　　　　157]

　　　　　　　　　　　　　　　　　| +**21**[167]末尾 |
　　　　　　　　　　　　　　　　　恩格斯和倍倍|尔|

补 10.**1891**:恩格斯,第 3 版　　　第 **32**—**33**—**34**—**35** 页
　　导言　　　　　　　　　　　[187—193]

　　| 恩格斯 1887:第 **23** 页[171] |
　　恩格斯 1891 年的《批判》　　　第 **5**—**6**—**7**—**8** 页

[140—146]

第 39 页[199]

恩格斯:1894:

第 6 章(11)。马克思主义被机会主义者庸俗化①。

(α)普列汉诺夫论无政府主义的小册子→？　1894——毫无价值！

(β)考茨基 1902(《社会革命》)和 1909(《取得政权的道路》)很糟糕+考茨基 1899反对伯恩施坦。

(γ)1912 年考茨基反对潘涅库克是**倒退**。

> **特别注意:**
> "我们显得比实际上温和"(考茨基)。
> 第 44 页[210]

第 43——44——45——46——47页[205—221]

革命传统。

(δ)革命的"**准备**"。

这是什么？

(参看恩格斯 1894—1895，**第 10——11——12 页**。)[150—153]

"民族救世论"**98**？ 不是,考虑到 1905—1917

"法国人开始,德国人完成"

第 **11——12 页**[153]……

+第 **20** 页[165]("反动的一帮")

(参看旁观者1915—1916)……

或者放到第 7 章去？

(+单独一页:考茨基:"在一夜之间"**99**)。

---

① 在手稿中最初写的是:"被……忘记"。——俄文版编者注

关于第 6 章的 δ。

补充:"法国人开始,德国人完成":恩格斯:1894.6.2:第 **11—12** 页[153]。

(关于第 6 章的 δ)。恩格斯论和平道路(1895 年的导言):第 **11** 页[151 — 152](+注意:**第 27** 页[175—176])。

第 7 章(12)。1905 年和 1917年的经验。

苏维埃。这是什么? 参看 1905 和1906,布尔什维克的决议①和公社是同一**类型**。

被社会革命党人和孟什维克糟蹋了。

注意‖向社会主义过渡的具体过渡形式(注意)……

第 7 章:

1. (α)1905。1906 年布尔什维克的决议。西欧关于国家问题的著作毫无价值。

2. (β)1915:《社会民主党人报》的几个要点②。

3. (γ)1917。经验。

　　—政权。
　　—民兵制。
　　—向社会主义过渡。

4. (δ)社会革命党人和

---

① 参看本版全集第 12 卷《提交俄国社会民主工党统一代表大会的策略纲领》这一决议草案中《工人代表苏维埃》部分。——编者注
② 见本版全集第 27 卷《几个要点》。——编者注

孟什维克的态度。

5.(ε)我在 1917 年 6 月
苏维埃代表大会[100]
上的预言!

6.(ζ)1917 年 7 月和 8
月的经验。

7.1917.9。

8.“民族救世论”?
谁“开始”?

9.恩格斯论革命的“准
备”。

革命传统。

第 8 章(13)。结束语。

**修改社会民主党纲领的必
要性。**

┌ 社会主义**工人党**[101]
└ 对此采取的**措施** ┘——取消!

1917 年 4 月和 5 月俄国社会民主
工党的纲领草案。

2

对提纲的补充

是否要增加一章(或是在第 7 章中增加几节):用 1917 年俄国革命的经验把无产阶级革命的任务具体化? 这是必要的!

发挥第 7 章,γ

必须补充:**对无政府主义的态度**。

"谁的"公社?

什么时候,如何以及在怎样的情况下才不需要国家?

注意 ‖ 这可以放到对恩格斯 1873 年反对无政府主义者的文章[102]的评述中去。

关于"民族救世论"的问题:"Was ökonomisch formall falsch, kann weltgeschichtlich richtig sein"[①],恩格斯为《哲学的贫困》写的序言,谢·阿列克谢耶夫的俄译本,1906 年圣彼得堡新世界出版社第 3 版第 7—8 页:"但是,从经济学来看形式上是

注意 ‖ 错误的东西,从世界历史来看却可能是正确的。"

"……从经济学来看的形式上的谬误背后,可能隐藏着非常真实的经济内容。"(第 8 页)[②]

---

① 这句话的译文,见本段末的引文。——编者注
② 见《马克思恩格斯文集》第 4 卷第 204 页。——编者注

3

划分章次的几种方案

1

或者,把第1—3节合并成导言(或第1章?):《马克思主义在国家问题上的一般理论观点》(这是机会主义者和考茨基主义者至今只想知道的东西)。然后:马克思和恩格斯关于国家在革命中和向社会主义过渡中的作用问题的观点的具体发展:(α)1847和1848,粗具轮廓;

(β)1852,法国经验的总结;(γ)1871年的经验＝**主要的东西**以及(δ)1891年的"概括"((1894－1847＝47年))。

2

第1章。马克思和恩格斯国家观点中人所共知的东西。

第2章。1789—1851年经验的总结。

第3章。1871年的经验。

第4章。国家**怎样**开始消亡?[①]

---

① 这段文字是列宁用红铅笔写在另一段的上方的。在这段文字之上的框内写着"不适用"几个字。——俄文版编者注

3

大致是：**马克思主义关于国家的学说**

（和我国革命的任务）。

序言。

第1章。马克思和恩格斯在国家问题上的一般理论的（用词不当）
（一般的？）观点。

第2章。这些观点的具体发展：1848—1852年的经验。

第3章。巴黎公社的经验。

> 谁的公社？无政府主义者和社会民主党人的。

第4章。国家变为非国家的经济基础（第6、9—10节）。

第5章。恩格斯在19世纪90年代的最后的结论（补第10节）。

第6章。马克思主义被忘记和庸俗化。

第7章。1905年和1917年的经验。

第8章。结论。①

---

① 这段文字是列宁用蓝铅笔写的。在它上方用墨水写着小册子的目录。——
俄文版编者注

4
序言的提纲

序言：(α)关于马克思主义与无政府主义的界限。[①]——(β)头等重要的理论问题，特别是由于帝国主义的存在。——(γ)机会主义和对国家的态度。——(δ)社会主义革命的"纪元"。——(ε)1917。

---

① 在手稿中最初是这样写的："(α)理由(???)：关于马克思主义与无政府主义界限的争论。"——俄文版编者注

5

第三章的材料

1

摘自卡·马克思的著作
《法兰西内战》的引文提要[103]

I.废除常备军(第 28 页[178] №1)。

　官员:可以撤换并来自工人:(第 28 页[178] №2)。

　警察被免除了政治职能,而且可以撤换(第 28 页[178] №4)。

　其他官员也是一样(第 28 页[178] №5)。

　领取工资(第 28 页[178] №6)……

　丧失了他们的特权(第 28 页[179] №7)……

　解散教会(第 28 页[179] №8)。

　法官(第 28 页[179] №9)。

　第 30 页[181] №17。

II.公社是一个实干的而不是议会式的机构,它既是行政机
　　关,同时也是立法机关(第 28 页[178] №3)。

　注意:不是议员,而是人民代表:第 29 页[180] №13。

III.公社 = 全法国的组织:第 29 页[179] №10

和中央政权组织：第 29 页[179] №11。

"民族的统一"：第 29 页[179—180] №12。

总结＝公社**不**＝中世纪的，而是**新的**：第 29 页[180] №14；打倒

寄生物——国家：第 29—30 页[180—181] №15

同一内容：第 30 页[181] №16。

IV. 总结＝终于发现的政治形式：第 30 页[181] №18。

V. 这一切的条件：第 30 页[181—182] №19 和第 31 页[182]。

2

第三章的第一个纲要

1. "打碎"国家机器的尝试。

2. 用什么东西来代替它？废除常备军和官吏。

3. 是实干的而不是议会式的。

4. 怎样组织起民族的统一。

5. 打倒寄生物——国家。

6. 终于发现。

7. **条件**。

3

第三章的第二个纲要[104]

大致是：

1. 公社战士这次尝试的英雄主义何在？第 18 页[33]。

2.用什么东西来代替被打碎的国家机器呢？第 21 页[38]。

3.取消议会制①:第 24 页[42]。

4.组织起民族的统一②:第 29 页[48]。

5.消灭"寄生物"——国家③:第 32 页[51]。

6."终于发现的"向社会主义过渡的政治形式。

4
第三章的提纲草稿

大致是:

　　第 3 章。**1.**《共产党宣言》什么地方过时了?

　　　　　　2. 对公社意义的分析。马克思。④

---

① 　在手稿中最初是这样写的:"3.是一个实干的而不是议会式的机构。"——俄
　　文版编者注

② 　在手稿中最初是这样写的:"怎样组织起民族的统一。"——俄文版编者注

③ 　在手稿中最初是这样写的:"打倒'寄生物'——国家。"——俄文版编者注

④ 　第 1 点和第 2 点均被列宁删掉。——俄文版编者注

6

第四章的材料

1

第四章的提纲

第4章。

　　1.恩格斯1872。

　　2.恩格斯1873和马克思。

　　3.恩格斯1875。

　　无产阶级专政。同无政府主义的区别。公社不是"原来意义上的国家"①。

　　4.恩格斯1891。

第4章。

　　　　第4节。

　　恩格斯1891。**对纲领的批判**。

　　　　第4节。对爱尔福特纲领草案的批判。

　　　　第5节。恩格斯1891,导言。

　　　　第6节。恩格斯1894:**消除民主**。

---

① 见《马克思恩格斯文集》第3卷第414页。——编者注

2
摘自弗·恩格斯的著作
《论住宅问题》的引文提要

恩格斯 1872

　　(1)剥夺房屋和住宅

　　(2)"立即帮助"

　　(3)租用制将保存

　　(4)无产阶级专政

　　(5)"废除国家"……

7

第七章(未写成)的两个提纲

1

1. 俄国革命中新的"人民的创造":苏维埃。

2. 1905 年的教训。

3. 1917 年革命的前夜。1915 年的几个要点。

4. 1917 年革命的经验。苏维埃及其作用。3—4 月。起点和前途。

5. 苏维埃被孟什维克和社会革命党人所糟蹋。苏维埃的堕落。
   5—8 月。堕落。

6. 科尔尼洛夫叛乱[105]。9 月。第一届领袖们的背叛。

2

第 7 章。**1905 年和 1917 年俄国革命的经验**:第 85 页——

大致是:
或总结
{ 1. 革命中新的"人民的创造"。

这是什么?(普列汉诺夫 1906。)

2. 1905 年的教训。(1906 年孟什维克和布尔什维克的
   决议。)

3. 1917 年革命的前夜:1915 年 10 月的几个要点。

4. 1917 年的经验。群众的热情,苏维埃。(它们的规模

和它们的弱点:小资产阶级的依赖性。)

5.苏维埃被社会革命党人和孟什维克所糟蹋:

　　民兵制,人民武装

　　军事部。**"各部门"**
　　　　　　·　·　·

　　经济部。

　　对 7 月 3—5 日事变的调查

　　政权"独立"于各政党组织之外。

6.科尔尼洛夫叛乱。

　　孟什维克和社会革命党人的分化。

　　9 月 14—19 日的伪造**106**。

7."民族救世论"。谁开始?　　或者把这放到
　　　　　　　　　　　　　　《结论》中去?

8

全 书 目 录

标题应该是:《国家与革命》。

副标题:**马克思主义关于国家的学说与无产阶级在革命中的任务。**

原稿:

序言:(第1页)[1]。①

　　　　或者是:

(第2页)第1章。

　　　　阶级社会和国家。②

| 机会主义者歪曲马克思主义的根源之一:"**自行消亡**"。这＝"社会学"。③ |

第1章。——(第2页)[4]

　　第1节。国家是阶级矛盾不可调和的产物……第2页。

　　第2节。特殊的"武装"队伍,监狱等等——第**3**页[7]末尾。

　　第3节。国家④是剥削被压迫阶级的工具——第**5**页[10]。

---

① 这里和后面注的是《国家与革命》一书手稿的页码。方括号内注的是本卷的页码。——编者注

② 在手稿中最初是这样写的:"有阶级以前的社会中和阶级社会中的国家。"——俄文版编者注

③ 在手稿中这段文字被删掉了。——俄文版编者注

④ 在手稿中接下去的是被划去的字:"和交易所"。——俄文版编者注

第 4 节。国家"自行消亡"和
　　暴力革命：第 **8** —
　　11 页 [14—20]。

第 2 章。马克思和恩格斯国家
　　学说的具体历史发展。I.
　　1848—1852 年的经验。①
　　{具体的"政策"}
　　{**革命**的任务}

第 2 章。国家与革命。1848 —
　　1851 年的经验。第 **11**—**18**
　　页 [21—33]。
　　1. 革命的前夜：第 **11** 页[21]。
　　2. 革命的总结：第 **14** 页[25]。
　　{"国家即组织成为统治阶}
　　{级的无产阶级。"必须**打**}
　　{**碎**资产阶级的国家机器。}

第 3 章。续前。
　　II. 巴黎公社的经验。

第 3 章。国家与革命。巴黎公
　　社的经验。**马克思的分析**，
　　第 **18**—**34** 页 [33—53]。

或 者 II. α. 马克思（1871）和
　　1873。（1872：马克思和恩格
　　斯。）
　　　　? II. β. 恩格斯 1872,
　　　　1873,1875。

第 1 节。公社战士这次尝试的
　　英雄主义何在？——
　　第 18 页 [33]。
第 2 节。用什么东西来代替被
　　打碎的国家机器呢？
　　——第 21 页 [38]。
第 3 节。取消议会制：第 **24** 页
　　[42]。
第 4 节。组织起民族的统一：
　　第 29 页 [48]。

---

① 手稿中从"马克思"到"经验"这段文字被删掉了。——俄文版编者注

第 5 节。消灭寄生物——国家——第 32—34 页 [51—53]。

第 6 节。

第 4 章。续前。恩格斯的补充说明……第 **34—52** 页[53—79]。

1.《住宅问题》……　第 **34** 页 [54]。

2. 同无政府主义者的论战……第 **36** 页 [56]。

3. 给倍倍尔的信:第 **39** 页[61]。（第 39 页）。

$$+39\ \alpha,\sigma,\text{в}\quad [61—62]$$

4. 对爱尔福特纲领草案的批判:第 **40—46** 页[64—71]。

5. 1891 年为马克思的《内战》所写的导言:第 **46—**50 页 [71—76]。

6. 恩格斯论民主的"消除":第 50—**52** 页 [76—79]。

第 4 章。国家与革命。III. 恩格斯 90 年代所作的总结。①

补充说明。

第 5 章。国家消亡（消灭）的经济基础。

第 5 章。国家消亡的经济基础。第 52 页 [79]。

第 **52—70** 页 [79—98]。

---

① 手稿中从"国家"到"总结"这段文字被删掉了。——俄文版编者注

1. 第 53 页 马克思如何提出问题　第 **53** 页 [79]

2. 从资本主义到共产主义的过渡:第 **55** 页 [82]。

3. 共产主义社会的第一①阶段:第 59 页 [87]。

4. 高级阶段:
第 63—70 页 [91—98]。

第 6 章。马克思主义被机会主义者庸俗化:第 **70—84** 页 [98—115]。

1. 普列汉诺夫与无政府主义者的论战:第 70—71 页 [99—100]。

2. 考茨基与机会主义者的论战:第 71—76 页 [100—107]。

3. 考茨基与潘涅库克的论战:第 76—**84** 页 [107—115]。

第 7 章。1905 年和 1917 年俄国革命的经验:第 **85** 页—[115—]。

载于 1933 年《列宁文集》俄文版第 21 卷

译自《列宁全集》俄文第 5 版第 33 卷第 308—328 页

---

① 手稿中最初写的是:"低级"。——俄文版编者注

注　释

1　《国家与革命（马克思主义关于国家的学说与无产阶级在革命中的任务）》一书写于1917年8—9月，1918年5月在彼得格勒出版。在此以前，1917年12月17日（30日），《真理报》发表了它的序言和第1章的头两节。

为了撰写关于马克思主义对国家态度问题的著作，列宁于1916年秋和1917年初在苏黎世精心研究了马克思和恩格斯的国家学说，并把收集到的材料汇集成了一本笔记，取名为《马克思主义论国家》（见本卷第130—222页）。因笔记本封面为蓝色，通称"蓝皮笔记"。1917年4月列宁从瑞士回到俄国后，由于忙于革命实际活动，不能立即进行国家问题的著述，但也没有把这一计划完全搁置一边。1917年6月，他曾拟了一张研究马克思主义对国家态度问题的书单，并了解过彼得格勒公共图书馆的工作制度。1917年七月事变后，列宁匿居在拉兹利夫，才得以着手写作《国家与革命》一书。为此他请人把"蓝皮笔记"送到拉兹利夫，后又请人送来了马克思和恩格斯的著作《反杜林论》、《哲学的贫困》和《共产党宣言》（德文版和俄文版）等。8月上旬到芬兰的赫尔辛福斯后，他继续专心写作。按原定计划，本书共7章。列宁写完了前6章，拟了第7章《1905年和1917年俄国革命的经验》的详细提纲和《结束语》的提纲（见本卷第230—231、241—242页）。列宁曾写信告诉出版者，如果第7章完稿太晚，或者分量过大，那就有必要把前6章单独出版，作为第1分册。本书最初就是作为第1分册出版的。

在本书手稿的第1页上，为了应付临时政府的检查，作者署了一个从未用过的笔名：弗·弗·伊万诺夫斯基。但是这本书到1918年才出版，因此也就没有使用这个笔名而用了大家都知道的笔名：弗·伊林（尼·列宁）。1919年本书再版时，列宁在第2章中加了《1852年马克思对问题的提法》一节。——1。

2　费边派是1884年成立的英国改良主义组织费边社的成员,多为资产阶级知识分子,代表人物有悉·韦伯、比·韦伯、拉·麦克唐纳、肖伯纳、赫·威尔斯等。费边·马克西姆是古罗马统帅,以在第二次布匿战争(公元前218—前201年)中采取回避决战的缓进待机策略著称。费边社即以此人名字命名。费边派虽然认为社会主义是经济发展的必然结果,但只承认演进的发展道路。他们反对马克思主义的阶级斗争和无产阶级革命学说,鼓吹通过细微的改良来逐渐改造社会,宣扬所谓"地方公有社会主义"(又译"市政社会主义")。1900年费边社加入工党(当时称劳工代表委员会),但仍保留自己的组织。在工党中,它一直起制定纲领原则和策略原则的思想中心的作用。第一次世界大战期间,费边派采取社会沙文主义立场。关于费边派,参看列宁《社会民主党在1905—1907年俄国第一次革命中的土地纲领》第4章第7节和《英国的和平主义和英国的不爱理论》(本版全集第16卷和第26卷)。——2。

3　乔·威·弗·黑格尔在他的《法哲学原理》的结尾部分阐述了国家的理论。马克思对黑格尔这一理论的详细分析和批判见《黑格尔法哲学批判》(《马克思恩格斯全集》第1版第1卷)和《〈黑格尔法哲学批判〉导言》(《马克思恩格斯文集》第1卷)。——5。

4　社会革命党人是俄国最大的小资产阶级政党社会革命党的成员。该党是1901年底—1902年初由南方社会革命党、社会革命党人联合会、老民意党人小组、社会主义土地同盟等民粹派团体联合而成的。成立时的领导人有马·安·纳坦松、叶·康·布列什柯-布列什柯夫斯卡娅、尼·谢·鲁萨诺夫、维·米·切尔诺夫、米·拉·郭茨、格·安·格尔舒尼等,正式机关报是《革命俄国报》(1901—1904年)和《俄国革命通报》杂志(1901—1905年)。社会革命党人的理论观点是民粹主义和修正主义思想的折中混合物。他们否认无产阶级和农民之间的阶级差别,抹杀农民内部的矛盾,否认无产阶级在资产阶级民主革命中的领导作用。在土地问题上,社会革命党人主张消灭土地私有制,按照平均使用原则将土地交村社支配,发展各种合作社。在策略方面,社会革命党人采用了社会民主党人进行群众性鼓动的方法,但主要斗争方法还是搞个人恐怖。为了进行恐怖活动,该党建立了事实上脱离该党中央的秘密战斗组织。

在1905—1907年俄国第一次革命中,社会革命党曾在农村开展焚烧地主庄园、夺取地主财产的所谓"土地恐怖"运动,并同其他政党一起参加武装起义和游击战,但也曾同资产阶级的解放社签订协议。在国家杜马中,该党动摇于社会民主党和立宪民主党之间。该党内部的不统一造成了1906年的分裂,其右翼和极左翼分别组成了人民社会党和最高纲领派社会革命党人联合会。在斯托雷平反动时期,社会革命党经历了思想上、组织上的严重危机。在第一次世界大战期间,社会革命党的大多数领导人采取了社会沙文主义的立场。1917年二月革命后,社会革命党中央实行妥协主义和阶级调和的政策,党的领导人亚·费·克伦斯基、尼·德·阿夫克森齐耶夫、切尔诺夫等参加了资产阶级临时政府。七月事变时期该党公开转向资产阶级方面。社会革命党中央的妥协政策造成党的分裂,左翼于1917年12月组成了一个独立政党——左派社会革命党。十月革命后,社会革命党人(右派和中派)公开进行反苏维埃的活动,在国内战争时期进行反对苏维埃政权的武装斗争,对共产党和苏维埃政权的领导人实行个人恐怖。内战结束后,他们在"没有共产党人参加的苏维埃"的口号下组织了一系列叛乱。1922年,社会革命党彻底瓦解。——6。

5　克兰是凯尔特民族中对氏族的叫法,有时也用以称部落。在氏族关系瓦解时期,则指一群血缘相近且具有想象中的共同祖先的人们。克兰内部保存着土地公有制和氏族制度的古老习俗(血亲复仇、连环保等)。在苏格兰和威尔士的个别地区,克兰一直存在到19世纪。——7。

6　指马克思的《哥达纲领批判》(第4节)、恩格斯的《反杜林论》以及恩格斯1875年3月18—28日给奥·倍倍尔的信(参看《马克思恩格斯文集》第3卷第443—450页,第9卷第297—298页,第3卷第410—417页)。——18。

7　三十年战争指1618—1648年以德意志为主要战场的欧洲国际性战争。

这场战争起因于天主教与新教之间的矛盾以及欧洲各国的政治冲突和领土争夺。参加战争的一方是哈布斯堡同盟,包括奥地利和西班牙的哈布斯堡王朝、德意志天主教诸侯,它们得到教皇和波兰的支持。另一方是反哈布斯堡联盟,包括德意志新教诸侯、法国、瑞典、丹麦,它们得到荷兰、英国、俄国的支持。战争从捷克起义反对哈布斯堡王朝的统治开始,几经反复,以哈布斯堡同盟失败告终。根据1648年签订的威斯特伐利亚和约,瑞典、法国等得到了德意志大片土地和巨额赔款。经过这场战争,德意志遭到严重破坏,在政治上更加处于四分五裂的状态。——19。

8 哥达纲领即德国社会主义工人党纲领。这个纲领是在德国工人运动中的两派——爱森纳赫派(1869年成立的社会民主工党)和拉萨尔派(1863年成立的全德工人联合会)——于1875年5月在哥达举行的合并代表大会上通过的。哥达纲领比爱森纳赫派的纲领倒退了一步,它是爱森纳赫派不惜一切代价追求合并、向拉萨尔派作了无原则的妥协和让步的产物。纲领宣布党的目的是解放工人阶级和建立社会主义社会,但是回避了社会主义革命和无产阶级夺取政权的问题,并写进了拉萨尔主义的一系列论点,如所谓"铁的工资规律",所谓对无产阶级说来其他一切阶级都是反动的一帮,工人阶级只有通过普选权和由国家帮助建立生产合作社才能达到自己的目的,应当用一切合法手段建立所谓"自由的人民国家"等。马克思和恩格斯对哥达纲领的草案作了彻底的批判(参看《马克思恩格斯文集》第3卷第419—450页),但是他们的意见没有得到认真考虑。哥达纲领于1891年被爱尔福特纲领代替。——20。

9 列宁在写《国家与革命》时还不知道马克思在1871年以前已经有了"无产阶级专政"的提法。他在《马克思主义论国家》这本笔记中曾写道,"查对一下,马克思和恩格斯**在1871年以前**是否说到过'无产阶级专政'?似乎没有!"(见本卷第149页)在《国家与革命》出版以后,列宁才看到了马克思1852年3月5日给约·魏德迈的信。他在自己的一本《国家与革命》(第1版)的最后一页上,用德文作了一段笔记:"《新时代》(第 25 年卷第 2 册第 164 页),1906—1907 年第 31 期(1907 年 5 月 2 日):弗·梅林:《卡·马克思和弗·恩格斯传记的新材料》,引自马克思 1852 年 3 月 5 日给魏德迈的信。"接下去便是从信中摘录的谈无产阶级专政的那一段话。《国家与革命》再版时,列宁作了相应的补充。——22。

10　出典于圣经《旧约全书·创世记》第 25 章。故事说,一天,雅各熬红豆汤,其兄以扫打猎回来,累得昏了,求雅各给他汤喝。雅各说,须把你的长子名分让给我。以扫就起了誓,出卖了自己的长子权。这个典故常被用来比喻因小失大。——24。

11　涤罪所亦译炼狱,按天主教教义,是生前有一般罪愆的灵魂在升入天堂以前接受惩戒、洗刷罪过的地方。通过涤罪所是经历艰苦磨难的譬喻。——25。

12　掘得好,老田鼠! 出自英国作家威·莎士比亚的悲剧《哈姆雷特》第 1 幕第 5 场。马克思曾不止一次地使用善于掘土的老田鼠这一形象来比喻为新社会开路的革命。——25。

13　黑帮分子指俄国反动组织俄罗斯人民同盟、君主派、法制党、十月十七日同盟、工商党以及和平革新党的成员。他们力图保持旧的专制制度。——28。

14　立宪民主党人是俄国自由主义君主派资产阶级的主要政党立宪民主党的成员。立宪民主党(正式名称为人民自由党)于 1905 年 10 月成立。中央委员中多数是资产阶级知识分子、地方自治人士和自由派地主。主要活动家有帕·尼·米留可夫、谢·安·穆罗姆采夫、瓦·阿·马克拉柯夫、安·伊·盛加略夫、彼·伯·司徒卢威、约·弗·盖森等。立宪民主党提出一条与革命道路相对抗的和平的宪政发展道路,主张俄国实行立宪君主制和资产阶级的自由。在土地问题上,主张将国家、皇室、皇族和寺院的土地分给无地和少地的农民;私有土地部分地转让,并且按"公平"价格给予补偿;解决土地问题的土地委员会由同等数量的地主和农民组成,并由官员充当他们之间的调解人。1906 年春,曾同政府进行参加内阁的秘密谈判,后来在国家杜马中自命为"负责任的反对派"。第一次世界大战期间,支持沙皇政府的掠夺政策,曾同十月党等反动政党组成"进步同盟",要求成立责任内阁,即为资产阶级和地主所信任的政府,力图阻止革命并把战争进行到最后胜利。二月革命后,立宪民主党在资产阶级临时政府中居于领导地位,竭力阻挠土地问题、民族问题等基本问题的解决,并奉行继续帝国主义战争的政策。七月事变后,支持科尔尼洛夫叛乱,阴谋建立军事独裁。十月革命胜利后,苏维埃政府于 1917 年 11 月 28 日(12 月 11 日)宣布立宪民主党为"人民公敌的党"。该党随之转入地下,继续进行反革命活动,并参与白卫将军的武装叛乱。国内战争结束后,该党上层分子大多数逃亡国外。1921 年 5 月,该党在巴黎召开代表大会时分裂,作为统一的党不复存在。——28。

15 《新时代》杂志(《Die Neue Zeit》)是德国社会民主党的理论刊物,1883—1923 年在斯图加特出版。1890 年 10 月前为月刊,后改为周刊。1917 年 10 月以前编辑为卡·考茨基,以后为亨·库诺。1885—1895 年间,杂志发表过马克思和恩格斯的一些文章。恩格斯经常关心编辑部的工作,帮助它端正办刊方向。为杂志撰过稿的还有威·李卜克内西、保·拉法格、格·瓦·普列汉诺夫、罗·卢森堡、弗·梅林等国际工人运动活动家。《新时代》杂志在介绍马克思主义基本理论、宣传俄国 1905—1907 年革命等方面做了有益的工作。随着考茨基转到机会主义立场,1910 年以后,《新时代》杂志成了中派分子的刊物。第一次世界大战期间,杂志持中派立场,实际上支持社会沙文主义者。——31。

16 关于无产阶级专政有多种多样形式的论点,列宁最早是在 1916 年写的《论面目全非的马克思主义和"帝国主义经济主义"》(见本版全集第 28 卷)一文中提出来的。但这篇文章直到 1924 年才在杂志上公开发表。列宁在 1919 年写的《无产阶级专政时代的经济和政治》和 1923 年写的《论我国革命》(见本版全集第 37 卷和第 43 卷)中也都涉及了这一问题。——33。

17　指格·瓦·普列汉诺夫在《我们的处境》和《再论我们的处境(给 X 同志的信)》(载于 1905 年 11、12 月《社会民主党人日志》第 3、4 期)两篇文章中发表的意见。——34。

18　指 1871 年 4 月 12 日马克思给路·库格曼的信(参看《马克思恩格斯全集》第 1 版第 33 卷第 206—208 页)。——34。

19　指 1910 年的葡萄牙资产阶级革命。1910 年 10 月 4 日,葡萄牙共和派在陆海军部队支持下举行起义,迫使国王逃亡英国。5 日,宣布成立共和国,组成了资产阶级临时政府。临时政府实行了某些民主改革,但农民的土地问题没有解决,赋税和高利贷盘剥没有减轻。这次革命是一次极不彻底的资产阶级革命。——37。

20　指 1908—1909 年的土耳其资产阶级革命,史称青年土耳其革命。1908 年 7 月,驻马其顿的军队在青年土耳其党人的领导下发动了革命。他们提出恢复 1876 年宪法的口号,希望把封建神权的奥斯曼帝国变成资产阶级的立宪君主国。土耳其苏丹阿卜杜尔-哈米德二世被迫签署了召开议会的诏书。1909 年 4 月,忠于苏丹的军队发动了叛乱。叛乱被击败后,议会废黜了阿卜杜尔-哈米德二世,选举马赫穆德五世为苏丹,青年土耳其党人组织了新政府。新政府同封建势力、买办阶级和帝国主义相勾结,成为他们利益的代表者。这次革命没有发动广大群众,是一次极不彻底的资产阶级上层的革命。——37。

21　《人民事业报》(《Дело Народа》)是俄国社会革命党的报纸(日报),1917 年 3 月 15 日(28 日)起在彼得格勒出版,1917 年 6 月起成为该党中央机关报。先后担任编辑的有 B.B.苏霍姆林、维·米·切尔诺夫、弗·米·晋季诺夫等,撰稿人有尼·德·阿夫克森齐耶夫、阿·拉·郭茨、亚·费·克伦斯基等。该报反对布尔什维克党,号召工农群众同资本家和地主妥协、继续帝国主义战争、支持资产阶级临时政府。该报对十月革命持敌对态度,鼓动用武力反抗革命力量。1918 年 1 月 14 日(27 日)被苏维埃政府查封。以后曾用其他名称及原名(1918 年 3—6 月)出版。1918 年 10 月在捷克斯洛伐克军和白卫社会革命党叛乱分子占领的萨马拉出了 4 号。1919 年 3 月 20—30 日在莫斯科出了 10 号后被查封。——44。

22 赫罗斯特拉特是公元前 4 世纪希腊人。据传说,他为了扬名于世,在公元前 356 年纵火焚毁了被称为世界七大奇观之一的以弗所城阿尔蒂米斯神殿。后来,赫罗斯特拉特的名字成了不择手段追求名声的人的通称。——48。

23 吉伦特派是 18 世纪末法国资产阶级革命时期的一个政治派别,代表共和派的大工商业资产阶级和农业资产阶级的利益,主要是外省资产阶级的利益。该派许多领导人在立法议会和国民公会中代表吉伦特省,因此而得名。吉伦特派的领袖是雅·皮·布里索、皮·维·维尼奥、罗兰夫妇、让·安·孔多塞等。该派主张各省自治,成立联邦。吉伦特派动摇于革命和反革命之间,走同王党勾结的道路,最终变成了反革命力量。——51。

24 蒲鲁东主义是以法国无政府主义者皮·约·蒲鲁东为代表的小资产阶级社会主义流派,产生于 19 世纪 40 年代。蒲鲁东主义从小资产阶级立场出发批判资本主义所有制,把小商品生产和交换理想化,幻想使小资产阶级私有制永世长存。主张建立"人民银行"和"交换银行",认为它们能帮助工人购置生产资料,使之成为手工业者,并能保证他们"公平地"销售自己的产品。蒲鲁东主义反对任何国家和政府,否定任何权威和法律,宣扬阶级调和,反对政治斗争和暴力革命。马克思在《哲学的贫困》(参看《马克思恩格斯全集》第 1 版第 4 卷)等著作中,对蒲鲁东主义作了彻底批判。列宁称蒲鲁东主义为不能领会工人阶级观点的"市侩和庸人的痴想"。蒲鲁东主义被资产阶级的理论家们广泛利用来鼓吹阶级调和。——55。

25 布朗基主义者是 19 世纪法国工人运动中由路·奥·布朗基领导的一个派别。布朗基主义者不了解无产阶级的历史使命,忽视同群众的联系,主张用密谋手段推翻资产阶级政府,建立革命政权,实行少数人的专政。马克思和列宁高度评价布朗基主义者的革命精神,同时坚决批判他们的密谋策略。

巴黎公社失败以后，1872 年秋天，在伦敦的布朗基派公社流亡者发表了题为《国际和革命》的小册子，宣布拥护《共产党宣言》这个科学共产主义的纲领。对此，恩格斯曾不止一次地予以肯定(参看《马克思恩格斯文集》第 3 卷第 357—365 页)。——56。

26 指马克思的《政治冷淡主义》和恩格斯的《论权威》这两篇文章(见《马克思恩格斯文集》第 3 卷)。——57。

27 指马克思的《哲学的贫困》(参看《马克思恩格斯全集》第 1 版第 4 卷)。——61。

28 爱尔福特纲领是指 1891 年 10 月举行的德国社会民主党爱尔福特代表大会通过的党纲。它取代了 1875 年的哥达纲领。爱尔福特纲领以马克思主义关于资本主义生产方式必然灭亡和被社会主义生产方式所代替的学说为基础，强调工人阶级必须进行政治斗争，指出了党作为这一斗争的领导者的作用。它从根本上说是一个马克思主义的纲领。但是，爱尔福特纲领也有严重缺点，其中最主要的是没有提到无产阶级专政是对社会实行社会主义改造的手段这一原理。纲领也没有提出推翻君主制、建立民主共和国、改造德国国家制度等要求。对此，恩格斯在《1891 年社会民主党纲领草案批判》(见《马克思恩格斯文集》第 4 卷)中提出了批评意见。代表大会通过的纲领是以《新时代》杂志编辑部的草案为基础的。——64。

29 反社会党人法(反社会党人非常法)即《反社会民主党企图危害治安法》，是德国俾斯麦政府从 1878 年 10 月 21 日起实行的镇压工人运动的反动法令。这个法令规定取缔德国社会民主党和一切进步工人组织，查封工人刊物，没收社会主义书报，并可不经法律手续把革命者逮捕和驱逐出境。在反社会党人非常法实施期间，有 1 000 多种书刊被查禁，300 多个工人组织被解散，2 000 多人被监禁和驱逐。在工人运动的压力下，反社会党人非常法于 1890 年 10 月 1 日被废除。——66。

30　《真理报》(《Правда》)是俄国布尔什维克的合法报纸(日报),1912 年 4 月 22 日(5 月 5 日)起在彼得堡出版。《真理报》是群众性的工人报纸,依靠工人自愿捐款出版,拥有大批工人通讯员和工人作者(它在两年多时间内就刊载了 17 000 多篇工人通讯),同时也是布尔什维克党的实际上的机关报。《真理报》编辑部还担负着党的很大一部分组织工作,如约见基层组织的代表,汇集各工厂党的工作的情况,转发党的指示等。在不同时期参加《真理报》编辑部工作的有斯大林、雅·米·斯维尔德洛夫、尼·尼·巴图林、维·米·莫洛托夫、米·斯·奥里明斯基、康·斯·叶列梅耶夫、米·伊·加里宁、尼·伊·波德沃伊斯基、马·亚·萨韦利耶夫、尼·阿·斯克雷普尼克、马·康·穆拉诺夫等。第四届国家杜马的布尔什维克代表积极参加了《真理报》的工作。列宁在国外领导《真理报》,他筹建编辑部,确定办报方针,组织撰稿力量,并经常给编辑部以工作指示。1912—1914 年,《真理报》刊登了 300 多篇列宁的文章。

　　《真理报》经常受到沙皇政府的迫害。仅在创办的第一年,编辑们就被起诉过 36 次,共坐牢 48 个月。1912—1914 年出版的总共 645 号报纸中,就有 190 号受到种种阻挠和压制。报纸被查封 8 次,每次都变换名称继续出版。1913 年先后改称《工人真理报》、《北方真理报》、《劳动真理报》、《拥护真理报》;1914 年相继改称《无产阶级真理报》、《真理之路报》、《工人日报》、《劳动的真理报》。1914 年 7 月 8 日(21 日),即在第一次世界大战前夕,沙皇政府下令禁止《真理报》出版。

　　1917 年二月革命后,《真理报》于 3 月 5 日(18 日)复刊,成为俄国社会民主工党中央委员会和彼得堡委员会的机关报。列宁于 4 月 3 日(16 日)回到俄国,5 日(18 日)就加入了编辑部,直接领导报纸工作。1917 年七月事变中,《真理报》编辑部于 7 月 5 日(18 日)被士官生捣毁。7 月 15 日(28 日),资产阶级临时政府正式下令查封《真理报》。7—10 月,该报不断受到资产阶级临时政府的迫害,先后改称《〈真理报〉小报》、《无产者报》、《工人日报》、《工人之路报》。1917 年 10 月 27 日(11 月 9 日),《真理报》恢复原名,继续作为俄国社会民主工党中央委员会的机关报出版。1918 年 3 月 16 日起,《真理报》改在莫斯科出版。——70。

31　列宁谈到伊·格·策列铁里在 1917 年 6 月 11 日的演说中声言要解除工人武装的问题时,曾不止一次地拿法国将军路·欧·卡芬雅克的行为来对比。关于这个问题,可参看《现在和“将来出现”卡芬雅克分子的阶级根源是什么?》一文(本版全集第 30 卷)。——72。

32　1917 年 6 月 11 日(24 日),俄国临时政府部长、孟什维克伊·格·策列铁里在全俄苏维埃第一次代表大会主席团、彼得格勒工兵代表苏维埃执行委员会、农民代表苏维埃执行委员会和代表大会各党团委员会联席会议上发表演说,诬蔑布尔什维克准备在 1917 年 6 月 10 日举行的游行示威是企图推翻资产阶级临时政府和“夺取政权的阴谋”。策列铁里声称要解除工人的武装,说什么“对于那些不善于恰当掌握手中武器的革命者,要从他们手中把武器夺走。必须解除布尔什维克的武装。不能让他们迄今拥有的过多的技术兵器留在他们手里。不能让机关枪和武器留在他们手里”。——72。

33　与教会分离运动又称退出教会运动,是第一次世界大战前在德国发生的群众性反教会运动。1914 年 1 月,德国社会民主党的理论刊物《新时代》杂志发表了修正主义者保尔·格雷的《与教会分离运动和社会民主党》一文,开始就党对反教会运动的态度问题展开讨论。格雷断言党应当对这一运动采取中立态度,应当禁止党员以党的名义进行反宗教和反教会的宣传。而德国社会民主党的著名活动家们在讨论过程中始终没有批判格雷的错误。——73。

34　这里说的是 1917 年下半年的纸币。俄国的纸卢布在第一次世界大战期间贬值得很厉害。——74。

35　拉萨尔派是全德工人联合会的成员,德国小资产阶级社会主义者斐·拉萨尔的拥护者,主要代表人物是约·巴·冯·施韦泽、威·哈森克莱维尔、威·哈赛尔曼等。全德工人联合会在 1863 年于莱比锡召开的全

德工人代表大会上成立;拉萨尔是它的第一任主席,他为联合会制定了
纲领和策略基础。拉萨尔派反对暴力革命,认为只要进行议会斗争,争
取普选权,就可以把普鲁士君主国家变为"自由的人民国家";主张在国
家帮助下建立生产合作社,把资本主义和平地改造为社会主义;支持俾
斯麦所奉行的在普鲁士领导下"自上而下"统一德国的政策。马克思和
恩格斯曾多次尖锐地批判拉萨尔派的理论、策略和组织原则,指出它是
德国工人运动中的机会主义派别。1875年,拉萨尔派同爱森纳赫派合
并成立了德国社会主义工人党。——77。

36 指俄国社会民主工党第二次代表大会。

俄国社会民主工党第二次代表大会于1903年7月17日(30日)—
8月10日(23日)召开。7月24日(8月6日)前,代表大会在布鲁塞尔
开了13次会议。后因比利时警察将一些代表驱逐出境,代表大会移至
伦敦,继续开了24次会议。

代表大会是《火星报》筹备的。列宁为代表大会起草了一系列文
件,并详细拟定了代表大会的议程和议事规程。出席代表大会的有43
名有表决权的代表,他们代表着26个组织(劳动解放社、《火星报》组
织、崩得国外委员会和中央委员会、俄国革命社会民主党人国外同盟、
国外俄国社会民主党人联合会以及俄国社会民主党的20个地方委员
会和联合会),共有51票表决权(有些代表有两票表决权)。出席代表
大会的有发言权的代表共14名。代表大会的成分不一,其中有《火星
报》的拥护者,也有《火星报》的反对者以及不坚定的动摇分子。

列入代表大会议程的问题共有20个:1.确定代表大会的性质。选
举常务委员会。确定代表大会的议事规程和议程。组织委员会的报告
和选举审查代表资格和决定代表大会组成的委员会。2.崩得在俄国社
会民主工党内的地位。3.党纲。4.党的中央机关报。5.代表们的报告。
6.党的组织(党章问题是在这项议程下讨论的)。7.区组织和民族组
织。8.党的各独立团体。9.民族问题。10.经济斗争和工会运动。11.
五一节的庆祝活动。12.1904年阿姆斯特丹国际社会党代表大会。13.
游行示威和起义。14.恐怖手段。15.党的工作的内部问题:(1)宣传工
作,(2)鼓动工作,(3)党的书刊工作,(4)农民中的工作,(5)军队中的工

作,(6)学生中的工作,(7)教派信徒中的工作。16.俄国社会民主工党对社会革命党人的态度。17.俄国社会民主工党对俄国各自由主义派别的态度。18.选举党的中央委员会和中央机关报编辑部。19.选举党总委员会。20.代表大会的决议和记录的宣读程序,以及选出的负责人和机构开始行使自己职权的程序。有些问题没有来得及讨论。

列宁被选入了常务委员会,主持了多次会议,几乎就所有问题发了言。他还是纲领委员会、章程委员会和代表资格审查委员会的委员。

代表大会要解决的最重要的问题是:批准党纲、党章以及选举党的中央领导机关。列宁及其拥护者在大会上同机会主义者展开了坚决的斗争。代表大会否决了机会主义分子要按照西欧各国社会民主党的纲领的精神来修改《火星报》编辑部制定的纲领草案的一切企图。大会先逐条讨论和通过党纲草案,然后由全体代表一致通过整个纲领(有1票弃权)。在讨论党章时,会上就建党的组织原则问题展开了尖锐的斗争。由于得到了反火星派和"泥潭派"(中派)的支持,尔·马尔托夫提出的为不坚定分子入党大开方便之门的党章第1条条文,以微弱的多数票为大会所通过。但是代表大会还是基本上批准了列宁制定的党章。

大会票数的划分起初是:火星派33票,"泥潭派"(中派)10票,反火星派8票(3名工人事业派分子和5名崩得分子)。在彻底的火星派(列宁派)和"温和的"火星派(马尔托夫派)之间发生分裂后,彻底的火星派暂时处于少数地位。但是,8月5日(18日),7名反火星派分子(2名工人事业派分子和5名崩得分子)因不同意代表大会的决议而退出了大会。在选举中央机关时,得到反火星派分子和"泥潭派"支持的马尔托夫派(共7人)成为少数派,共有20票(马尔托夫派9票,"泥潭派"10票,反火星派1票),而团结在列宁周围的20名彻底的火星派分子成为多数派,共有24票。列宁及其拥护者在选举中取得了胜利。代表大会选举列宁、马尔托夫和格·瓦·普列汉诺夫为中央机关报《火星报》编委,格·马·克尔日扎诺夫斯基、弗·威·林格尼克和弗·亚·诺斯科夫为中央委员会委员,普列汉诺夫为党总委员会委员。从此,列宁及其拥护者被称为布尔什维克(俄语多数派—词音译),而机会主义分子则被称为孟什维克(俄语少数派一词音译)。

　　俄国社会民主工党第二次代表大会具有重大的历史意义。列宁说:"布尔什维主义作为一种政治思潮,作为一个政党而存在,是从1903年开始的。"(见本版全集第39卷第4页)——78。

37　"七月事变"后,布尔什维克被加上了"力图占领城市"、"强奸"苏维埃意志、"侵犯苏维埃的权力"等等罪名。反革命势力炮制了所谓列宁和德国总参谋部有联系的案件,指控列宁是德国间谍。7月6日(19日),临时政府发出逮捕列宁的命令。与此同时,《真理报》编辑部和印刷厂以及布尔什维克党中央办公处所被捣毁。7月22日(8月4日)的报纸登载消息说,将以叛国和组织武装暴动的罪名审讯列宁和其他几位布尔什维克。列宁从7月5日(18日)起被迫转入地下。——78。

38　夏洛克是英国作家威·莎士比亚的喜剧《威尼斯商人》中的人物,一个残忍冷酷的高利贷者。他曾根据借约提供的权利,要求从没有如期还债的商人安东尼奥身上割下一磅肉。——92。

39　指19世纪俄国民主主义作家尼·格·波米亚洛夫斯基于1862—1863年所写的《神学校随笔》。——93。

40　学理主义者指盲目地拘守某种学理,崇尚空谈,脱离实际的人,意思同"教条主义者"相近。——99。

41　第一国际海牙代表大会即国际工人协会第五次代表大会,于1872年9月2—7日在海牙举行。出席大会的有15个全国性组织的65名代表。马克思和恩格斯出席并领导这次代表大会。这次代表大会是在马克思主义者同无政府主义者进行激烈斗争的形势下召开的。代表大会的主要议程是关于总委员会的权力和关于无产阶级的政治活动这两个问题。大会通过了关于扩大总委员会的权力、关于总委员会会址迁往纽约、关于巴枯宁派秘密组织社会主义民主同盟的活动等问题的决议。这些决议大部分是马克思和恩格斯起草的。代表大会就无产阶级的政治活动这个问题通过的决议指出,无产阶级的伟大任务就是夺取政权,无产阶级应当组织独立的政党,以保证社会革命的胜利和达到消灭阶级的最终目的。大会从理论上、组织上揭露和清算了巴枯宁派反对无产阶级革命、破坏国际工人运动的种种活动,并把该派首领米·亚·巴枯宁和詹·吉约姆开除出国际。海牙代表大会的决议标志着马克思主义对无政府主义者的小资产阶级世界观的胜利,为后来建立各国工人阶级独立的政党奠定了基础。——99。

42　《曙光》杂志(《3аря》)是俄国马克思主义的科学政治刊物,由《火星报》编辑部编辑,1901—1902 年在斯图加特出版,共出了 4 期(第 2、3 期为合刊)。第 5 期已准备印刷,但没有出版。杂志宣传马克思主义,批判民粹主义和合法马克思主义、经济主义、伯恩施坦主义等机会主义思潮。——101。

43　指第二国际第五次代表大会。

第二国际第五次代表大会于 1900 年 9 月 23—27 日在巴黎举行。出席大会的有参加第二国际的各国社会党的代表 791 名。俄国代表团由 24 名代表组成,在大会上分裂为以波·尼·克里切夫斯基为首的多数派和以格·瓦·普列汉诺夫为首的少数派。代表大会注意的中心问题,是与 1899 年法国社会党人亚·埃·米勒兰加入资产阶级的瓦尔德克-卢梭政府这一事件有关的"夺取公共权力和同资产阶级政党联盟"的问题。大会就这一问题通过了卡·考茨基提出的决议案,其中说:"个别社会党人参加资产阶级政府,不能认为是夺取政权的正常的开端,而只能认为是迫不得已采取的暂时性的特殊手段。"俄国代表团多数派投票赞成考茨基的这个含糊其词的"橡皮性"决议案,少数派支持茹·盖得提出的谴责米勒兰主义的决议案。代表大会还通过了建立由各国社会党代表组成的社会党国际局和在布鲁塞尔设立国际局书记处的决议。——101。

44　伯恩施坦主义是德国社会民主党人爱·伯恩施坦的修正主义思想体系,产生于 19 世纪末 20 世纪初。伯恩施坦的《社会主义的前提和社会民主党的任务》(1899 年)一书是对伯恩施坦主义的全面阐述。伯恩施坦主义在哲学上否定辩证唯物主义和历史唯物主义,用庸俗进化论和诡辩论代替革命的辩证法；在政治经济学上修改马克思主义的剩余价值学说，竭力掩盖帝国主义的矛盾，否认资本主义制度的经济危机和政治危机；在政治上鼓吹阶级合作和资本主义和平长入社会主义，传播改良主义和机会主义思想，反对马克思主义的阶级斗争学说，特别是无产阶级革命和无产阶级专政的学说。伯恩施坦主义得到德国社会民主党右翼和第二国际其他一些政党的支持。在俄国，追随伯恩施坦主义的有合法马克思主义者、经济派等。——102。

45　指马克思在《路易·波拿巴的雾月十八日》中提出的观点（见《马克思恩格斯文集》第2卷第562—564页）。——102。

46　指1872年6月24日马克思和恩格斯写的《〈共产党宣言〉1872年德文版序言》（见《马克思恩格斯文集》第2卷）。——103。

47　卡·考茨基的小册子《取得政权的道路（关于长入革命的政论）》的俄译本是1918年出版的。——106。

48　这句话出自《共产主义者同盟中央委员会告同盟书》（参看《马克思恩格斯文集》第2卷第197页）。《告同盟书》是马克思和恩格斯于1850年3月底写的，1885年恩格斯把它作为附录发表在马克思的《揭露科隆共产党人案件》一书中。——109。

49　指悉·韦伯和比·韦伯的著作《产业民主》（德文版和俄文版的书名译为《英国工联主义的理论和实践》）。——112。

50　《社会主义月刊》派是围绕《社会主义月刊》而形成的集团。
　　　《社会主义月刊》（《Sozialistische Monatshefte》）是德国机会主义者的主要刊物，也是国际修正主义者的刊物之一，1897—1933年在柏林出版。编辑和出版者为右翼社会民主党人约·布洛赫。撰稿人有爱·伯恩施坦、康·施米特、弗·赫茨、爱·大卫、沃·海涅、麦·席佩耳等。第一次世界大战期间，该刊持社会沙文主义立场。——114。

51　饶勒斯派是19世纪末20世纪初法国社会主义运动中以让·饶勒斯为

首的右翼改良派。饶勒斯派以要求"批评自由"为借口,修正马克思主义基本原理,宣传无产阶级同资产阶级的阶级合作。他们认为社会主义的胜利不会通过无产阶级同资产阶级的阶级斗争而取得,这一胜利将是民主主义思想繁荣的结果。他们还赞同蒲鲁东主义关于合作社的主张,认为在资本主义条件下合作社的发展有助于逐渐向社会主义过渡。在米勒兰事件上,饶勒斯派竭力为亚·埃·米勒兰参加资产阶级内阁的背叛行为辩护。1902年,饶勒斯派成立了改良主义的法国社会党。1905年该党和盖得派的法兰西社会党合并成统一的法国社会党(工人国际法国支部)。第一次世界大战期间,在法国社会党领导中占优势的饶勒斯派采取了社会沙文主义立场,公开支持帝国主义战争。——114。

52　指意大利社会党。

意大利社会党于1892年8月在热那亚代表大会上成立,最初叫意大利劳动党,1893年改称意大利劳动社会党,1895年开始称意大利社会党。从该党成立起,党内的革命派就同机会主义派进行着尖锐的思想斗争。1912年在艾米利亚雷焦代表大会上,改良主义分子伊·博诺米、莱·比索拉蒂等被开除出党。从第一次世界大战爆发到1915年5月意大利参战,意大利社会党一直反对战争,提出"反对战争,赞成中立!"的口号。1914年12月,拥护资产阶级帝国主义政策、主张战争的叛徒集团(贝·墨索里尼等)被开除出党。意大利社会党人曾于1914年同瑞士社会党人一起在卢加诺召开联合代表会议,并积极参加齐美尔瓦尔德(1915年)和昆塔尔(1916年)国际社会党代表会议。但是,意大利社会党基本上采取中派立场。1916年底意大利社会党在党内改良派的影响下走上了社会和平主义的道路。俄国十月社会主义革命胜利后,意大利社会党内的左翼力量增强。1919年10月5—8日在波伦亚举行的意大利社会党第十六次代表大会通过了加入共产国际的决议,该党代表参加了共产国际第二次代表大会的工作。1921年1月15—21日在里窝那举行的第十七次代表大会上,处于多数地位的中派拒绝同改良派决裂,拒绝完全承认加入共产国际的21项条件;该党左翼代于21日退出代表大会并建立了意大利共产党。——114。

53　独立工党(I.L.P.)是英国改良主义政党,1893 年 1 月成立。领导人有
　　　基·哈第、拉·麦克唐纳、菲·斯诺登等。党员主要是一些新、旧工联
　　　的成员以及受费边派影响的知识分子和小资产阶级分子。独立工党从
　　　建党时起就采取资产阶级改良主义立场,把主要注意力放在议会斗争
　　　和同自由主义政党进行议会交易上。1900 年,该党作为集体党员加入
　　　英国工党。在第一次世界大战期间,独立工党领袖采取资产阶级和平
　　　主义立场。1932 年 7 月独立工党代表会议决定退出英国工党。1935
　　　年该党左翼成员加入英国共产党,1947 年许多成员加入英国工党,独
　　　立工党不再是英国政治生活中一支引人注目的力量。——114。

54　《读尼·伊·布哈林〈关于帝国主义国家理论〉一文的笔记》写于 1916
　　　年,不晚于 8 月,最初发表于 1932 年。《关于帝国主义国家理论》一文
　　　布哈林原打算在《〈社会民主党人报〉文集》上发表,由于观点错误为编
　　　辑部拒绝。关于这方面的详细情况以及列宁对布哈林文章的批评,见
　　　列宁 1916 年 8 月给格·叶·季诺维也夫的信和 1916 年 8 月至 9 月初
　　　给布哈林的信(本版全集第 47 卷第 307、312 号文献)。布哈林知道列
　　　宁不赞成他这篇文章,但还是在 1925 年苏联《法的革命》杂志第 1 期上
　　　把它发表了。——117。

55　指阿·洛里亚《社会制度的经济基础》一书(1903 年巴黎版)。尼·
　　　伊·布哈林在自己文章的这个地方援引了该书。——117。

56　列宁把尼·伊·布哈林摘自恩格斯的《家庭、私有制和国家的起源》
　　　(1889 年斯图加特第 3 版)一书的引文同该书第 6 版作了核对,指出在
　　　布哈林的文章里这些引文译得不完全,不确切。列宁指出的地方见《马
　　　克思恩格斯文集》第 4 卷第 189、190、191 页。——118。

57　指恩格斯的《论权威》一文中的一段(见《马克思恩格斯文集》第 3 卷第
　　　338 页)。——118。

58　尼·伊·布哈林《帝国主义强盗国家》一文用 Nota Bene 这一笔名发表
　　　于 1916 年 12 月 1 日《青年国际》杂志第 6 期,后又刊载于 12 月 9 日出

版的《工人政治》杂志第 25 期,题为《帝国主义国家》,内容略有删改。看来列宁一收到《青年国际》杂志就在上面作了评注。12 月 18 日收到《工人政治》杂志后,他重新审阅了自己的评注,并在《青年国际》杂志上面注明了《工人政治》杂志中删改的地方。列宁对布哈林这篇文章的批评,见本卷第 157 页和他写的短评《青年国际》(本版全集第 28 卷)。——120。

59　《工人政治》杂志(《Arbeiterpolitik》)是德国科学社会主义刊物(周刊),由以约·克尼夫和保·弗勒利希为首的不来梅左翼激进派(该派于 1919 年并入德国共产党)创办,1916—1919 年在不来梅出版。为杂志撰稿的有尼·伊·布哈林、昂·吉尔波、亚·米·柯伦泰、娜·康·克鲁普斯卡娅、安·潘涅库克、卡·拉狄克和尤·米·斯切克洛夫等人。杂志反对德国和国际工人运动中的社会沙文主义。俄国十月革命后,该杂志广泛介绍苏维埃俄国的情况,发表过列宁的几篇文章和讲话。在德国 1918 年十一月革命期间,它刊载过列宁的《无产阶级革命的军事纲领》和《国家与革命》两著作的一些章节。——120。

60　利维坦是圣经传说中一种状似鳄鱼、力大无穷的两栖怪兽。英国哲学家托·霍布斯曾用它来象征君主专制政体的国家,并把自己的一本关于国家制度学说的著作取名《利维坦》。——124。

61　《〈关于国家的作用问题〉一文提纲》是列宁在研究马克思主义对国家的态度问题的材料时写的,时间在 1916 年 11 月 18 日(12 月 1 日)以后。提纲夹在《马克思主义论国家》这本笔记中。列宁在 1916 年 12 月发表的《青年国际》这篇短评中,在分析和批评尼·伊·布哈林的《帝国主义强盗国家》一文时表示,他将写一篇专文来谈这个极其重要的问题。把《〈关于国家的作用问题〉一文提纲》同布哈林的《关于帝国主义国家理论》和《帝国主义强盗国家》两篇文章相对照可以看出,这就是列宁打算写的那篇文章的提纲。列宁在 1917 年 2 月 4 日(17 日)给亚·米·柯伦泰的信中写道:“我正在准备(材料几乎全准备好了)一篇关于马克思主义对国家的态度问题的文章。”(见本版全集第 47 卷第 525 页)文章预定在《〈社会民主党人报〉文集》第 3 期发表,看来没有写成。——127。

62　指马克思的《评"普鲁士人"的〈普鲁士国王和社会改革〉一文》(参看《马克思恩格斯全集》第1版第1卷第478页)。这篇文章列宁引自弗·梅林出版的《卡·马克思、弗·恩格斯和斐·拉萨尔的遗著》第2卷:《卡·马克思和弗·恩格斯文选(1844年7月—1847年11月)》1902年斯图加特版。——128。

63　《马克思主义论国家》是1917年1—2月间列宁在苏黎世作的笔记,写在一本48页的蓝皮笔记本里。从列宁在页边上补写的文字和在笔记中作的着重标记可以看出,他曾经反复地研究这些材料。1917年4月列宁从瑞士回到俄国,"蓝皮笔记"和其他材料一起存放在国外。1917年7月,列宁还挂念着这些材料。他写了一张便条告诉列·波·加米涅夫,要是他被人谋杀了,那就请加米涅夫出版留在斯德哥尔摩的这本笔记(见本版全集第47卷第460号文献)。同年8—9月,列宁在拉兹利夫和芬兰的赫尔辛福斯写《国家与革命》时,利用了笔记中的材料。——130。

64　整个目录列宁原来写在笔记本的封面上(见本卷第130—131页插图)。方括号外面是列宁笔记原来的页码,里面是本卷的页码。——130。

65　指恩格斯的《卡·马克思〈1848年至1850年的法兰西阶级斗争〉一书导言》(见《马克思恩格斯文集》第4卷)。《导言》是恩格斯于1895年2月14日和3月6日之间在柏林出版的马克思这部著作的单行本而写的。

在《导言》随单行本发表前,德国社会民主党执行委员会强调"帝国国会在讨论反颠覆法草案,国内局势紧张",坚持要求恩格斯把其中"过分革命的调子"改得温和一些。在当时的条件下,恩格斯不得不考虑执委会的意见,在校样中作了某些删改。这样做虽使原稿受到一些损害,但没有影响整个《导言》的革命精神。

然而,德国社会民主党的一些领导人却企图根据这篇《导言》把恩格斯说成是主张工人阶级在任何情况下都要通过和平途径夺取政权的人。1895年3月30日,德国社会民主党中央机关报《前进报》在一篇题为《目前革命应怎样进行》的社论中,未经恩格斯同意就从《导言》删改稿中断章取义地摘引了几处,用以证明恩格斯无条件地主张"守法"。恩格斯对这种歪曲他的观点的做法极为愤慨。4月1日恩格斯给卡·考茨基写信,要求在《新时代》杂志上发表整个《导言》(删改稿),以"消除这个可耻印象"(参看本卷第152页)。这样,在马克思这一著作的单行本出版(4月中旬)前不久,《新时代》杂志提前发表了《导言》的删改稿。

　　恩格斯逝世后,伯恩施坦和其他修正主义者掌握着《导言》手稿,一直不予全文发表,对恩格斯在校样上作某些删改的客观情况也只字不提。就在这种情况下,他们对删改稿的观点肆意歪曲,并据此断言恩格斯在他的《导言》中重新审查了自己过去的观点,几乎站到了改良主义的立场上,还说《导言》就是恩格斯的"政治遗嘱"。修正主义者企图用这种手法掩盖自己对马克思主义革命原则的背叛。

　　《导言》的全文于1930年在苏联首次发表。——133。

66　指1870年9月28日米·亚·巴枯宁给法国社会党人帕利克斯的信。尤·米·斯切克洛夫在《巴枯宁传》(1913年斯图加特版)中引证过这封信。——134。

67　罗伊斯—格赖茨—施莱茨—洛本施泰因指1871年加入德意志帝国的两个小邦:属于长系罗伊斯大公的罗伊斯—格赖茨和属于幼系罗伊斯大公的罗伊斯—格拉—施莱茨—洛本施泰因—埃伯斯多夫。恩格斯把这两个面积各数百平方公里的小邦的名称合在一起,以示讽刺。——140。

68　青年派是德国社会民主党内一个小资产阶级的半无政府主义反对派,产生于1890年。核心成员是一些大学生和年轻的著作家,主要领导人有麦克斯·席佩耳、布鲁诺·维勒、保尔·康普夫迈耶尔、保尔·恩斯特等。青年派奉行"左"倾机会主义,否定议会斗争和改良性的立法活动,反对党的集中制领导,反对党同其他阶级和政党在一定条件下结成联盟。恩格斯同青年派进行了斗争。当青年派机关报《萨克森工人报》

企图宣布恩格斯和反对派意见一致的时候,恩格斯给了他们有力回击,指出他们的理论观点是"被歪曲得面目全非的'马克思主义'"(见《马克思恩格斯文集》第4卷第396页)。1891年10月,德国社会民主党爱尔福特代表大会把青年派的一部分领导人开除出党,从此结束了青年派在党内的活动。——147。

69　《社会民主党人报》(《Der Sozialdemokrat》)是反社会党人法施行期间德国社会民主党的中央机关报(周报)。主要领导人是威·李卜克内西。1879年9月—1888年9月在苏黎世出版,1888年10月—1890年9月在伦敦出版。1879年9月—1880年1月格·亨·福尔马尔任编辑,1881—1890年爱·伯恩施坦任编辑。该报虽然在初期存在一些缺点和错误,但在恩格斯持续不断的指导和帮助下,坚持了革命策略,在聚集和组织德国社会民主党的力量方面起了卓越作用。恩格斯曾称赞它是德国党的旗帜。反社会党人法废除后,《社会民主党人报》停刊。——148。

70　《萨克森工人报》(《Sächsische Arbeiter-Zeitung》)是德国社会民主党的报纸,1890—1908年在德累斯顿出版。原为周报,后改为日报。90年代初是该党内部的半无政府主义反对派青年派的机关报。——148。

71　指恩格斯给保·拉法格的8封信。8封信的日期分别是1886年2月16日和5月7日,1887年12月5日,1890年8月27日,1894年3月6日、6月2日和11月22日,1895年4月3日(参看《马克思恩格斯全集》第1版第36卷第440—441、473—474、701—702页,第37卷第446—448页,第39卷第207—210、244—246、307—310、434—439页)。其中1890年8月27日和1894年11月22日的两封信在《社会主义者报》上发表时,日期误为1890年10月27日和1887年11月22日。——150。

72　《社会主义运动》杂志(《Le Mouvement Socialiste》)是法国社会政治刊物,1899年1月—1914年6月在巴黎出版。编辑是于·拉葛德尔,撰稿人有欧洲各国社会民主党的著名代表人物威·李卜克内西、奥·倍

倍尔、罗·卢森堡、让·饶勒斯等。该杂志刊载过恩格斯的一些书信和
文章,也刊登过在第二国际占统治地位的机会主义者和修正主义者的
文章。1900 年爱·伯恩施坦在该杂志上发表了经他挑选出来的恩格
斯给他的信的片断。这些信的全文,参看《马克思恩格斯全集》第 1 版
第 35 卷第 219 — 226、269 — 280、311 — 314、360 — 362、369 — 372、
382—387、437—440 页。——150。

73　盖得派是 19 世纪 80 年代至 20 世纪初法国社会主义运动中以茹·盖
得为首的一个派别,基本成员是 19 世纪 70 年代末期团结在盖得创办
的《平等报》周围的进步青年知识分子和先进工人。1879 年组成了法
国工人党。1880 年 11 月在勒阿弗尔代表大会上制定了马克思主义纲
领。在米勒兰事件上持反对加入资产阶级内阁的立场。1901 年与其
他反入阁派一起组成法兰西社会党。盖得派为在法国传播马克思主义
作出过重要贡献。1905 年法兰西社会党与饶勒斯派的法国社会党合
并为统一的法国社会党(工人国际法国支部)。第一次世界大战爆发
后,盖得和相当大一部分盖得派分子转到了社会沙文主义方面,盖得、
马·桑巴参加了法国政府。1920 年,以马·加香为首的一部分左翼盖
得派分子在建立法国共产党方面起了重要作用。——150。

74　《前进报》(《Vorwärts》)是德国社会民主党的中央机关报(日报),1876
年 10 月在莱比锡创刊,编辑是威·李卜克内西和威·哈森克莱维尔。
1878 年 10 月反社会党人非常法颁布后被查禁。1890 年 10 月反社会
党人非常法废除后,德国社会民主党哈雷代表大会决定把 1884 年在柏
林创办的《柏林人民报》改名为《前进报》(全称是《前进。柏林人民
报》),从 1891 年 1 月起作为中央机关报在柏林出版,由李卜克内西任
主编。恩格斯曾为《前进报》撰稿,同机会主义的各种表现进行斗争。
1895 年恩格斯逝世以后,《前进报》逐渐转入党的右翼手中。它支持过
俄国的经济派和孟什维克。第一次世界大战期间持社会沙文主义立
场。俄国十月革命以后,进行反对苏维埃的宣传。1933 年停刊。
——150。

75　《社会主义者报》(《Le Socialiste》)是法国报纸(周报),1885 年由茹·盖

得在巴黎创办。最初是法国工人党的机关报。1902—1905年是法兰西社会党的机关报,1905年起成为法国社会党的机关报。该报刊载过马克思和恩格斯的一些著作摘录,19世纪末—20世纪初发表过法国和国际工人运动的著名活动家(保·拉法格、威·李卜克内西、克·蔡特金、格·瓦·普列汉诺夫等人)的文章和书信。1915年停刊。——150。

76　这里的发信日期沿用了1900年《社会主义者报》第115号的误印日期,实际上应为1894年11月22日。——153。

77　这里的发信日期也沿用了1900年《社会主义者报》第115号的误印日期,实际上应为1890年8月27日。——153。

78　这句话,马克思和恩格斯是在《德意志意识形态》一书中第一次引用的(参看《马克思恩格斯全集》第1版第3卷第604页)。——153。

79　指尼·伊·布哈林以Nota Bene为笔名发表的《帝国主义强盗国家》一文。参看注58。——157。

80　麦·贝尔的文章《论英国的衰落》、《社会帝国主义》和《工联主义的现状》早就引起了列宁的注意,在《帝国主义是资本主义的最高阶段》一书的准备材料中就曾提到(见本版全集第54卷《笔记"о"("奥米克隆")》部分中的《贝尔福特-巴克斯论帝国主义》一节)。——157。

81　指德国人民党。

　　德国人民党于1865年成立,主要由德国南部各邦的小资产阶级民主派和一部分资产阶级民主派组成,因此又称南德人民党或士瓦本人民党。该党在政治方面提出了一些一般性的民主主义口号,主张建立联邦制的德国,既反对奥·俾斯麦推行的在普鲁士领导下"自上而下"统一德国的政策,也反对建立统一集中的民主共和国。奥·倍倍尔和威·李卜克内西领导的以工人为核心的萨克森人民党于1866年并入该党,成为它的左翼,但很快又脱离了该党,于1869年8月参与建立德国社会民主工党。——160。

82　和平和自由同盟是由一批小资产阶级共和派和自由派组成的资产阶级
和平主义组织,1867 年在瑞士日内瓦成立,维·雨果、朱·加里波第等
人曾积极参加,1867—1868 年米·亚·巴枯宁也参加了同盟的工作。
同盟在活动的初期,曾企图利用工人运动为其资产阶级和平主义目的
服务。它鼓吹建立"各民族的兄弟联合",散布通过建立"欧洲联邦"可
以在资本主义条件下消除战争的幻想,引诱工人阶级放弃阶级斗争。
马克思和恩格斯对同盟持否定态度。马克思在 1867 年 8 月 13 日第一
国际总委员会会议上着重指出,真正的和平战士是国际,因为"各国工
人阶级的团结最终应该使各国之间的战争成为不可能"(参看《马克思
恩格斯全集》第 1 版第 16 卷第 612 页)。——160。

83　指小册子《国际和革命。公社流亡者——前国际总委员会委员为海牙
代表大会而作》1872 年伦敦版。——173。

84　宪章派是宪章运动的参加者。宪章运动是 19 世纪 30—50 年代英国无
产阶级争取实行《人民宪章》的革命运动,是世界上第一次广泛的、真正
群众性的、政治性的无产阶级革命运动。19 世纪 30 年代,英国工人运
动迅速高涨。伦敦工人协会于 1836 年成立,1837 年起草了一份名为
《人民宪章》的法案,1838 年 5 月在伦敦公布。宪章提出六点政治要
求:(一)凡年满 21 岁的男子皆有选举权;(二)实行无记名投票;(三)废
除议员候选人的财产资格限制;(四)给当选议员支付薪俸;(五)议会每
年改选一次;(六)平均分配选举区域,按选民人数产生代表。1840 年 7
月成立了全国宪章派协会,这是工人运动史上第一个群众性的工人政
党。宪章运动在 1839、1842、1848 年出现过三次高潮。三次请愿均被
议会否决,运动也遭镇压。宪章运动终究迫使英国统治阶级作了某些
让步,并对欧洲工人运动的发展产生了重大影响。马克思和恩格斯同
宪章运动的左翼领袖乔·朱·哈尼、厄·琼斯保持联系,并积极支持宪
章运动。——174。

85　指恩格斯 1895 年 1 月 3 日、3 月 25 日和 4 月 1 日给卡·考茨基的三封
信(参看《马克思恩格斯全集》第 1 版第 39 卷第 344—346、425—428
页;《马克思恩格斯文集》第 10 卷第 699—700 页)。——176。

86　这个词在恩格斯的手稿中是"社会民主党的",《新时代》杂志编辑部在
　　　发表时把它改成了"德国的"。——192。

87　巴枯宁主义者是以米·亚·巴枯宁为首领的一个无政府主义派别。巴
　　　枯宁主义者是小资产阶级革命性及其特有的极端个人主义的代表,鼓
　　　吹个人绝对自由,反对任何权威。他们认为国家是剥削和不平等的根
　　　源,要求废除一切国家,实行小生产者公社的完全自治,并把这些公社
　　　联合成自由的联邦(按巴枯宁主义者的说法就是实现"社会清算")。巴
　　　枯宁主义者反对马克思主义的社会革命学说,否定工人阶级的一切不
　　　直接导致"社会清算"的斗争形式,否认建立独立的工人政党的必要性,
　　　而主张由"优秀分子"组成的秘密革命团体去领导群众骚乱。19世纪
　　　60年代末和70年代初,巴枯宁主义在当时经济上落后的西班牙、意大
　　　利、法国南部和瑞士的小资产阶级和一部分工人中得到传播。在巴枯
　　　宁主义的影响下,也形成了俄国革命民粹主义的一个派别。

　　　　　1868年,巴枯宁在日内瓦建立了无政府主义者的国际组织——社
　　　会主义民主同盟。在同盟申请加入第一国际遭到拒绝以后,巴枯宁主
　　　义者采取对国际总委员会的决定阳奉阴违的办法,表面上宣布解散这
　　　个组织,而实际却继续保留,并于1869年3月以国际日内瓦支部的名
　　　义把它弄进了国际。巴枯宁主义者利用社会主义民主同盟的组织在国
　　　际内部进行了大量分裂和破坏活动,力图夺取国际总委员会的领导权,
　　　受到马克思和恩格斯的揭露和批判。1872年9月2—7日举行的第一
　　　国际海牙代表大会把巴枯宁和另一位巴枯宁派首领詹·吉约姆开除出
　　　国际。19世纪最后25年间,巴枯宁主义者蜕化成了脱离群众的小宗
　　　派。——202。

88　西班牙起义指1873年夏天西班牙小资产阶级共和派"不妥协派"和巴
　　　枯宁派无政府主义者发动的起义。起义的口号是按照瑞士式样把西班
　　　牙变成各个独立的州。这次起义开始时在塞维利亚、格拉纳达、亚尔
　　　科、巴伦西亚及其他许多省份中获得了胜利,但不久就被政府军队镇压
　　　下去。无政府主义者的策略给西班牙工人阶级的革命行动带来了巨大
　　　的危害。无政府主义者反对起义者采取共同行动,而让每个城市和省

独自行动,这就排除了发动总攻势的任何可能性。关于这个问题,参看恩格斯的《行动中的巴枯宁主义者》(《马克思恩格斯全集》第1版第18卷)和列宁的《论临时革命政府》(第二篇文章)(本版全集第10卷)。

德国的谋杀案指1878年5月11日麦·赫德尔和同年6月2日卡·爱·诺比林谋刺德皇威廉一世的案件。德国俾斯麦政府以此为借口从1878年10月起实施反社会党人非常法。德国社会民主党领袖威·李卜克内西在国会宣读该党国会党团的声明时指出:这是利用疯子的行为来实现一个蓄谋已久的反动阴谋。

奥地利的谋杀案指奥地利无政府主义者卡梅雷尔、施特尔马赫等人于1884年进行的几起行刺活动。奥地利政府以此为借口,于1884年颁布了类似德国俾斯麦政府的反社会党人非常法的法令,镇压工人运动。

美国的谋杀案指1886年5月4日的美国芝加哥事件。芝加哥工人当时在草市广场举行集会,一名奸细扔了一枚炸弹,炸死了4名工人和7名警察。警察借机向群众开枪,数人被打死,上百人受伤。当局还利用奸细的伪证判处4名集会组织者死刑和多名集会参加者长期监禁。

卡·考茨基通过以上事件强调无政府主义策略对革命的危害,目的是为德国社会民主党的机会主义策略辩护。——210。

89 苏特讷尔即奥地利女作家贝尔塔·冯·苏特讷尔,她在1891年创建了和平协会,因从事资产阶级的和平主义活动于1905年获诺贝尔和平奖金。——212。

90 指马克思的著作《路易·波拿巴的雾月十八日》(1851—1852年)、《法兰西内战》(1871年)和恩格斯的著作《1891年社会民主党纲领草案批判》(见《马克思恩格斯文集》第2、3、4卷)。——213。

91 指俄国第一次资产阶级民主革命期间的1905年十月全俄政治罢工。

十月全俄政治罢工是俄国第一次革命的最重要阶段之一。1905年10月6日(19日),在一些铁路线的布尔什维克组织的代表决定共同举行罢工后,俄国社会民主工党莫斯科委员会号召莫斯科铁路枢纽

各线从 10 月 7 日(20 日)正午起实行总罢工,全俄铁路工会中央常务
局支持这一罢工。到 10 月 17 日(30 日),铁路罢工已发展成为全俄总
罢工,参加罢工的人数达 200 万以上。在各大城市,工厂、交通运输部
门、发电厂、邮电系统、机关、商店、学校都停止了工作。十月罢工的口
号是:推翻专制制度、积极抵制布里根杜马、召集立宪会议和建立民主
共和国。十月罢工扫除了布里根杜马,迫使沙皇于 10 月 17 日(30 日)
颁布了允诺给予"公民自由"和召开"立宪"杜马的宣言。罢工显示了无
产阶级运动的力量和声势,推动了农村和军队中革命斗争的展开。在
十月罢工中,彼得堡及其他一些城市出现了工人代表苏维埃。十月罢
工持续了十多天,是十二月武装起义的序幕。关于十月罢工,参看列宁
《全俄政治罢工》一文(本版全集第 12 卷)。——214。

92 指俄国第一次资产阶级民主革命期间的 1905 年莫斯科十二月武装起
义。1905 年 12 月 5 日(18 日),布尔什维克莫斯科市代表会议表达工
人的意志,决定宣布总罢工并随即开始武装斗争。次日,布尔什维克领
导的莫斯科苏维埃全体会议通过了同样的决议。12 月 7 日(20 日),政
治总罢工开始。在最初两天有 15 万人参加罢工。12 月 10 日(23 日)
罢工转为武装起义。起义的中心是普列斯尼亚区、莫斯科河南岸区、罗
戈日-西蒙诺沃区和喀山铁路区。武装斗争持续了 9 天,莫斯科工人奋
不顾身地进行战斗。但由于起义者缺乏武装斗争的经验、武器不足、同
军队的联系不够、打防御战而没有打进攻战以及起义一开始布尔什维
克莫斯科委员会的领导人员维·列·尚采尔、米·伊·瓦西里耶夫-尤
任等就遭逮捕等原因,莫斯科起义最终在沙皇政府从其他城市调来军
队进行镇压之后遭到失败。为了保存革命力量和准备下一步的斗争,
党的莫斯科委员会和苏维埃决定从 1905 年 12 月 19 日(1906 年 1 月 1
日)起停止武装抵抗。1905 年 12 月—1906 年 1 月,继莫斯科之后,下
诺夫哥罗德、顿河畔罗斯托夫、新罗西斯克、顿巴斯、叶卡捷琳诺斯拉
夫、彼尔姆(莫托维利哈)、乌法、克拉斯诺亚尔斯克、赤塔等城市都发生
了起义,外高加索、波兰、波罗的海沿岸地区、芬兰也举行了大规模的武
装起义。但这些零星分散的起义都遭到了沙皇政府的残酷镇压。十二
月武装起义是俄国 1905—1907 年革命的最高点。关于十二月武装起

义,参看列宁《莫斯科起义的教训》一文(本版全集第13卷)。——214。

93　指1895年恩格斯为马克思的《1848年至1850年的法兰西阶级斗争》一书写的导言。参看注65。——216。

94　巴塞尔宣言即1912年11月24—25日在巴塞尔举行的国际社会党非常代表大会一致通过的《国际局势和社会民主党反对战争危险的统一行动》决议,德文本称《国际关于目前形势的宣言》。宣言谴责了各国资产阶级政府的备战活动,揭露了即将到来的战争的帝国主义性质,号召各国人民起来反对帝国主义战争。宣言斥责了帝国主义的扩张政策,号召社会党人为反对一切压迫小民族的行为和沙文主义的表现而斗争。宣言写进了1907年斯图加特代表大会决议中列宁提出的基本论点:帝国主义战争一旦爆发,社会党人就应该利用战争所造成的经济危机和政治危机,来加速资本主义的崩溃,进行社会主义革命。——219。

95　《德国的革命和反革命》是恩格斯所写的一组论述德国1848—1849年革命的文章(见《马克思恩格斯文集》第2卷)。1851年7月底,《纽约每日论坛报》向马克思约稿。马克思因忙于经济学研究工作,转请恩格斯为该报写一些关于德国革命的文章。恩格斯在写这些文章时利用了《新莱茵报》和马克思向他提供的一些补充材料,并经常同马克思交换意见。文章寄发之前也都经马克思看过。文章发表时署名马克思。马克思和恩格斯在世时,这些文章没有重新出版过。以后出版的一些单行本也都用马克思的名义。直到1913年马克思和恩格斯的来往书信发表后,才知道这组文章是恩格斯写的。——221。

96　指马克思1871年4月12日给路·库格曼的信(参看《马克思恩格斯全集》第1版第33卷第206—208页)。——225。

97　这是《马克思主义论国家》手稿的页码,方括号内注的是本卷的页码。下同。——225。

98　民族救世论是确认某一民族在决定人类命运方面注定要起特殊作用的沙文主义理论。——229。

99　指写着卡·考茨基《强盗政策》一文摘录的那一页纸。考茨基这篇文章
发表在1911年10月6日《新时代》杂志第1期,它的最后一句话是:
"它(我们的选举斗争)在一夜之间就可能变成夺取政权的斗争。"列宁
在《帝国主义是资本主义的最高阶段》一书的准备材料里也引用了这句
话(见本版全集第54卷《笔记"ι"("伊奥塔")》部分中的《〈新时代〉杂
志,1911年(谈战争　注意)和1912年(附带谈到欧洲联邦)》一节)。
——229。

100　指全俄工兵代表苏维埃第一次代表大会。
　　全俄工兵代表苏维埃第一次代表大会于1917年6月3—24日(6
月16日—7月7日)在彼得格勒举行。出席大会的代表共1 090名,代
表305个工兵农代表联合苏维埃,53个区、州和省苏维埃,21个作战部
队组织,8个后方军队组织和5个海军组织。绝大多数代表属于孟什
维克—社会革命党人联盟和支持它的一些小集团,当时在苏维埃中占
少数的布尔什维克只有105名代表。列入代表大会议程的有革命民主
和政权问题、对战争的态度问题、立宪会议的筹备问题、民族问题、土地
问题等12项。列宁在会上就对临时政府的态度问题和战争问题发表
了讲话。孟什维克和社会革命党人在会上号召加强军队纪律、在前线
发动进攻、支持临时政府,并试图证明苏维埃不能掌握政权。列宁代表
布尔什维克党指出,布尔什维克党时刻准备掌握全部政权。布尔什维
克充分利用大会讲台揭露临时政府的帝国主义政策以及孟什维克和社
会革命党人的妥协策略,对每个主要问题都提出并坚持自己的决议案。
在社会革命党人和孟什维克把持下通过的代表大会决议支持临时政
府、赞成前线的进攻、反对政权转归苏维埃。代表大会选出了由320人
组成的中央执行委员会,其中孟什维克123名,社会革命党人119名,
布尔什维克58名,统一社会民主党人13名,其他党派代表7名。孟什
维克尼·谢·齐赫泽是中央执行委员会主席。——231。

101　指美国社会主义工人党。
　　美国社会主义工人党是由第一国际美国支部和美国其他社会主义
团体合并而成的,1876年7月在费城统一代表大会上宣告成立,当时

称美国工人党,1877 年起改用现名。绝大多数党员是侨居美国的德国社会主义运动参加者,同本地工人联系很少。19 世纪 70 年代末,党内领导职务由拉萨尔派掌握,他们执行宗派主义和教条主义政策,不重视在美国工人群众组织中开展工作,一部分领导人热衷于议会选举活动,轻视群众的经济斗争,另一些领导人则转向工联主义和无政府主义。党的领导在思想上和策略上的摇摆削弱了党。90 年代初,以丹·德莱昂为首的左派领导该党,党的工作有一些活跃。从 90 年代末起,宗派主义和无政府工团主义倾向又在党内占了上风,表现在放弃争取实现工人局部要求的斗争,拒绝在改良主义工会中进行工作,致使该党更加脱离群众性的工人运动。第一次世界大战期间,该党倾向于国际主义。在俄国十月革命的影响下,党内一部分最革命的分子退出了党,积极参加建立美国共产党。此后美国社会主义工人党成了一个人数很少、主要和知识分子有联系的集团。美国社会主义工人党曾提出过以"工业民主"代替"政治国家"的问题。——231。

102　指恩格斯的《论权威》(见《马克思恩格斯文集》第 3 卷)一文。——232。

103　在《马克思主义论国家》的手稿中,摘自马克思的著作《法兰西内战》的引文被分成若干条,并编上了号码(见本卷第 178—182 页)。本提要各点后头所注的是手稿的页码(方括号内是本卷的页码)和引文的编号。——236。

104　这个纲要看来是列宁在撰写本书的过程中拟定的。纲要各条后面的页码是《国家与革命》手稿的页码,方括号内是本卷的页码。——237。

105　科尔尼洛夫叛乱是发生在 1917 年 8 月的一次俄国资产阶级和地主的反革命叛乱。叛乱的头子是俄军最高总司令、沙俄将军拉·格·科尔尼洛夫。叛乱的目的是要消灭革命力量,解散苏维埃,在国内建立反动的军事独裁,为恢复君主制作准备。立宪民主党在这一反革命阴谋中起了主要作用。临时政府首脑亚·费·克伦斯基是叛乱的同谋者,但是在叛乱发动后,他既害怕科尔尼洛夫在镇压布尔什维克党的同时也镇压小资产阶级政党,又担心人民群众在扫除科尔尼洛夫的同时也把他扫除掉,因此就同科尔尼洛夫断绝了关系,宣布其为反对临时政府的叛乱分子。

叛乱于8月25日(9月7日)开始。科尔尼洛夫调动第3骑兵军扑向彼得格勒,彼得格勒市内的反革命组织也准备起事。布尔什维克党是反对科尔尼洛夫叛乱的斗争的领导者和组织者。按照列宁的要求,布尔什维克党在反对科尔尼洛夫的同时,并不停止对临时政府及其社会革命党、孟什维克仆从的揭露。彼得格勒工人、革命士兵和水兵响应布尔什维克党中央的号召,奋起同叛乱分子斗争,三天内有15 000名工人参加赤卫队。叛军推进处处受阻,内部开始瓦解。8月31日(9月13日),叛乱正式宣告平息。在群众压力下,临时政府被迫下令逮捕科尔尼洛夫及其同伙,交付法庭审判。——241。

106 指全俄民主会议。

全俄民主会议是根据孟什维克和社会革命党人把持的工兵代表苏维埃中央执行委员会和农民代表苏维埃执行委员会的决议召开的,1917年9月14—22日(9月27日—10月5日)在彼得格勒举行。参加会议的有苏维埃、工会、陆海军组织、合作社和民族机关等方面的代表共1 582人。这个会议是为解决政权问题而召开的。在科尔尼洛夫叛乱被粉碎以后,妥协主义政党的领导人失去了在苏维埃中的多数地位,他们便伪造民主会议,企图以此代替全俄工兵代表苏维埃第二次代表大会,并建立新的联合临时政府,使政权继续留在资产阶级手里。他们力图把国家纳入资产阶级议会制的轨道,阻止资产阶级民主革命向社会主义革命发展。布尔什维克参加了民主会议,目的是利用会议的讲坛来揭露孟什维克和社会革命党人。9月20日(10月3日),民主会议主席团通过决定,由组成会议各集团分别派出名额为其人数15%的代表组成常设机关——预备议会,以履行民主会议的职能。成立预备议会是企图造成俄国已经建立了议会制度的假象。根据临时政府批准的条例,预备议会仅仅是它的咨询机关。

俄国社会民主工党(布)中央于9月21日(10月4日)决定从民主会议主席团召回布尔什维克,但不退出会议,同时以9票对8票决定不参加预备议会。由于双方票数大体相等,问题又交给民主会议布尔什维克党团会议讨论,结果却以 77 票对 50 票作出了参加预备议会的决议,并经中央批准。列宁批评了布尔什维克在对待民主会议问题上的策略错误,坚决要求布尔什维克退出预备议会,集中力量准备起义。布尔什维克党中央讨论了列宁的建议,不顾列·波·加米涅夫、阿·伊·李可夫等人的反对,作出了退出预备议会的决定。10 月 7 日(20 日),在预备议会开幕那天,布尔什维克代表宣读声明后退出。10 月 25 日(11 月 7 日),预备议会被赤卫队解散。——242。

人 名 索 引

A

阿夫克森齐耶夫,尼古拉·德米特里耶维奇(Авксентьев, Николай Дмитриевич 1878—1943)——俄国社会革命党领袖之一,该党中央委员。1905 年为彼得堡工人代表苏维埃委员。斯托雷平反动时期和新的革命高涨年代参加社会革命党右翼,任社会革命党中央机关刊物《劳动旗帜报》编委。第一次世界大战期间是社会沙文主义者,为护国派刊物《在国外》、《新闻报》、《号召报》撰稿。1917 年二月革命后任彼得格勒苏维埃执行委员会委员、全俄农民代表苏维埃执行委员会主席、第二届联合临时政府内务部长,10 月任俄罗斯共和国临时议会(预备议会)主席。十月革命后是反革命叛乱的策划者之一。1918 年是所谓乌法督政府的主席。后流亡国外,继续反对苏维埃政权。——12、44。

阿列克谢耶夫,谢尔盖·亚历山德罗维奇(Алексеев, Сергей Александрович)——马克思《哲学的贫困》俄译本译者。俄译本第 1 版和第 2 版于 1905 年在敖德萨出版,第 3 版于 1906 年在彼得堡出版。——232。

B

巴枯宁,米哈伊尔·亚历山德罗维奇(Бакунин, Михаил Александрович 1814—1876)——俄国无政府主义和民粹主义创始人和理论家之一。1840 年起侨居国外,曾参加德国 1848—1849 年革命。1849 年因参与领导德累斯顿起义被判处死刑,后改为终身监禁。1851 年被引渡给沙皇政府,囚禁期间向沙皇写了《忏悔书》。1861 年从西伯利亚流放地逃往伦敦。1868 年参加第一国际活动后,在国际内部组织秘密团体——社会主义民主同盟,妄图夺取总委员会的领导权。鼓吹无政府主义,宣称个人"绝对自由"

是整个人类发展的最高目的，国家是产生一切不平等的根源；否定包括无产阶级专政在内的一切国家；不理解无产阶级的历史作用，公开反对建立工人阶级的独立政党，主张工人放弃政治斗争。由于进行分裂国际的阴谋活动，1872 年在海牙代表大会上被开除出第一国际。——50、63、99、134、167。

白拉克，威廉(Bracke, Wilhelm 1842—1880)——德国工人运动活动家，图书出版人和经销人。1865 年起是全德工人联合会会员。1869 年参与创建德国社会民主工党(爱森纳赫派)。1871 年创办出版社，是党的书刊的主要出版人和发行人之一。1877—1879 年是社会民主党国会党团成员。曾进行反对拉萨尔派的斗争，反对党内的无政府主义分子和机会主义分子，但不够彻底。——61、79—80、158、167。

贝尔，麦克斯(Beer, Max 1864—1943)——德国社会主义史学家。19 世纪 80 年代属德国社会民主党左翼(青年派)。因参加社会主义报刊工作被捕，1894 年流亡伦敦，后去美国。1901 年又回到伦敦，成为《前进报》通讯员。1915 年回到德国，追随右派社会民主党人。在 1917—1918 年革命事件影响下又向左靠拢，写了一些较接近于马克思主义的著作，如《卡尔·马克思，他的生平和学说》(1923)等。——131、157。

倍倍尔，奥古斯特(Bebel, August 1840—1913)——德国工人运动和国际工人运动活动家，德国社会民主党和第二国际的创建人和领袖之一，马克思和恩格斯的朋友和战友；旋工出身。19 世纪 60 年代前半期开始参加政治活动，1867 年当选为德国工人协会联合会主席，1868 年该联合会加入第一国际。1869 年与威·李卜克内西共同创建了德国社会民主工党(爱森纳赫派)，该党于 1875 年与拉萨尔派合并为德国社会主义工人党，后又改名为德国社会民主党。多次当选国会议员，利用国会讲坛揭露帝国政府反动的内外政策。1870—1871 年普法战争期间持国际主义立场，在国会中投票反对军事拨款，支持巴黎公社，为此曾被捕和被控叛国，断断续续在狱中度过近六年时间。在反社会党人非常法施行时期，领导了党的地下活动和议会活动。90 年代和 20 世纪初同党内的改良主义和修正主义进行斗争，反对伯恩施坦及其拥护者对马克思主义理论的歪曲和庸俗化。是出色的政论家和演说家，对德国和欧洲工人运动的发展有很大影响。马克思和恩格斯高度评价了他的活动。——61—63、80、85、131、154、158、165、167、228、245。

比索拉蒂,莱奥尼达(Bissolati,Leonida 1857—1920)——意大利社会党创建人和右翼改良派领袖之一。1896—1903年和1908—1912年任社会党中央机关报《前进报》主编。1897年起为议员。1912年因支持意大利政府进行侵略战争被开除出社会党,后组织了改良社会党。第一次世界大战期间是社会沙文主义者,主张意大利站在协约国方面参战。1916—1918年参加政府,任不管部大臣。——43。

彼得一世(彼得大帝)(Петр Ⅰ Великий 1672—1725)——俄国沙皇(1682—1725),第一个全俄皇帝(1721—1725)。——157。

俾斯麦,奥托·爱德华·莱奥波德(Bismarck,Otto Eduard Leopold 1815—1898)——普鲁士和德国国务活动家和外交家。普鲁士容克的代表。曾任驻彼得堡大使(1859—1862)和驻巴黎大使(1862),普鲁士首相(1862—1872、1873—1890),北德意志联邦首相(1867—1871)和德意志帝国首相(1871—1890)。1870年发动普法战争,1871年支持法国资产阶级镇压巴黎公社。主张在普鲁士领导下"自上而下"统一德国。曾采取一系列内政措施,捍卫容克和大资产阶级的联盟。1878年颁布反社会党人非常法。由于内外政策遭受挫折,于1890年3月去职。——11、196。

波克罕,西吉斯蒙德·路德维希(Borkheim,Sigismund Ludwig 1826—1885)——德国政论家,民主主义者。曾参加1848—1849年革命,革命失败后流亡国外,住在瑞士和法国。1851年移居英国,同马克思和恩格斯保持友好关系。——171。

波米亚洛夫斯基,尼古拉·格拉西莫维奇(Помяловский,Николай Герасимович 1835—1863)——俄国民主主义作家,写有《神学校随笔》(1862—1863)等著作。作品抨击俄国的官僚专制制度,反对强暴和专横,得到车尔尼雪夫斯基和高尔基的高度评价。——93。

波拿巴,路易——见拿破仑第三。

波特列索夫,亚历山大·尼古拉耶维奇(Потресов,Александр Николаевич 1869—1934)——俄国孟什维克领袖之一。19世纪90年代初参加马克思主义小组。1896年加入彼得堡工人阶级解放斗争协会,后被捕,1898年流

"左派共产主义者"集团的领袖。1919年3月当选为党中央政治局候补委员。1919年共产国际成立后任共产国际执行委员会委员和主席团委员。1920—1921年工会问题争论期间领导"缓冲"派。1924年6月当选为中央政治局委员。1926—1929年主持共产国际的工作。1929年被作为"右倾派别集团"的领袖受到批判,同年被撤销《真理报》主编、中央政治局委员、共产国际执行委员会委员和主席团委员职务。1931年起任苏联最高国民经济委员会主席团委员。1934—1937年任《消息报》主编。1934年当选为候补中央委员。1937年3月被开除出党。1938年3月13日被苏联最高法院军事审判庭以"参与托洛茨基的恐怖、间谍和破坏活动"的罪名判处枪决。1988年平反并恢复党籍。——117—118、120—126、156、157、201。

布兰亭,卡尔·亚尔马(Branting, Karl Hjalmar 1860—1925)——瑞典社会民主党和第二国际创建人和领袖之一,持机会主义立场。1887—1917年(有间断)任瑞典社会民主党中央机关报《社会民主党人报》编辑。1896年起为议员。1907年当选为党的执行委员会主席。第一次世界大战期间是社会沙文主义者。1917年参加埃登的自由党—社会党联合政府,支持武装干涉苏维埃俄国。1920年、1921—1923年、1924—1925年领导社会民主党政府,1921—1923年兼任外交大臣。曾参与创建和领导伯尔尼国际。——43、114。

布列什柯-布列什柯夫斯卡娅,叶卡捷琳娜·康斯坦丁诺夫娜(Брешко-Брешковская, Екатерина Константиновна 1844—1934)——俄国社会革命党的组织者和领导人之一,属该党极右翼。19世纪70年代初参加革命运动,是"到民间去"活动的参加者。1874—1896年服苦役和流放。1899年参与创建俄国政治解放工人党,该党于1902年并入社会革命党。曾参加1905—1907年革命。多次当选为社会革命党中央委员。1917年二月革命后极力支持资产阶级临时政府,主张把帝国主义战争继续进行到"最后胜利"。十月革命后反对苏维埃政权。1919年去美国,后住在法国。在国外继续反对苏维埃俄国,主张策划新的武装干涉,参加了巴黎白俄流亡分子的《白日》周刊的工作。——1。

C

策列铁里,伊拉克利·格奥尔吉耶维奇(Церетели, Ираклий Георгиевич

1881—1959)——俄国孟什维克领袖之一。1902 年参加社会民主主义运
动。第二届国家杜马代表,在杜马中领导社会民主党党团,参加土地委员
会,就斯托雷平在杜马中宣读的政府宣言以及土地等问题发了言。作为社
会民主党杜马党团的代表参加了俄国社会民主工党的第五次(伦敦)代表
大会的工作。斯托雷平反动时期和新的革命高涨年代是取消派分子。第
一次世界大战期间是中派分子。1917 年二月革命后任彼得格勒苏维埃执
行委员会委员、第一届中央执行委员会主席团委员,护国派分子。1917 年
5—7 月任临时政府邮电部长,七月事变后任内务部长,极力反对布尔什维
克争取政权的斗争。十月革命后领导立宪会议中的反苏维埃联盟;是格鲁
吉亚孟什维克反革命政府首脑之一。1921 年格鲁吉亚建立苏维埃政权后
流亡法国。1923 年是社会主义工人国际的组织者之一。1940 年移居美
国。——1、12、44、46、72、76、93、114。

D

大卫,爱德华(David,Eduard 1863 — 1930)——德国社会民主党右翼领袖之
一,经济学家;德国机会主义者的主要刊物《社会主义月刊》创办人之一。
1893 年加入社会民主党。公开修正马克思主义关于土地问题的学说,否
认资本主义经济规律在农业中的作用。1903 年出版《社会主义和农业》一
书,宣扬小农经济稳固,维护所谓土地肥力递减规律。1903 — 1918 年和
1920 — 1930 年为国会议员,社会民主党国会党团领袖之一。第一次世界
大战期间是社会沙文主义者;在《世界大战中的社会民主党》(1915)一书中
为德国社会民主党右翼在第一次世界大战中的机会主义立场辩护。1919
年 2 月任魏玛共和国国民议会第一任议长。1919 — 1920 年任内务部长,
1922 — 1927 年任中央政府驻黑森的代表。——2、43、114。

丹东,若尔日 • 雅克(Danton,Georges-Jacques 1759 — 1794)——18 世纪末法
国资产阶级革命活动家,雅各宾派右翼领袖;职业是律师。1792 年 8 月参
加了推翻君主制的起义,起义后任吉伦特派政府司法部长。8 — 9 月间在
普奥干涉军进逼巴黎的危急关头,发表了"为了战胜敌人,必须勇敢、勇敢、
再勇敢!"的著名演说,号召人民奋起保卫革命的祖国。同年 9 月被选入国
民公会,和罗伯斯比尔等人一起组成国民公会中的山岳派,为该派领袖之

一。1793年4月参加雅各宾派政府——第一届公安委员会,成了实际上的领导人。由于力图调和雅各宾派和吉伦特派之间的斗争,同年7月被排除出改组后的公安委员会。当年11月重返国民公会,主张温和妥协,反对罗伯斯比尔派政府实行革命专政的各项政策。1794年3月31日夜被捕,经革命法庭审判,于4月5日被处决。——222。

杜冈——见杜冈-巴拉诺夫斯基,米哈伊尔·伊万诺维奇。

杜冈-巴拉诺夫斯基,米哈伊尔·伊万诺维奇(杜冈)(Туган-Барановский, Михаил Иванович (Туган) 1865—1919)——俄国经济学家和历史学家。1895—1899年任彼得堡大学政治经济学讲师,1913年起任彼得堡工学院教授。19世纪90年代是合法马克思主义的代表人物。曾为《新言论》杂志和《开端》杂志等撰稿,积极参加同自由主义民粹派的论战。20世纪初起公开维护资本主义,修正马克思主义的基本原理,成了"马克思的批评家"。1905—1907年革命期间加入立宪民主党。十月革命后成为乌克兰反革命势力的骨干分子,1917—1918年任乌克兰中央拉达财政部长。主要著作有《现代英国的工业危机及其原因和对人民生活的影响》(1894)、《俄国工厂今昔》(第1卷,1898)等。——89。

杜林,欧根·卡尔(Dühring, Eugen Karl 1833—1921)——德国哲学家和经济学家。毕业于柏林大学,当过见习法官,1863—1877年为柏林大学非公聘讲师。70年代起以"社会主义改革家"自居,反对马克思主义,企图创立新的理论体系。在哲学上把唯心主义、庸俗唯物主义和实证论混合在一起;在政治经济学方面反对马克思的劳动价值学说和剩余价值学说;在社会主义理论方面以资产阶级改良主义精神阐述自己的社会主义体系,反对科学社会主义。他的思想得到部分德国社会民主党人的支持。恩格斯在《反杜林论》一书中系统地批判了他的观点。主要著作有《国民经济学和社会主义批判史》(1871)、《国民经济学和社会经济学教程》(1873)、《哲学教程》(1875)等。——18。

E

恩格斯,弗里德里希(Engels, Friedrich 1820—1895)——科学共产主义创始人之一,世界无产阶级的领袖和导师,马克思的亲密战友。——2、5、7—

F

费舍，理查（Fischer，Richard 1855—1926）——德国社会民主党人。1880—1890 年在苏黎世和伦敦的社会民主党印刷所工作。1890—1893 年任社会民主党执行委员会书记。1893—1903 年领导社会民主党的出版社，是该党中央机关报《前进报》的出版人和管理人。1893—1926 年为国会议员。第一次世界大战期间是社会沙文主义者。——176。

弗兰克尔，莱奥（Frankel，Leo 1844—1896）——匈牙利工人运动和国际工人运动活动家；职业是首饰匠。19 世纪 60 年代到德国谋生，后到巴黎，成为法国德意志工人联合会领导人之一。1871 年 3 月当选为巴黎公社委员，任公社执行委员会委员，领导劳动、工业和交换委员会。公社失败后流亡伦敦，被选入第一国际总委员会，曾担任奥匈帝国和捷克通讯书记五年。支持马克思和恩格斯反对巴枯宁派的斗争。1876 年在维也纳被捕，被送交匈牙利政府，同年 3 月获释，后参加匈牙利第一个社会主义工人政党——匈牙利全国工人党的创建工作。1889 年起住在巴黎，为法国和德国的社会主义报刊撰稿；积极参加第二国际的创建工作，曾任第二国际成立大会（1889）副主席。——130、139。

G

盖得，茹尔（巴西尔，马蒂厄）（Guesde，Jules（Basile，Mathieu）1845—1922）——法国工人运动和国际工人运动活动家，法国工人党创建人之一，第二国际的组织者和领袖之一。19 世纪 60 年代是资产阶级共和主义者。拥护 1871 年的巴黎公社。公社失败后流亡瑞士和意大利，一度追随无政府主义者。1876 年回国。在马克思和恩格斯影响下逐步转向马克思主义。1877 年 11 月创办《平等报》，宣传社会主义思想，为 1879 年法国工人党的建立作了思想准备。1880年和拉法格一起在马克思和恩格斯指导下起草了法国工人党纲领。1880—1901年领导法国工人党,同无政府主义者和可能派进行坚决斗争。1889年积极参加创建第二国际的活动。1893年当选为众议员。1899年反对米勒兰参加资产阶级内阁。1901年与其拥护者建立了法兰西社会党,该党于1905年同改良主义的法国社会党合并,盖得为统一的法国社会党领袖之一。20世纪初逐渐转向中派立场。第一次世界大战一开始即采取社会沙文主义立场,参加了法国资产阶级政府。1920年法国社会党分裂后,支持少数派立场,反对加入共产国际。——2。

格拉弗,让(Grave,Jean 1854—1939)——法国小资产阶级社会主义者,无政府主义理论家。无政府主义刊物《反抗者》和《反抗》的编辑,写过一些论述无政府主义的著作。20世纪初转向无政府工团主义立场。第一次世界大战期间是社会沙文主义者,《工团战斗报》撰稿人。——94。

格耶,亚历山大(Ге,Александр 1879—1919)——俄国无政府主义者,生于德国。十月革命后拥护苏维埃政权。曾任第三届和第四届全俄中央执行委员会委员。1918年参加北高加索苏维埃政府。——94。

H

海德门,亨利·迈尔斯(Hyndman,Henry Mayers 1842—1921)——英国社会党人。1881年创建民主联盟(1884年改组为社会民主联盟),担任领导职务,直至1892年。曾同法国可能派一起夺取1889年巴黎国际工人代表大会的领导权,但未能得逞。1900—1910年是社会党国际局成员。1911年参与创建英国社会党,领导该党机会主义派。第一次世界大战期间是社会沙文主义者。1916年英国社会党代表大会谴责他的社会沙文主义立场后,退出社会党。敌视俄国十月革命,赞成武装干涉苏维埃俄国。——2。

海涅,亨利希(Heine,Heinrich 1797—1856)——德国诗人和作家。反对封建容克反动势力,抨击资产阶级市侩习气,显示了卓越的讽刺才能,得到马克思和恩格斯的高度评价。与马克思的结识和通信对诗人政治上的成长有很大影响。晚年诗作中有时流露彷徨苦闷情绪,但仍洋溢着战斗豪情。——153。

韩德逊,阿瑟(Henderson, Arthur 1863—1935)——英国工党和工会运动领袖之一。1903 年起为议员,1908—1910 年和 1914—1917 年任工党议会党团主席,1911—1934 年任工党书记。第一次世界大战期间是社会沙文主义者。1915—1917 年先后参加阿斯奎斯政府和劳合-乔治政府,任教育大臣、邮政大臣和不管部大臣等职。俄国 1917 年二月革命后到俄国鼓吹继续进行战争。1919 年参与组织伯尔尼国际。1923 年起任社会主义工人国际执行委员会主席。1924 年和 1929—1931 年两次参加麦克唐纳政府,先后任内务大臣和外交大臣。——43。

黑格尔,乔治·威廉·弗里德里希(Hegel, Georg Wilhelm Friedrich 1770—1831)——德国哲学家,客观唯心主义者,德国古典哲学的主要代表。1801—1807 年任耶拿大学哲学讲师和教授。1808—1816 年任纽伦堡中学校长。1816—1817 年任海德堡大学哲学教授。1818 年起任柏林大学哲学教授。黑格尔哲学是 18 世纪末至 19 世纪初德国唯心主义哲学的最高发展。他根据唯心主义的思维与存在同一的基本原则,建立了客观唯心主义的哲学体系,并创立了唯心主义辩证法的理论。认为在自然界和人类出现以前存在着绝对精神,客观世界是绝对精神、绝对观念的产物;绝对精神在其发展中经历了逻辑阶段、自然阶段和精神阶段,最终回复到了它自身;整个自然的、历史的和精神的世界都处于不断的运动、变化和发展中,矛盾是运动、变化的核心。黑格尔哲学的特点是辩证方法同形而上学体系之间的深刻矛盾。他的唯心主义辩证法是马克思主义哲学的理论来源之一。在社会政治观点上是保守的,是立宪君主制的维护者。主要著作有《精神现象学》(1807)、《逻辑学》(1812—1816)、《哲学全书》(1817)、《法哲学原理》(1821)、《哲学史讲演录》(1833—1836)、《历史哲学讲演录》(1837)、《美学讲演录》(1836—1838)等。——5、193。

J

晋季诺夫,弗拉基米尔·米哈伊洛维奇(Зензинов, Владимир Михайлович 1880—1953)——俄国社会革命党领袖之一。1906 年加入社会革命党战斗组织,1909 年起为该党中央委员。第一次世界大战期间是护国派分子。1917 年任彼得格勒苏维埃执行委员会委员,主张同资产阶级结盟;是社会革命党机关报《人民事业报》编辑。十月革命后反对苏维埃政权,后为白俄流亡分子。——45。

K

考茨基,卡尔(Kautsky,Karl 1854—1938)——德国社会民主党和第二国际的领袖和主要理论家之一。1875 年加入奥地利社会民主党,1877 年加入德国社会民主党。1881 年与马克思和恩格斯相识后,在他们的影响下逐渐转向马克思主义。从 19 世纪 80 年代到 20 世纪初写过一些宣传和解释马克思主义的著作:《卡尔·马克思的经济学说》(1887)、《土地问题》(1899)等。但在这个时期已表现出向机会主义方面摇摆,在批判伯恩施坦时作了很多让步。1883—1917 年任德国社会民主党理论刊物《新时代》杂志主编。曾参与起草 1891 年德国社会民主党纲领(爱尔福特纲领)。1910 年以后逐渐转到机会主义立场,成为中派领袖。第一次世界大战前夕提出超帝国主义论,大战期间打着中派旗号支持帝国主义战争。1917 年参与建立德国独立社会民主党,1922 年拥护该党右翼与德国社会民主党合并。1918 年后发表《无产阶级专政》等书,攻击俄国十月革命,反对无产阶级专政。——2、7、11、26、32—33、43、50、63、64、73、99、100—111、113—114、132、140、152、155—156、157、175、176、184、189、204、205—218、219—220、221、224、225、228、229、246。

科尔布,威廉(Kolb,Wilhelm 1870—1918)——德国社会民主党人,机会主义者和修正主义者,《人民之友报》编辑。第一次世界大战期间是社会沙文主义者。——114、157。

科尔纳利森,克里斯蒂安(Cornelissen,Christian)——荷兰无政府主义者,克鲁泡特金的追随者,反对马克思主义。第一次世界大战期间是沙文主义者,曾为法国《工团战斗报》撰稿。——94。

克列孟梭,若尔日(Clemenceau,Georges 1841—1929)——法国国务活动家。第二帝国时期属左翼共和派。1871 年巴黎公社时期任巴黎第十八区区长,力求使公社战士与凡尔赛分子和解。1876 年起为众议员,80 年代初成为激进派领袖,1902 年起为参议员。1906 年 3—10 月任内务部长,1906 年 10 月—1909 年 7 月任总理。维护大资产阶级利益,镇压工人运动和民主运动。第一次世界大战期间是沙文主义者。1917—1920 年再度任总理,在国内建立军事专制制度,积极策划和鼓吹经济封锁和武装干涉苏维埃俄国。1919—1920 年主持巴黎和会,参与炮制凡尔赛和约。1920 年竞选总统失败后退出政界。——150。

克鲁泡特金,彼得·阿列克谢耶维奇(Кропоткин, Петр Алексеевич 1842—1921)——俄国无政府主义的主要活动家和理论家之一,公爵。1872 年出国,在瑞士加入第一国际,属巴枯宁派。回国后作为无政府主义者参加民粹主义运动,为此于 1874 年被捕并被监禁在彼得保罗要塞。1876 年逃往国外,在瑞士等国从事著述活动,宣传无政府主义,反对马克思关于阶级斗争和无产阶级专政的学说。第一次世界大战期间是沙文主义者。1917 年 6 月回国,仍坚持资产阶级立场,但在 1920 年发表了给欧洲工人的一封信,信中承认十月革命的历史意义,并呼吁欧洲工人制止对苏维埃俄国的武装干涉。写有《科学和无政府主义》、《无政府主义及其哲学》、《1789—1793 年法国大革命》以及一些地理学和地质学著作。——94、113。

克伦斯基,亚历山大·费多罗维奇(Керенский, Александр Федорович 1881—1970)——俄国政治活动家,资产阶级临时政府首脑。1917 年 3 月起为社会革命党人。第四届国家杜马代表,劳动派党团领袖。第一次世界大战期间是护国派分子。1917 年二月革命后任彼得格勒工兵代表苏维埃副主席、国家杜马临时委员会委员。在临时政府中任司法部长(3—5 月)、陆海军部长(5—9 月)、总理(7 月 21 日起)兼最高总司令(9 月 12 日起)。执政期间继续进行帝国主义战争,七月事变时镇压工人和士兵,迫害布尔什维克。1917 年 11 月 7 日彼得格勒爆发武装起义时,从首都逃往前线,纠集部队向彼得格勒进犯,失败后逃亡巴黎。在国外参加白俄流亡分子的反革命活动,1922—1932 年编辑《白日》周刊。1940 年移居美国。——11、70。

库格曼,路德维希(Kugelmann, Ludwig 1828—1902)——德国社会民主主义者,医生,马克思和恩格斯的朋友。曾参加德国 1848—1849 年革命。1865 年起为第一国际会员,是国际洛桑代表大会(1867)和海牙代表大会(1872)的代表。曾协助马克思出版和传播《资本论》。1862—1874 年间经常和马克思通信,反映德国情况。马克思给库格曼的信 1902 年第一次发表于德国《新时代》杂志,1907 年被译成俄文出版,并附有列宁的序言。——35、

134—136、227。

L

拉狄克,卡尔·伯恩哈多维奇（Радек, Карл Бернгардович 1885—1939）——
生于东加利西亚。20世纪初参加加利西亚、波兰和德国的社会民主主义
运动。1901年起为加利西亚社会民主党的积极成员,1904—1908年在波
兰王国和立陶宛社会民主党内工作。1908年到柏林,为德国左派社会民
主党人的报刊撰稿。第一次世界大战期间持国际主义立场,但表现出向中
派方面动摇。1917年加入俄国社会民主工党(布)。十月革命后在外交人
民委员部工作。1918年是"左派共产主义者"。在党的第八至第十二次代
表大会上当选为中央委员。1920—1924年任共产国际执行委员会书记、
委员和主席团委员。1923年起属托洛茨基反对派。1925—1927年任莫
斯科中山大学校长。长期为《真理报》、《消息报》和其他报刊撰稿。1927
年被开除出党,1930年恢复党籍,1936年被再次开除出党。1937年1月
被苏联最高法院军事审判庭以"进行叛国、间谍、军事破坏和恐怖活动"的
罪名判处十年监禁。1939年死于狱中。1988年6月苏联最高法院为其平
反。——107。

拉法格,保尔（Lafargue, Paul 1842—1911）——法国工人运动和国际工人运
动活动家,法国工人党和第二国际创建人之一,马克思主义的理论家和宣
传家;马克思的女儿劳拉的丈夫。1865年初加入第一国际巴黎支部,1866
年2月当选为国际总委员会委员。在马克思和恩格斯直接教诲下逐渐接
受科学社会主义。巴黎公社时期曾组织波尔多工人声援公社的斗争,并前
往巴黎会见公社领导人。公社失败后流亡西班牙,在反对巴枯宁主义者的
斗争中起了重要作用。1872年10月迁居伦敦,为创建法国独立的工人政
党做了大量工作。1880年和盖得一起在马克思和恩格斯指导下起草了法
国工人党纲领,任工人党机关报《平等报》编辑。1882年回到巴黎,和盖得
一起领导工人党,同可能派进行了坚决的斗争。1889年积极参加创建第
二国际的活动。1891年当选为众议员。19世纪末20世纪初反对伯恩施
坦修正主义,谴责米勒兰加入资产阶级内阁的行为。1905年统一的法国
社会党成立后为党的领袖之一。——150。

拉萨尔,斐迪南(Lassalle,Ferdinand 1825—1864)——德国工人运动活动家,
小资产阶级社会主义者,德国工人运动中的机会主义——拉萨尔主义的代
表人物。积极参加德国 1848 年革命。曾与马克思和恩格斯有过通信联
系。1863 年 5 月参与创建全德工人联合会,并当选为联合会主席。在联
合会中推行拉萨尔主义,把德国工人运动引上了机会主义道路。宣传超阶
级的国家观点,主张通过争取普选权和建立由国家资助的工人生产合作社
来解放工人。曾同俾斯麦勾结并支持在普鲁士领导下"自上而下"统一德
国的政策。在哲学上是唯心主义者和折中主义者。——80、87—89、162、
165、167。

李卜克内西,卡尔(Liebknecht,Karl 1871—1919)——德国工人运动和国际
工人运动活动家,德国社会民主党左翼领袖之一,德国共产党创建人之一;
威·李卜克内西的儿子;职业是律师。1900 年加入社会民主党,积极反对
机会主义和军国主义。1912 年当选为帝国国会议员。第一次世界大战期
间持国际主义立场,反对支持本国政府进行掠夺战争。1914 年 12 月 2 日
是国会中唯一投票反对军事拨款的议员。是国际派(后改称斯巴达克派和
斯巴达克联盟)的组织者和领导人之一。1916 年因领导五一节反战游行
示威被捕入狱。1918 年 10 月出狱,领导了 1918 年十一月革命,与卢森堡
一起创办《红旗报》,同年底领导建立德国共产党。1919 年 1 月柏林工人
斗争被镇压后,于 15 日被捕,当天惨遭杀害。——186、187。

李卜克内西,威廉(Liebknecht,Wilhelm 1826—1900)——德国工人运动和
国际工人运动活动家,德国社会民主党的创建人和领袖之一,马克思和恩
格斯的朋友和战友。积极参加德国 1848 年革命,革命失败后流亡国外,在
国外结识马克思和恩格斯,接受了科学共产主义思想。1850 年加入共产
主义者同盟。1862 年回国。第一国际成立后,成为国际的革命思想的热
心宣传者和国际的德国支部的组织者之一。1868 年起任《民主周报》编
辑。1869 年与倍倍尔共同创建了德国社会民主工党(爱森纳赫派),任党
的中央机关报《人民国家报》编辑。1875 年积极促成爱森纳赫派和拉萨尔
派的合并。在反社会党人非常法施行期间与倍倍尔一起领导党的地下工
作和斗争。1890 年起任党的中央机关报《前进报》主编,直至逝世。
1867—1870 年为北德意志联邦国会议员,1874 年起多次被选为德意志帝

国国会议员,利用议会讲坛揭露普鲁士容克反动的内外政策。因革命活动
屡遭监禁。是第二国际的组织者之一。——63、65、140、152、167。

列金,卡尔(Legien,Karl 1861—1920)——德国右派社会民主党人,德国工会
领袖之一。1890年起任德国工会总委员会主席。1903年起任国际工会书
记处书记,1913年起任主席。1893—1920年(有间断)为德国社会民主党
国会议员。1919—1920年为魏玛共和国国民议会议员。第一次世界大战
期间是社会沙文主义者。1918年十一月革命期间同其他右派社会民主党
人一起推行镇压革命运动的政策。——2、43、45、114。

列宁,弗拉基米尔·伊里奇(**乌里扬诺夫,弗拉基米尔·伊里奇**;尼·列宁)
(Ленин,Владимир Ильич(Ульянов,Владимир Ильич,Н. Ленин)1870—
1924)——35、70、78、116。

列诺得尔,皮埃尔(Renaudel,Pierre 1871—1935)——法国社会党右翼领袖
之一。1899年参加社会主义运动。1906—1915年任《人道报》编辑,
1915—1918年任社长。1914—1919年和1924—1935年为众议员。第一
次世界大战期间是社会沙文主义者。反对社会党参加共产国际,主张社会
党人参加资产阶级政府。1927年辞去社会党领导职务,1933年被开除出
党。——2、43。

卢格,阿尔诺德(Ruge,Arnold 1802—1880)——德国政论家,青年黑格尔派,
资产阶级激进派。1843—1844年同马克思一起在巴黎筹办和出版《德法
年鉴》杂志,不久与马克思分道扬镳。1866年后成为民族自由党人,写文
章支持俾斯麦所奉行的在普鲁士领导下"自上而下"统一德国的政策。
——128。

卢森堡,罗莎(Luxemburg,Rosa 1871—1919)——德国、波兰和国际工人运
动活动家,德国社会民主党和第二国际左翼领袖和理论家之一,德国共产
党创建人之一。生于波兰。19世纪80年代后半期开始革命活动,1893年
参与创建和领导波兰王国社会民主党,为党的领袖之一。1898年移居德
国,积极参加德国社会民主党的活动,反对伯恩施坦主义和米勒兰主义。
曾参加俄国第一次革命(在华沙)。1907年参加俄国社会民主工党第五次
(伦敦)代表大会,在会上支持布尔什维克。斯托雷平反动时期和新的革命
高涨年代对取消派采取调和主义态度。1912年波兰王国和立陶宛社会民

主党分裂后,曾谴责最接近布尔什维克的所谓分裂派。第一次世界大战期间持国际主义立场,是建立国际派(后改称斯巴达克派和斯巴达克联盟)的发起人之一。参加领导了德国 1918 年十一月革命,同年底参与领导德国共产党成立大会,作了党纲报告。1919 年 1 月柏林工人斗争被镇压后,于 15 日被捕,当天惨遭杀害。主要著作有《社会改良还是革命》(1899)、《俄国社会民主党的组织问题》(1904)、《资本积累》(1913)等。——107。

鲁巴诺维奇,伊里亚·阿道福维奇(Рубанович, Илья Адольфович 1860 — 1920)——俄国社会革命党领袖之一。早年积极参加民意党运动,19 世纪 80 年代侨居巴黎,1893 年在巴黎加入老民意党人小组。社会革命党成立后即为该党积极成员。曾参加《俄国革命通报》杂志的工作,该杂志从 1902 年起成为社会革命党正式机关刊物。是出席国际社会党阿姆斯特丹代表大会(1904)和斯图加特代表大会(1907)的社会革命党代表,社会党国际局成员。第一次世界大战期间是社会沙文主义者。十月革命后反对苏维埃政权。——1。

鲁萨诺夫,尼古拉·谢尔盖耶维奇(Русанов, Николай Сергеевич 1859 — 1939)——俄国政论家,民意党人,后为社会革命党人。侨居国外时会见过恩格斯。1905 年回国,编辑社会革命党的报纸。十月革命后为白俄流亡分子。——45。

路易-菲力浦(Louis-Philippe 1773 — 1850)——法国国王(1830 — 1848)。1830 年七月革命后取得王位,建立七月王朝。1848 年二月革命时被推翻,逃往英国,后死在英国。——142、160。

路易-拿破仑——见拿破仑第三。

洛克菲勒家族(Rockefellers)——美国最大的金融寡头家族,始祖是约翰·戴维森·洛克菲勒(1839 — 1937)。老洛克菲勒于 1870 年创办美孚油公司,垄断了美国的石油工业。洛克菲勒家族是美国主要金融工业垄断集团之一,曾控制美国大通银行、纽约花旗银行等大银行,拥有许多大工业企业,对美国的内外政策有重大影响。——220。

洛里亚,阿基尔(Loria, Achille 1857 — 1943)——意大利社会学家和经济学家,庸俗政治经济学的代表人物。——117。

M

马克思,卡尔(Marx,Karl 1818—1883)——科学共产主义的创始人,世界无产阶级的领袖和导师。——2、4—5、6、7、13、15、18、19—20、21—22、23、24—26、27、29、31—32、33、34—37、38—40、41、42、43、45、48—49、50、51—53、56—57、61、62、67、68、71、77、79、80—82、84、87—89、90—91、94、95、99—100、101、102、103—105、107、109、110—111、112、113、128、130、131、132—138、139—140、149、151、153、154、155、156、158—165、167、168—171、176—183、184、185、188、192—193、202—204、209、212—213、217、219、220—222、223、227、228、233—234、236—238、239、244、245。

梅林,弗兰茨(Mehring,Franz 1846—1919)——德国工人运动活动家,德国社会民主党左翼领袖和理论家之一,历史学家和政论家,德国共产党创建人之一。19世纪60年代末起是资产阶级民主主义政论家,1877—1882年持资产阶级自由主义立场,后向左转化,逐渐接受马克思主义。曾任民主主义报纸《人民报》主编。1891年加入德国社会民主党,担任党的理论刊物《新时代》杂志撰稿人和编辑,1902—1907年任《莱比锡人民报》主编,反对第二国际的机会主义和修正主义,批判考茨基主义。第一次世界大战爆发后坚决谴责帝国主义战争和社会沙文主义者的背叛政策;是国际派(后改称斯巴达克派和斯巴达克联盟)的组织者和领导人之一。1918年参加建立德国共产党的准备工作。欢迎俄国十月革命,撰文驳斥对十月革命的攻击,维护苏维埃政权。在研究德国中世纪史、德国社会民主党史和马克思主义史方面作出重大贡献,在整理出版马克思、恩格斯和拉萨尔的遗著方面也做了大量工作。主要著作有《莱辛传奇》(1893)、《德国社会民主党史》(1897—1898)、《马克思传》(1918)等。——31。

孟德斯鸠,沙尔(Montesquieu,Charles 1689—1755)——法国启蒙思想家,法学家,社会学家,立宪君主制理论家,货币数量论的拥护者,早期资产阶级天赋人权理论的创始人之一。1716年起任波尔多省高等法院院长。曾先后被选为法兰西学院院士、英国皇家学会会员和柏林皇家科学院院士。反对封建专制,主张实行立宪君主制,并认为实行立法、行政、司法三权分立和联邦制是防止君主制演变成暴君政治的有效手段。提出地理环境决定社会制度的理论,认为一个国家的道德风貌、法律性质、政治制度是由地理条件决定的。主要著作有《波斯人信札》(1721)、《罗马盛衰原因论》(1734)、《论法的精神》(1748)等。——51、180。

米海洛夫斯基,尼古拉·康斯坦丁诺维奇 (Михайловский, Николай Константинович 1842—1904)——俄国自由主义民粹派理论家,政论家,文艺批评家,实证论哲学家,社会学主观学派代表人物。1860年开始写作活动。1868年起为《祖国纪事》杂志撰稿,后任编辑。1879年与民意党接近。1882年以后写了一系列谈“英雄”与“群氓”问题的文章,建立了完整的“英雄”与“群氓”的理论体系。1884年《祖国纪事》杂志被查封后,给《北方通报》、《俄国思想》、《俄罗斯新闻》等报刊撰稿。1892年起任《俄国财富》杂志编辑,在该杂志上与俄国马克思主义者进行激烈论战。——8。

米勒兰,亚历山大·埃蒂耶纳 (Millerand, Alexandre Étienne 1859—1943)——法国政治家和国务活动家,法国社会党和第二国际的机会主义代表人物。1885年起多次当选议员。原属资产阶级激进派,90年代初参加法国社会主义运动,领导运动中的机会主义派。1898年同让·饶勒斯等人组成法国独立社会党人联盟。1899年参加瓦尔德克-卢梭内阁,任工商业部长,是有史以来社会党人第一次参加资产阶级政府,列宁把这个行动斥之为“实践的伯恩施坦主义”。1904年被开除出法国社会党,此后同阿·白里安、勒·维维安尼等前社会党人一起组成独立社会党人集团(1911年取名为“共和社会党”)。1909—1915年先后任公共工程部长和陆军部长,竭力主张把帝国主义战争进行到底。俄国十月革命后是武装干涉苏维埃俄国的策划者之一。1920年1—9月任总理兼外交部长,1920年9月—1924年6月任法兰西共和国总统。资产阶级左翼政党在大选中获胜后,被迫辞职。1925年和1927年当选为参议员。——101。

N

拿破仑第一(波拿巴)(Napoléon I (Bonaparte) 1769—1821)——法国皇帝,资产阶级军事家和政治家。法国资产阶级革命时期参加革命军。1799年发动雾月政变,自任第一执政,实行军事独裁统治。1804年称帝,建立法兰西第一帝国,颁布《拿破仑法典》,巩固资本主义制度。多次粉碎反法同盟,沉重打击了欧洲封建反动势力。但对外战争逐渐变为同英俄争霸和掠夺、奴役别国的侵略战争。1814年欧洲反法联军攻陷巴黎后,被流放厄尔巴岛。1815年重返巴黎,再登皇位。滑铁卢之役战败后,被流放大西洋圣赫勒拿岛。——26、73、138、189。

拿破仑第三(**波拿巴,路易;路易-拿破仑**)(Napoléon Ⅲ(Bonaparte,Louis, Louis-Napoléon)1808—1873)——法国皇帝(1852—1870),拿破仑第一的侄子。法国1848年革命失败后被选为法兰西共和国总统。1851年12月2日发动政变,1852年12月称帝。在位期间,对外屡次发动侵略战争,包括同英国一起发动侵略中国的第二次鸦片战争。对内实行警察恐怖统治,强化官僚制度,同时以虚假的承诺、小恩小惠和微小的改革愚弄工人。1870年9月2日在普法战争色当战役中被俘,9月4日巴黎革命时被废黜。——25、160。

纳希姆松,米龙·伊萨科维奇(旁观者)(Нахимсон,Мирон Исаакович (Спектатор)1880—1938)——俄国经济学家和政论家。1899—1921年是崩得分子。第一次世界大战期间持中派立场。1935年在莫斯科国际农业研究所和共产主义科学院工作。写有一些关于世界经济问题的著作。——229。

P

帕尔钦斯基,彼得·伊阿基莫维奇(Пальчинский,Петр Иакимович 1875— 1929)——俄国工程师,煤炭辛迪加的创办人,与银行界关系密切。1917年二月革命后任临时政府工商业部副部长,鼓动企业主怠工,破坏民主组织。1917年11月7日是临时政府所在地冬宫的守卫队长。十月革命后在工业部门组织破坏活动。1929年被枪决。——12。

潘涅库克,安东尼(Pannekoek,Antonie 1873—1960)——荷兰工人运动活动家,天文学家。1907年是荷兰社会民主工党左翼刊物《论坛报》创办人之一。1909年参与创建荷兰社会民主党。1910年起与德国左派社会民主党人关系密切,积极为该党的报刊撰稿。第一次世界大战期间是国际主义者,曾参加齐美尔瓦尔德左派理论刊物《先驱》杂志的出版工作。1918—1921年是荷兰共产党党员,参加共产国际的工作。20年代初是极左的德国共产主义工人党领袖之一。1921 年退出共产党,不久脱离政治活动。
——107—108、109、110、111、156、184—185、213—218、224、229、246。

旁观者——见纳希姆松,米龙·伊萨科维奇。

蒲鲁东,皮埃尔·约瑟夫(Proudhon, Pierre-Joseph 1809—1865)——法国政
论家,经济学家,社会学家,小资产阶级思想家,无政府主义理论的创始人
之一。1840 年出版《什么是财产?》一书,从小资产阶级立场出发批判大资
本主义所有制,幻想使小私有制永世长存。主张由专门的人民银行发放无
息贷款,帮助工人购置生产资料,使他们成为手工业者,再由专门的交换银
行保证劳动者"公平地"销售自己的劳动产品,而同时又不触动生产工具和
生产资料的资本主义所有制。认为国家是阶级矛盾的主要根源,提出和平
"消灭国家"的空想主义方案,对政治斗争持否定态度。1846 年出版《经济
矛盾的体系,或贫困的哲学》,阐述其小资产阶级的哲学和经济学观点。马
克思在《哲学的贫困》一书中对该书作了彻底的批判。1848 年革命时期被
选入制宪议会后,攻击工人阶级的革命发动,赞成 1851 年 12 月 2 日的波
拿巴政变。——49、50、61、99、101、154、173、180、188、203、219。

普列汉诺夫,格奥尔吉·瓦连廷诺维奇(Плеханов, Георгий Валентинович
1856—1918)——俄国早期的马克思主义理论家,后来成为孟什维克和第
二国际机会主义领袖之一。19 世纪 70 年代参加民粹主义运动,是土地和
自由社成员及土地平分社领导人之一。1880 年侨居瑞士,逐步同民粹主
义决裂。1883 年在日内瓦创建俄国第一个马克思主义团体——劳动解放
社。翻译和介绍了马克思和恩格斯的许多著作,对马克思主义在俄国的传
播起了重要作用;写过不少优秀的马克思主义著作,批判民粹主义、合法马
克思主义、经济主义、伯恩施坦主义、马赫主义。20 世纪初是《火星报》和
《曙光》杂志编辑部成员。曾参与制定俄国社会民主工党纲领草案和参加
党的第二次代表大会的筹备工作。在代表大会上是劳动解放社的代表,属
火星派多数派,参加了大会常务委员会,会后逐渐转向孟什维克。1905—
1907 年革命时期反对列宁的民主革命的策略,后来在孟什维克和布尔什
维克之间摇摆。在俄国社会民主工党第四次(统一)代表大会上作了关于
土地问题的报告,维护马斯洛夫的孟什维克方案;在国家杜马问题上坚持
极右立场,呼吁支持立宪民主党人的杜马。斯托雷平反动时期和新的革命

高涨年代反对取消主义,领导孟什维克护党派。第一次世界大战期间持社会沙文主义立场。1917年二月革命后支持资产阶级临时政府。对十月革命持否定态度,但拒绝支持反革命。最重要的理论著作有《社会主义与政治斗争》(1883)、《我们的意见分歧》(1885)、《论一元论历史观之发展》(1895)、《唯物主义史论丛》(1896)、《论个人在历史上的作用》(1898)、《没有地址的信》(1899—1900),等等。——1、34、43、46、50、94、99、114、155—156、224、225、229、241、246。

Q

切尔诺夫,维克多·米哈伊洛维奇(Чернов,Виктор Михайлович 1873—1952)——俄国社会革命党领袖和理论家之一。1902—1905年任社会革命党中央机关报《革命俄国报》编辑。曾撰文反对马克思主义,企图证明马克思的理论不适用于农业。第一次世界大战期间持社会沙文主义立场,曾参加齐美尔瓦尔德代表会议和昆塔尔代表会议。1917年5—8月任临时政府农业部长,对夺取地主土地的农民实行残酷镇压。敌视十月革命。1918年1月任立宪会议主席;曾领导萨马拉的反革命立宪会议委员会,参与策划反苏维埃叛乱。1920年流亡国外,继续反对苏维埃政权。在他的理论著作中,主观唯心主义和折中主义同修正主义和民粹派的空想混合在一起;企图以资产阶级改良主义的"结构社会主义"对抗科学社会主义。——1—2、12、45、76、93、114。

R

饶勒斯,让(Jaurès,Jean 1859—1914)——法国社会主义运动和国际社会主义运动活动家,法国社会党领袖,历史学家和哲学家。1885年起多次当选议员。原属资产阶级共和派,90年代初开始转向社会主义。1898年同亚·米勒兰等人组成法国独立社会党人联盟。1899年竭力为米勒兰参加资产阶级政府的行为辩护。1901年起为社会党国际局成员。1902年与可能派、阿列曼派等组成改良主义的法国社会党。1903年当选为议会副议长。1904年创办《人道报》,主编该报直到逝世。1905年法国社会党同盖得领导的法兰西社会党合并后,成为统一的法国社会党的主要领导人。在理论和实践问题上往往持改良主义立场,但始终不渝地捍卫民主主义,反对殖民主义和军国主义。由于呼吁反对临近的帝国主义战争,于1914年7月31日被法国沙文主义者刺杀。写有法国大革命史等方面的著作。——101。

茹奥,莱昂(Jouhaux,Léon 1879—1954)——法国工会运动和国际工会运动活动家。1909—1940年和1945—1947年任法国劳动总联合会书记,1919—1940年是阿姆斯特丹工会国际右翼领袖之一。20世纪初支持无政府工团主义的"极左"口号。第一次世界大战期间是沙文主义者。——186。

S

桑巴,马赛尔(Sembat,Marcel 1862—1922)——法国社会党改良派领袖之一,新闻工作者。曾为社会党和左翼激进派刊物撰稿。1893年起为众议员。1905年法国社会党与法兰西社会党合并后,是统一的法国社会党的右翼领袖之一。第一次世界大战期间是社会沙文主义者。1914年8月—1917年9月任法国帝国主义"国防政府"公共工程部长。1920年在法国社会党图尔代表大会上,支持以莱·勃鲁姆、让·龙格为首的少数派立场,反对加入共产国际。——43、45。

桑德尔斯,丹尼尔(Sanders,Daniel 1819—1897)——德国语言学家,教授;一些德语词典的编者。——154。

施蒂纳,麦克斯(**施米特,卡斯帕尔**)(Stirner,Max(Schmidt,Caspar)1806—1856)——德国唯心主义哲学家,青年黑格尔派代表人物之一,唯我论者,无政府主义思想家。马克思和恩格斯在《德意志意识形态》等著作中多次批判了他的观点。主要著作有《唯一者及其所有物》(1845)。——99。

司徒卢威,彼得·伯恩哈多维奇(Струве,Петр Бернгардович 1870—1944)——俄国经济学家,哲学家,政论家,合法马克思主义主要代表人物,立宪民主党领袖之一。19世纪90年代编辑合法马克思主义者的《新言论》杂志和《开端》杂志。1896年参加第二国际第四次代表大会。1898年参加起草《俄国社会民主工党宣言》。在1894年发表的第一部著作《俄国经济发展问题的评述》中,在批判民粹主义的同时,对马克思的经济学说和

哲学学说提出"补充"和"批评"。20世纪初同马克思主义和社会民主主义
彻底决裂,转到自由派营垒。1902年起编辑自由派资产阶级刊物《解放》
杂志,1903年起是解放社的领袖之一。1905年起是立宪民主党中央委员,
领导该党右翼。1907年当选为第二届国家杜马代表。第一次世界大战爆
发后鼓吹俄国的帝国主义侵略扩张政策。十月革命后敌视苏维埃政权,是
邓尼金和弗兰格尔反革命政府成员,后逃往国外。——37。

斯宾塞,赫伯特(Spencer,Herbert 1820—1903)——英国哲学家,社会学家。
实证论的代表,社会有机体论的创始人,社会达尔文主义者。认为社会和
国家如同生物一样是由简单到复杂的不断发展进化的有机体,社会的阶级
构成以及各种行政机构的设置犹如执行不同功能的各种生物器官,适者生
存的规律也适用于社会。主要著作为《综合哲学体系》(1862—1896)。
——8。

斯柯别列夫,马特维·伊万诺维奇(Скобелев,Матвей Иванович 1885—
1938)——1903年参加俄国社会民主主义运动,孟什维克;职业是工程师。
1906年侨居国外,为孟什维克出版物撰稿,参加托洛茨基的维也纳《真理
报》编辑部。第四届国家杜马代表,社会民主党杜马党团领袖之一。第一
次世界大战期间是中派分子。1917年二月革命后任彼得格勒工兵代表苏
维埃副主席、第一届中央执行委员会副主席;同年5—8月任临时政府劳
动部长。十月革命后脱离孟什维克,先后在合作社系统和对外贸易人民委
员部工作。1922年加入俄共(布),在经济部门担任负责工作。1936—
1937年在全苏无线电委员会工作。——12、44。

斯切克洛夫,尤里·米哈伊洛维奇(Стеклов,Юрий Михайлович 1873—
1941)——1893年参加俄国社会民主主义运动,是敖德萨第一批社会民主
主义小组的组织者之一。1903年俄国社会民主工党第二次代表大会后是
布尔什维克。斯托雷平反动时期和新的革命高涨年代为布尔什维克的《社
会民主党人报》、《明星报》、《真理报》和《启蒙》杂志撰稿。参加过第三届和
第四届国家杜马社会民主党党团的工作。是隆瑞莫党校(法国)的讲课人。
1917年二月革命后当选为彼得格勒苏维埃执行委员会委员;最初持"革命
护国主义"立场,后转向布尔什维克。十月革命后任全俄中央执行委员会
和苏联中央执行委员会主席团委员,《全俄中央执行委员会消息报》和《苏

维埃建设》杂志的编辑。1929 年起任苏联中央执行委员会学术委员会副主席。写有不少革命运动史方面的著作。——134。

斯陶宁格，托尔瓦德·奥古斯特·马里努斯（Stauning，Thorvald August Marinus 1873—1942）——丹麦国务活动家，丹麦社会民主党和第二国际右翼领袖之一，政论家。1905 年起为议员。1910 年起任丹麦社会民主党主席和该党议会党团主席。第一次世界大战期间持社会沙文主义立场。1916—1920 年任丹麦资产阶级政府不管部大臣。1924—1926 年和1929—1942 年任首相，先后领导社会民主党政府以及资产阶级激进派和右派社会民主党人的联合政府。从 30 年代中期起推行投降法西斯德国的政策，1940 年起推行同法西斯占领者合作的政策。——43、114。

T

特雷维斯，克劳狄奥（Treves，Claudio 1868—1933）——意大利社会党改良派领袖之一。1909—1912 年编辑社会党中央机关报《前进报》。1906—1926 年为议员。第一次世界大战期间是中派分子，反对意大利参战。敌视俄国十月革命。1922 年意大利社会党分裂后，成为改良主义的统一社会党领袖之一。法西斯分子上台后，于 1926 年流亡法国，进行反法西斯的活动。——114。

梯也尔，阿道夫（Thiers，Adolphe 1797—1877）——法国国务活动家，历史学家。早年当过律师和新闻记者。19 世纪 20 年代末作为自由资产阶级反对派活动家开始政治活动。七月王朝时期历任参事院院长、内务大臣、外交大臣和首相，残酷镇压 1834 年里昂工人起义。第二共和国时期是秩序党领袖之一，制宪议会和立法议会议员。1870 年 9 月 4 日第二帝国垮台后，成为资产阶级国防政府实际领导人之一，1871 年 2 月就任第三共和国政府首脑。上台后与普鲁士签订了丧权辱国的和约，又策划解除巴黎国民自卫军的武装，从而激起了 3 月 18 日起义。内战爆发后逃往凡尔赛，勾结普鲁士军队血腥镇压巴黎公社。1871—1873 年任第三共和国总统。作为历史学家，他的观点倾向于复辟王朝时期的资产阶级历史编纂学派。马克思在《法兰西内战》一书中对他在法国历史上的作用作了详尽的评述。——135。

屠拉梯，菲力浦（Turati,Filippo 1857—1932）——意大利工人运动活动家，意大利社会党创建人之一，该党右翼改良派领袖。1896—1926 年为议员，领导意大利社会党议会党团。推行无产阶级同资产阶级阶级合作的政策。第一次世界大战期间持中派立场。敌视俄国十月革命。1922 年意大利社会党分裂后，参与组织并领导改良主义的统一社会党。法西斯分子上台后，于 1926 年流亡法国，进行反法西斯的活动。——114。

W

瓦尔兰，路易·欧仁（Varlin,Louis-Eugène 1839—1871）——法国工人运动活动家，巴黎公社主要领导人之一，左派蒲鲁东主义者；职业是装订工人。巴黎装订工人工会的组织者，曾领导 1864 年和 1865 年的装订工人罢工。1865 年加入第一国际，是国际巴黎支部的组织者和领导人之一。1871 年任国民自卫军中央委员会委员。1871 年 3 月 18 日参与领导巴黎无产阶级起义。3 月 26 日当选为巴黎公社委员，先后参加财政、粮食和军事委员会。凡尔赛军攻入巴黎后，指挥第六区和第十一区的防卫，在街垒中英勇作战。5 月 28 日被俘遇害。——130、139。

瓦尔特，W.（Walter,W.）——《俄国帝国主义和德国在中国的冒险行为》一文的作者。——157。

王德威尔得，埃米尔（Vandervelde,Émile 1866—1938）——比利时政治活动家，比利时工人党领袖，第二国际的机会主义代表人物。1885 年加入比利时工人党，90 年代中期成为党的领导人。1894 年起多次当选为议员。1900 年起任第二国际常设机构——社会党国际局主席。第一次世界大战爆发后成为社会沙文主义者，是大战期间欧洲国家中第一个参加资产阶级政府的社会党人。1918 年起历任司法大臣、外交大臣、公共卫生大臣、副首相等职。俄国 1917 年二月革命后到俄国鼓吹继续进行战争。敌视俄国十月革命，支持武装干涉苏维埃俄国。曾积极参加重建第二国际的活动，1923 年起是社会主义工人国际书记处书记和常务局成员。——2、43、45、114。

韦伯，比阿特里萨（Webb,Beatrice 1858—1943）——英国经济学家和社会活动家，悉尼·韦伯的妻子。曾在伦敦一些企业中研究工人劳动条件，担任与失业和妇女地位问题相关的一些政府委员会的委员。——112、220。

韦伯,悉尼·詹姆斯(Webb,Sidney James 1859—1947)——英国经济学家和社会活动家,工联主义和所谓费边社会主义的理论家,费边社的创建人和领导人之一。1915—1925年代表费边社参加工党全国执行委员会。第一次世界大战期间持社会沙文主义立场。1922年起为议员,1924年任商业大臣,1929—1930年任自治领大臣,1929—1931年任殖民地大臣。与其妻比阿特里萨·韦伯合写的关于英国工人运动的历史和理论的许多著作,宣扬在资本主义条件下和平解决工人问题的改良主义思想,但包含有英国工人运动历史的极丰富的材料。主要著作有《英国社会主义》(1890)、《产业民主》(1897)(列宁翻译了此书的第1卷,并校订了第2卷的俄译文;俄译本书名为《英国工联主义的理论和实践》)等。——112、220。

魏德迈,约瑟夫(Weydemeyer,Joseph 1818—1866)——德国和美国工人运动活动家,马克思和恩格斯的朋友和战友。生于德国,毕业于柏林陆军大学,当过炮兵中尉。后辞去军职,参加"真正的"社会主义者刊物的编辑工作。在马克思和恩格斯的影响下,逐渐由"真正的社会主义"转向科学共产主义。1847年共产主义者同盟成立后积极参加同盟的活动,曾参加德国1848—1849年革命。1849—1850年是《新德意志报》责任编辑之一。1851年7月流亡瑞士,不久移居美国。1852年在纽约建立美国第一个马克思主义团体——无产者同盟,并创办美国第一个马克思主义刊物《革命》周刊。1864年第一国际成立后,是国际美国支部的组织者之一。1861—1865年参加美国国内战争,曾任北方军队的上校。——31、153。

X

谢德曼,菲力浦(Scheidemann,Philipp 1865—1939)——德国社会民主党右翼领袖之一。1903年起参加社会民主党国会党团。1911年当选为德国社会民主党执行委员会委员,1917—1918年是执行委员会主席之一。第一次世界大战期间是社会沙文主义者。1918年10月参加巴登亲王马克斯的君主制政府,任国务大臣。1918年十一月革命期间参加所谓的人民代表委员会,借助旧军队镇压革命。1919年2—6月任魏玛共和国联合政府总理。1933年德国建立法西斯专政后流亡国外。——2、43、45、114。

文 献 索 引

［巴枯宁，米·亚·《给 L.帕利克斯的信》(1870 年 9 月 28 日)］(［Bakunin, M. Der Brief an L. Palix. 28. September 1870］.—In: Steklow, G. Michael Bakunin. Ein Lebensbild. Stuttgart, Dietz, 1913, S.113—114)——134。

—《国家制度和无政府状态》(［Бакунин, М. А.］Государственность и анархия. Введение. Ч. I. Б. м., 1873. 308, 24 стр. (Изд. социально-революционной партии. Т. I))——167。

贝尔，麦·《工联主义的现状》(Beer, M. Die gegenwärtige Lage des Trade Unionismus.—«Die Neue Zeit», Stuttgart, 1901—1902, Jg. XX, Bd. I, Nr. 1, S. 36—43)——131、157。

—《论英国的衰落》(Betrachtungen über den Niedergang Englands.—«Die Neue Zeit», Stuttgart, 1900—1901, Jg. XIX, Bd. I, Nr. 26, S. 804—811)——131、157。

—《社会帝国主义》(Sozialer Imperialismus.—«Die Neue Zeit», Stuttgart, 1901—1902, Jg. XX, Bd. I, Nr. 7, S. 209—217)——131、157。

倍倍尔，奥·［《给弗·恩格斯的信》］(1875 年 9 月 21 日)(Bebel, A. ［Der Brief an F. Engels］. 21. September 1875.—In: Bebel, A. Aus meinem Leben. T. 2. Stuttgart, Dietz, 1911, S. 334—336)——63、167。

—《我的一生》(Aus meinem Leben. T. 2. Stuttgart, Dietz, 1911. VIII, 420 S.)——61—63、80、85、91、98、130—131、149、154—155、156、157、158、165—167、192、205、223、224、228、229、239、243、244。

—［《我的一生》一书第 2 卷］《序言》(Geleitwort［zum Buch: «Aus meinem Leben». T. 2］. 2. September 1911.—In: Bebel, A. Aus meinem Leben. T. 2. Stuttgart, Dietz, 1911, S. VII—VIII)——154。

—《我们的目的》(Unsere Ziele. Eine Streitschrift gegen die «Demokratische

Korrespondenz».〔9. Aufl.〕Hottingen—Zürich, Volksbuchh. , 1886. 48 S.
(Sozialdemokratische Bibliothek. V.))——63、167。

波克罕,西·《纪念 1806—1807 年德意志极端爱国主义者》(Borkheim, S. Zur
Erinnerung für die deutschen Mordspatrioten. 1806—1807. Mit einer Ein-
leitung von F. Engels. Hottingen—Zürich, Volksbuchh. , 1888. 68 S. (Sozi-
aldemokratische Bibliothek. XXIV.))——131、171、223、228。

波米亚洛夫斯基,尼·格·《神学校随笔》(Помяловский, Н. Г. Очерки бурсы)
——93。

伯恩施坦,爱·《社会主义的前提和社会民主党的任务》(Bernstein, E. Die
Voraussetzungen des Sozialismus und die Aufgaben der Sozialdemokratie.
Stuttgart, Dietz, 1899. X, 188 S.)——41、48 — 49、50 — 51、101 — 102、
109、111—112、133、147—148、182—183、185、216、219—221、228。

〔布哈林,尼·〕《帝国主义国家》(〔Bucharin, N.〕Der imperialistische Staat.
Theoretisches zum vaterländischen Hilfsdienst.—«Arbeiterpolitik», Bre-
men, 1916, Nr. 25, 9. Dezember, S. 193—195)——120—121、125—126。

—《帝国主义强盗国家》(Der imperialistische Raubstaat.—«Jugend-Inter-
nationale», Zürich, 1916, Nr. 6, 1. Dezember, S. 7—8. Подпись: Nota Bene)
——120—126、127、128、156、157、200—201。

丹东《1792 年 9 月 2 日在立法会议上的演说》——见《国民议会公报》。

恩格斯,弗·《德国的革命和反革命》(Engels, F. Revolution und Konterrevo-
lution in Deutschland. Ins Deutsche übertragen von K. Kautsky. 2. Aufl.
Stuttgart, Dietz, 1907. XXX, 141 S. После загл. авт. : K. Marx)——
221—222。

—《德国的社会主义》(Der Sozialismus in Deutschland.—«Die Neue Zeit»,
Stuttgart, 1891—1892, Jg. X, Bd. I, Nr. 19, S. 580—589)——195。

—《反杜林论(欧根·杜林先生在科学中实行的变革)》(Herrn Eugen
Dühring's Umwälzung der Wissenschaft. 3. durchges. und verm. Aufl.
Stuttgart, Dietz, 1894. XX, 354 S.)——14 — 17、18 — 19、20、56、86、118、
121、131、197—199、210、220、223、224、226—227、243—244。

—〔《〈反杜林论(欧根·杜林先生在科学中实行的变革)〉一书第三版序

言》]([Vorwort zur dritten Auflage des Buches: «Herrn Eugen Dühring's Umwälzung der Wissenschaft»]. 23. Mai 1894.—In: Engels, F. Herrn Eugen Dühring's Umwälzung der Wissenschaft. 3. durchges. und verm. Aufl. Stuttgart, Dietz, 1894, S. XX)——197。

—[《给爱·伯恩施坦的信》](载于 1900 年 11 月 28 日和 29 日《前进报》)([Briefe an E. Bernstein].—«Vorwärts», Berlin, 1900, Nr. 277, 28. November. 1. Beilage des «Vorwärts», S. 1 — 3; Nr. 278, 29. November. Beilage des «Vorwärts», S. 1. Под общ. загл.: Aus Briefen von Friedrich Engels)——150。

—[《给爱·伯恩施坦的信》](载于 1900 年 11 月《社会主义运动》杂志第 45 期)([Les lettres à Ed. Bernstein].—«Le Mouvement Socialiste», Paris, 1900, N 45, Novembre, p. 515 — 525. Под общ. загл.: Lettres inédites de Frederic Engels)——150。

—[《给奥·倍倍尔的信》](1875 年 3 月 18 — 28 日)(德文版)([Der Brief an A. Bebel] 18 — 28. März 1875.—In: Bebel, A. Aus meinem Leben. T. 2. Stuttgart, Dietz, 1911, S. 318 — 324)——61 — 63、80、85、91、98、130、131、149、154 — 155、156、157、158、165 — 167、168、192、204、223、224、228、229、239、244、245。

—《给奥·倍倍尔的信》(1875 年 3 月 18 — 28 日)(俄文版)(Энгельс, Ф. Письмо А. Бебелю. 18 — 28 марта 1875 г.)——17 — 18。

—[《给保·拉法格的信》](1887 年 11 月 22 日)([Der Brief an P. Lafargue]. 22. November 1887.—«Die Neue Zeit», Stuttgart, 1900 — 1901, Jg. XIX, Bd. I, Nr. 14, S. 426, im Art.: Briefe von F. Engels über die französische Arbeiterpartei)——130、150、153。

—[《给保·拉法格的信》](1890 年 10 月 27 日)([Der Brief an P. Lafargue]. 27. Oktober 1890.—«Die Neue Zeit», Stuttgart, 1900 — 1901, Jg. XIX, Bd. I, Nr. 14, S. 426 — 427, im Art.: Briefe von F. Engels über die französische Arbeiterpartei)——130、150、153。

—[《给保·拉法格的信》](1894 年 3 月 6 日)([Der Brief an P. Lafargue]. 6. März 1894.—«Die Neue Zeit», Stuttgart, 1900 — 1901, Jg. XIX, Bd. I,

Nr.14,S.425 — 426,im Art.:Briefe von F.Engels über die französische Arbeiterpartei)——130、150、229。

—[《给保·拉法格的信》](1894 年 6 月 2 日)([Der Brief an P.Lafargue]. 2.Juni 1894.—«Die Neue Zeit»,Stuttgart,1900—1901,Jg.XIX,Bd.I,Nr. 14,S.426,im Art.:Briefe von F.Engels über die französische Arbeiter-partei)——130、150、153、229、231。

—[《给保·拉法格的信》](1895 年 4 月 3 日)([Der Brief an P.Lafargue]. 3.April 1895.—«Die Neue Zeit»,Stuttgart,1900 — 1901,Jg.XIX,Bd.I, Nr.14,S.426,im Art.:Briefe von F.Engels über die französische Arbeit-erpartei)——130、150、151—152、229。

—[《给保·拉法格的信》](载于 1900 年 11 月 24 日《社会主义者报》第 115 号)([Les lettres à P.Lafargue].—«Le Socialiste»,Paris,1900,N 115,24 November,p.1.Под общ.загл.:Quelques lettres d'Engels)——150。

—[《给卡·考茨基的信》](1891 年 6 月 29 日)([Der Brief an K.Kautsky]. 29.Juni 1891.—«Die Neue Zeit»,Stuttgart,1901—1902,Jg.XX,Bd.I,Nr. 1,S.5)——140。

—[《给卡·考茨基的信》](1895 年 1 月 3 日)(载于 1908 年 10 月 2 日《新时代》杂志)([Der Brief an K. Kautsky]. 3. Januar 1895.—«Die Neue Zeit», Stuttgart, 1908, Jg. 27, Bd. 1, Nr. 1, 2. Oktober, S. 6, im Art.: Kautsky, K.Einige Feststellungen über Marx und Engels)——130、176。

—[《给卡·考茨基的信》](1895 年 1 月 3 日)(载于 1910 年出版的卡·考茨基《取得政权的道路》)([Der Brief an K.Kautsky].3.Januar 1895.—In: Kautsky,K.Der Weg zur Macht.Politische Betrachtungen über das Hi-neinwachsen in die Revolution. 2. durchges. Aufl. Berlin, Buchh. «Vorwärts»,1910,S.50)——130、211。

—[《给卡·考茨基的信》](1895 年 3 月 25 日)(载于 1908 年 10 月 2 日《新时代》杂志)([Der Brief an K. Kautsky]. 25. März 1895.—«Die Neue Zeit», Stuttgart, 1908, Jg. 27, Bd. 1, Nr. 1, 2. Oktober, S. 6, im Art.: Kautsky,K.Einige Feststellungen über Marx und Engels)——130、176。

—[《给卡·考茨基的信》](1895 年 3 月 25 日)(载于 1910 年出版的卡·考

茨基《取得政权的道路》》(〔Der Brief an K.Kautsky〕.25.März 1895.—In:
Kautsky,K. Der Weg zur Macht. Politische Betrachtungen über das Hi-
neinwachsen in die Revolution. 2. durchges. Aufl. Berlin, Buchh.
«Vorwärts», 1910, S.49—50)——130、176。

——[《给卡·考茨基的信》](1895 年 4 月 1 日)(载于 1908 年 10 月 2 日《新
时代》杂志)(〔Der Brief an K.Kautsky〕.1.April 1895.—«Die Neue Zeit»,
Stuttgart,1908,Jg.27,Bd.1,Nr.1,2.Oktober,S.7,im Art.:Kautsky,K.
Einige Feststellungen über Marx und Engels)——130、176。

——[《给卡·考茨基的信》](1895 年 4 月 1 日)(载于 1910 年出版的卡·考
茨基《取得政权的道路》》(〔Der Brief an K.Kautsky〕.1.April 1895.—In:
Kautsky,K. Der Weg zur Macht. Politische Betrachtungen über das Hi-
neinwachsen in die Revolution. 2. durchges. Aufl. Berlin, Buchh.
«Vorwärts», 1910, S.51)——130、152、176、229。

——《家庭、私有制和国家的起源》(德文第 3 版)(Der Ursprung der Familie,
des Privateigentums und des Staats. Im Anschluß an Lewis H. Morgan's
Forschungen.3.Aufl.Stuttgart,Dietz,1889.VI,147 S.)——118、121、122。

——《家庭、私有制和国家的起源》(德文第 6 版)(Der Ursprung der Familie,
des Privateigentums und des Staats. Im Anschluß an Lewis H. Morgan's
Forschungen. 6.Aufl.Stuttgart,Dietz,1894.XXIV,188 S.)——5—6、7—
10、11—14、118、131、193—195、196—197、223、224、225、243。

——《[〈家庭、私有制和国家的起源〉一书] 1891 年第四版 [序言]》
(〔Vorwort〕 zur vierten Auflage 1891〔des Buches: «Der Ursprung der
Familie, des Privateigentums und des Staats»〕. 16. Juni 1891.—In:
Engels,F.Der Ursprung der Familie,des Privateigentums und des Staats.
Im Anschluß an Lewis H. Morgan's Forschungen. 6. Aufl. Stuttgart,
Dietz,1894,S.IX—XXIV)——10、193。

——《[卡·马克思〈法兰西内战(国际工人协会总委员会宣言)〉一书]导言》
(Einleitung 〔zum Buch:Marx,K. Der Bürgerkrieg in Frankreich. Adresse
des Generalrats der Internationalen Arbeiterassoziation〕. 18. März
1891.—In:Marx,K. Der Bürgerkrieg in Frankreich. Adresse des General-

rats der Internationalen Arbeiterassoziation. 3. deutsche Aufl. vermehrt durch die beiden Adressen des Generalrats über den deutsch-französischen Krieg und durch eine Einleitung von F. Engels. Berlin, Exped. des«Vorwärts», 1891, S. 3—14)——51、71、72、73—76、78—79、102、103、106、110、131、146、150、187—192、213、219、221、223、228、239、245。

—[《卡·马克思和弗·恩格斯〈共产党宣言〉一书序言》](1882 年 1 月 21 日)([Vorwort zum Buch: Marx, K. u. Engels, F. Das Kommunistische Manifest]. 21. Januar 1882.—In: Marx, K. u. Engels, F. Das Kommunistische Manifest. 7. autorisierte deutsche Ausgabe. Mit Vorreden von K. Marx u. F. Engels u. einem Vorwort von K. Kautsky. Berlin, Buchh. «Vorwärts», 1906, S. 19—20)——132。

—[《卡·马克思和弗·恩格斯〈共产党宣言〉一书序言》](1883 年 6 月 28 日)([Vorwort zum Buch: Marx, K. u. Engels, F. Das Kommunistische Manifest]. 28. Juni 1883.—Ibidem, S. 18—19)——132。

—[《卡·马克思和弗·恩格斯〈共产党宣言〉一书序言》](1890 年 5 月 1 日)([Vorwort zum Buch: Marx, K. u. Engels, F. Das Kommunistische Manifest]. 1. Mai 1890.—Ibidem, S. 19—22)——132。

—《[卡·马克思〈路易·波拿巴的雾月十八日〉一书]第三版序言》(Vorrede zur dritten Auflage[des Buches: Marx, K. Der Achtzehnte Brumaire des Louis Bonaparte].—In: Marx, K. Der Achtzehnte Brumaire des Louis Bonaparte. 4. Aufl. Hamburg, Meißner, 1907, S. 3—4)——29—30、138—139、224、227。

—[《卡·马克思〈社会民主党纲领批判〉一书序言》](1891 年 1 月 6 日)([Vorwort zur Arbeit: Marx, K. Zur Kritik des sozialdemokratischen Programms]. 6. Januar 1891.—«Die Neue Zeit», Stuttgart, 1890—1891, Jg. IX, Bd. I, Nr. 18, S. 561—562. Под общ. загл.: Zur Kritik des sozialdemokratischen Parteiprogramms. Aus dem Nachlaß von K. Marx)——99—100。

—《[卡·马克思〈1848 年至 1850 年的法兰西阶级斗争〉一书]导言》(1895

年 3 月 6 日）（Введение ［к работе К. Маркса «Классовая борьба во Франции с 1848 по 1850 г.».］.6 марта 1895 г.）——151、175、176。

——［《卡·马克思〈1848 年至 1850 年的法兰西阶级斗争〉一书序言》（摘录）］（［Einleitung zum Buch: Marx, K. Die Klassenkämpfe in Frankreich 1848 bis 1850. Auszüge].—«Vorwärts», Berlin, 1895, Nr. 76, 30. März, S. 1—2, im Art. : Wie man heute Revolutionen macht）——152、230。

——《［卡·马克思〈哲学的贫困〉一书德文第一版］序言》（1884 年 10 月 23 日）（Предисловие ［к первому немецкому изданию книги К. Маркса «Нищета философии»］. 23 октября 1884 г.—В кн. : Маркс, К. Нищета философии. Ответ на « Философию нищеты» г. Прудона. С предисл. и примеч. Фр. Энгельса. Пер. с франц. С. А. Алексеева. Изд. 3-е. Спб. , «Новый Мир», 1906, стр. 3—20）——232。

——《论法兰西内战》［卡·马克思《法兰西内战（国际工人协会总委员会宣言）一书导言》］（Über den Bürgerkrieg in Frankreich. ［Einleitung zum Buch: Marx, K. Der Bürgerkrieg in Frankreich. Adresse des Generalrats der Internationalen Arbeiterassoziation］. 18. März 1891.—«Die Neue Zeit», Stuttgart, 1890 — 1891, Jg. IX, Bd. II, Nr. 28, S. 33 — 41）——71、187。

——《论权威》（Dell' Autorità.—«Almanacco Repubblicano per l'anno 1874», Lodi, 1873, p. 33—37）——56—57、199。

——《论权威原则》（《论权威》）（Über das Autoritätsprinzip. (Dell' Autorità).—«Die Neue Zeit», Stuttgart, 1913, Jg. 32, Bd. 1, Nr. 2, 10. Oktober, S. 37—39. Под общ. загл. : Ein Beitrag zur Geschichte der Internationale. Zwei unbekannte Artikel von F. Engels und K. Marx. Übersetzt und eingeleitet von N. Rjasanoff）——57、58—60、97、98、118、121、128、131、199—201、223、224、228、231、239、244、245。

——《论住宅问题》（Zur Wohnungsfrage. Separatabdruck aus dem «Volksstaat» von 1872. 2. durchges. Aufl. Hottingen—Zürich, Volksbuchh. , 1887. 72 S. (Sozialdemokratische Bibliothek. XIII.)）—— 54 — 56、131、139、148、171 — 172、173—175、223、228、240、244、245。

黑格尔,乔·威·弗·《法哲学原理》(Hegel,G.W.F.Grundlinien der Philoso-
　　phie des Rechts.Berlin,1821)——5、193—194。

考茨基,卡·《伯恩施坦和辩证法》(Kautsky,K.Bernstein und die Dialektik.—
　　«Die Neue Zeit»,Stuttgart,1898—1899,Jg.XVII,Bd.II,Nr.28,S.36—
　　50)——176。

——《伯恩施坦与社会民主党的纲领》(Bernstein und das sozialdemokratische
　　Programm.Eine Antikritik.Stuttgart,Dietz,1899.VIII,195 S.)——101、
　　102—103、106、107、189、220—221、228、229、246。

——[《夺取社会权力以及同资产阶级政党联盟(1900 年巴黎国际社会党代
　　表大会议程第九点决议)》]([Die Eroberung der staatlichen Macht und
　　die Bündnisse mit bürgerlichen Parteien.Die Resolution zum Punkt 9 der
　　Tagesordnung des Internationalen Sozialistenkongresses.Paris,1900].—
　　In:Internationaler Sozialistenkongreß zu Paris.23.bis 27.September 1900.
　　Berlin,Exped.der Buchh.«Vorwärts»,1900,S.17)——101。

——《关于革命的杂论》(Allerhand Revolutionäres.—«Die Neue Zeit»,Stutt-
　　gart,1903—1904,Jg.22,Bd.1,Nr.22,S.685—695)——207—208。

——《[卡·马克思和弗·恩格斯〈共产党宣言〉一书]序言》(Vorwort[zum
　　Buch:Marx,K.u.Engels,F.Das Kommunistische Manifest].Juni 1906.—
　　In:Marx, K. u. Engels, F. Das Kommunistische Manifest. 7. autorisierte
　　deutsche Ausgabe. Mit Vorreden von K. Marx u. F. Engels u. einem
　　Vorwort von K. Kautsky. Berlin, Buchh. «Vorwärts», 1906, S. 3 — 16)
　　——132。

——《没有性格的恩格斯》(Der charakterlose Engels.—«Die Neue Zeit»,
　　Stuttgart,1909,Jg.27,Bd.2,Nr.39,25.Juni,S.414—416)——175—176。

——《强盗政策》(Banditenpolitik.—«Die Neue Zeit»,Stuttgart,1911,Jg.30,
　　Bd.1,Nr.1,6.Oktober,S.1—5)——229。

——《取得政权的道路》(1909 年版)(Der Weg zur Macht.Politische Betrach-
　　tungen über das Hineinwachsen in die Revolution. Berlin, «Vorwärts»,
　　1909.104 S.)——106、107、208、219、229。

——《取得政权的道路》(1910 年版)(Der Weg zur Macht.Politische Betrachtungen über das Hineinwachsen in die Revolution. 2. durchges. Aufl. Berlin, Buchh. «Vorwärts», 1910. 112 S.)——106—107、130、152、176、208—213、229、246。

——《[〈取得政权的道路〉一书]第一版序言》(Vorrede zur ersten Auflage [des Buches: «Der Weg zur Macht»].—In: Kautsky, K. Der Weg zur Macht. Politische Betrachtungen über das Hineinwachsen in die Revolution. 2. durchges. Aufl. Berlin, Buchh. «Vorwärts», 1910, S. 5—6)——208。

——《[〈取得政权的道路〉一书]第二版序言》(Vorrede zur zweiten Auflage [des Buches: «Der Weg zur Macht»]. 1. Juli 1910.—In: Kautsky, K. Der Weg zur Macht. Politische Betrachtungen über das Hineinwachsen in die Revolution. 2. durchges. Aufl. Berlin, Buchh. «Vorwärts», 1910, S. 7—14) ——208。

——《社会革命》(第 1 编：社会改良和社会革命。第 2 编：社会革命后的第二天) (Каутский, К. Социальная революция. I. Социальная реформа и социальная революция. II. На другой день после социальной революции. С двумя приложениями. Пер. с нем. Н. Карпова. Под ред. Н. Ленина. Изд. Лиги русск. рев. социалдемократии. Женева, тип. Лиги, 1903. 205 стр. (РСДРП))——103—105、205—207。

——《社会革命》(第 1 编：社会改良和社会革命) (1902 年版) (Die soziale Revolution. I. Sozialreform und soziale Revolution. Berlin, Exped. der Buchh. «Vorwärts», 1902. 56 S.)——103—104、105—106、107、205—206、229、246。

——《社会革命》(第 1 编：社会改良和社会革命) (1907 年版) (Die soziale Revolution. I. Sozialreform und soziale Revolution. 2. durchges. und verm. Aufl. Berlin, Buchh. «Vorwärts», 1907. 64 S.)——205。

——《社会革命》(第 2 编：社会革命后的第二天) (1902 年版) (Die soziale Revolution. II. Am Tage nach der sozialen Revolution. Berlin, Exped. der Buchh. «Vorwärts», 1902. 48 S.)——103—104、105—106、107、205—207、229、246。

——《社会革命》(第 2 编：社会革命后的第二天) (1907 年版) (Die soziale

Revolution. II. Am Tage nach der sozialen Revolution. 2. durchges. und verm. Aufl. Berlin, Buchh. «Vorwärts», 1907. 48 S.）——205。

——《［〈社会革命〉一书］第二版序言》（Vorwort zur zweiten Auflage［des Buches：«Die soziale Revolution»］.—In：Kautsky, K. Die soziale Revolution. I. Sozialreform und soziale Revolution. 2. durchges. und verm. Aufl. Berlin, Buchh. «Vorwärts», 1907, S. 5—6）——205。

——《社会民主党手册》（Ein sozialdemokratischer Katechismus.—«Die Neue Zeit», Stuttgart, 1893—1894, Jg. XII, Bd. I, Nr. 12, S. 361—369；Nr. 13, S. 402—410）——210。

——《无产阶级专政》（Die Diktatur des Proletariats. Wien, Brand, 1918. 63 S.）——32—33。

——《新策略》（Die neue Taktik.—«Die Neue Zeit», Stuttgart, 1912, Jg. 30, Bd. 2, Nr. 44, 2. August, S. 654—664；Nr. 45, 9. August, S. 688—698；Nr. 46, 16. August, S. 723—733）——11、107—111、113—114、156、184—185、213—220、224、229、246。

——《新战略》（Eine neue Strategie.—«Die Neue Zeit», Stuttgart, 1910, Jg. 28, Bd. 2, Nr. 37, 10. Juni, S. 332—341；Nr. 38, 17. Juni, S. 364—374；Nr. 39, 24. Juni, S. 412—421）——186、213。

梁赞诺夫，达·《［弗·恩格斯〈论权威原则〉和卡·马克思〈政治冷淡主义〉两篇文章］序言》（Rjasanoff, D. Einleitung［zu den Artikeln：Engels, F. Über das Autoritätsprinzip；Marx, K. Der politische Indifferentismus］.—«Die Neue Zeit», Stuttgart, 1913, Jg. 32, Bd. 1, Nr. 1, 3. Oktober, S. 8—16. Под. общ. загл.：Ein Beitrag zur Geschichte der Internationale. Zwei unbekannte Artikel von F. Engels und K. Marx. Übersetzt und eingeleitet von N. Rjasanoff）——199。

列宁，弗·伊·《给尼·伊·布哈林的信》（Ленин, В. И. Письмо Н. И. Бухарину. Август 1916 г.）——157。

——《工人代表苏维埃》（Советы рабочих депутатов. ［Проект резолюции к IV （Объединительному）съезду РСДРП］.—«Партийные Известия», ［Спб.］, 1906, №2, 20 марта, стр. 7. Под общ. загл.：Проект резолюций. К

Объединительному съезду Российской социал-демократической рабочей партии)——230、241。

—《关于对临时政府的态度的讲话》(6 月 4 日(17 日))——见列宁,弗·伊·《列宁同志在全俄工兵代表苏维埃代表大会上的讲话》。

—《关于战争》(О войне. Речь т. Ленина на съезде Советов.—«Правда», Пг.,1917, № 95,13 июля(30 июня),стр.2—3; № 96,14(1)июля,стр. 2—3; № 97,15(2)июля,стр.2—3)——231。

—《关于战争的讲话》(6 月 9 日(22 日))——见列宁,弗·伊·《关于战争》。

—《几个要点》(Несколько тезисов. От редакции.—«Социал-Демократ», Женева,1915, № 47,13 октября, стр.2)——230、241。

—《[卡·马克思致路·库格曼书信集]俄译本序言》(Предисловие к русскому переводу[писем К. Маркса к Л. Кугельману].—В кн.: Маркс, К. Письма к Л. Кугельману. С предисл. ред. «Neue Zeit». Пер. с нем. М. Ильиной под ред. и с предисл. Н. Ленина. Спб., «Новая Дума», 1907, стр. III—XI)——35。

—《列宁同志在全俄工兵代表苏维埃代表大会上的讲话》(Речь т. Ленина на Всероссийском съезде Советов Р. и С. Д.—«Правда», Пг., 1917, № 82, 28(15)июня, стр.2—3; № 83,29(16)июня, стр.2—3)——231。

—《论无产阶级在这次革命中的任务》(О задачах пролетариата в данной революции.—«Правда», Пг.,1917, № 26, 7 апреля, стр. 1—2. Подпись: Н. Ленин)——78。

—《四月提纲初稿》(Первоначальный набросок Апрельских тезисов. 3(16) апреля 1917 г.)——78。

—《无产阶级革命和叛徒考茨基》(Пролетарская революция и ренегат Каутский. М.—Пг., «Коммунист», 1918.135 стр. (РКП(б)). Перед загл. авт.: Н. Ленин(Вл. Ульянов))——32。

—《一个原则问题》(Один принципиальный вопрос. («Забытые слова» демократизма).—«Правда», Пг.,1917, № 68, 10 июня(28 мая), стр. 3) ——70。

——《在出席全俄工兵代表苏维埃会议的布尔什维克代表的会议上的报告》(1917 年 4 月 4 日(17 日))(Доклад на собрании большевиков—участников Всероссийского совещания Советов рабочих и солдатских депутатов 4(17)апреля 1917 г.)——78。

[列宁,弗·伊·]《国家与革命》(1918 年版)([Ленин,В.И.]Государство и революция. Учение марксизма о государстве и задачи пролетариата в революции. Вып. I. Пг.,«Жизнь и Знание»,1918. 115 стр.(Б-ка обществоведения.Кн.40-я).Перед загл.авт.:В.Ильин(Н.Ленин))——1、31—33、116。

——《国家与革命》(1919 年版)(Государство и революция. Учение марксизма о государстве и задачи пролетариата в революции. Вып. I. М.—Пг.,«Коммунист»,1919.150 стр.(РКП(б)).Перед загл.авт.:Н.Ленин(Влад. Ульянов))——3、30—31。

洛里亚,阿·《社会制度的经济基础》(Loria,A. Les bases économiques de la constitution sociale. 2. ed. Entièrement refondue et considérablement augmentée.Trad.de l'italien sur le manuscrit original par A. Bouchard. Paris,Michalon,1903.VIII,430 p.)——117。

马克思,卡·《保护关税派、自由贸易派和工人阶级》(载于卡·马克思《关于自由贸易和保护关税的两篇演说》)(Marx,K. Die Schutzzollner, die Freihandelsmänner und die arbeitende Klasse.—In: Marx,K. Zwei Reden über die Freihandels-und Schutzzollfrage. Aus dem Französischen übersetzt und mit einem Vorwort und erläuternden Anmerkungen versehen von J.Weydemeyer.Hamm,Schulzische Buchdruckerei,1848,S.18—20)——153。

——[《保护关税派、自由贸易派和工人阶级》](载于《纽约人民报》)([Die Schutzzollner, die Freihandelsmänner und die arbeitende Klasse].—«New-Yorker Volkszeitung»,1890,3.März,S.4)——153。

——[《保护关税派、自由贸易派和工人阶级》](载于《新时代》杂志)([Die Schutzzollner, die Freihandelsmänner und die arbeitende Klasse].—«Die Neue Zeit»,Stuttgart,1900—1901,Jg.XIX,Bd.I,Nr.25,S.795—796.Под загл.：Marx über den Schutzzoll)——153。

—《法兰西内战》(1871 年德文版)(Der Bürgerkrieg in Frankreich. Adresse des Generalrats der Internationalen Arbeiterassoziation an alle Mitglieder in Europa und den Vereinigten Staaten. S.-Abdr. aus dem Volksstaat. Leipzig, Exped. des Volksstaat, 1871. 52 S.)——35、132—134、135、136。

—《法兰西内战》(1876 年德文版)(Der Bürgerkrieg in Frankreich. Adresse des Generalrats der Internationalen Arbeiterassoziation an alle Mitglieder in Europa und den Vereinigten Staaten. Neuer Abdr. Leipzig, Genossenschaftsbuchdruckerei, 1876. 56 S.)——133、176—183、183—185、203—204、236—238。

—《法兰西内战》(1891 年德文第 3 版)(Der Bürgerkrieg in Frankreich. Adresse des Generalrats der Internationalen Arbeiterassoziation. 3. deutsche Aufl. vermehrt durch die beiden Adressen des Generalrats über den deutsch-französischen Krieg und durch eine Einleitung von F. Engels. Berlin, Exped. des«Vorwärts», 1891. 71 S.)——36、38—41、42、43—44、45、46、47、48、49、50、51—52、53、71、72、73—76、78—79、84、101—102、103、105、106、110、111、112、113、131、146、149—150、176—182、183—185、186—192、193、203、213、219、220、221、223、224、227、228、236—237、239、244、245。

—《哥达纲领批判》(Маркс, К. Критика Готской программы.—Апрель—начало мая 1875 г.)——18、20、61、62、87、131、139、224。

—《哥达纲领批判》(1906 年版)(Критика Готской программы. Пер. с нем. Под ред. В. Засулич. Спб.,«Новое книгоиздательство», 1906. 32 стр.)——79。

—[《给莱·弗兰克尔和路·欧·瓦尔兰的信》](1871 年 5 月 13 日)([Der Brief an L. Frankel u. L. E. Varlin]. 13. Mai 1871.—«Die Neue Zeit», Stuttgart, 1911, Jg. 29, Bd. 1, Nr. 23, 10. März, S. 796, in Art.：Ein proletarischer Gedenktag)——130、139—140。

—《给路·库格曼博士书信集》(Briefe an Dr. L. Kugelmann.—«Die Neue Zeit», Stuttgart, 1901—1902, Jg. 20, Bd. 2, Nr. 1, S. 29—32; Nr. 2, S. 60—

64；Nr.3，S.91—96；Nr.4，S.125—128；Nr.6，S.188—192；Nr.7，S.221—224；Nr.12，S.381—384；Nr.13，S.412—416；Nr.15，S.472—480；Nr.17，S.541—544；Nr.19，S.604—608；Nr.25，S.797—800）——134、135。

——〔《给路·库格曼的信》〕（1869 年 3 月 3 日）（〔Der Brief an L. Kugelmann〕.3.März 1869.—«Die Neue Zeit»，Stuttgart，1901—1902，Jg. 20，Bd.2，Nr.13，S.412—413）——134、135。

——〔《给路·库格曼的信》〕（1870 年 12 月 13 日）（〔Der Brief an L. Kugelmann〕.13. Dezember 1870.—«Die Neue Zeit»，Stuttgart，1901—1902，Jg.20，Bd.2，Nr.17，S.542—544）——130、134、136。

——〔《给路·库格曼的信》〕（1871 年 4 月 12 日）（〔Der Brief an L. Kugelmann〕.12. April 1871.—«Die Neue Zeit»，Stuttgart，1901—1902，Jg.XX，Bd. I，Nr. 23，S. 709—710. Под общ. загл.：Karl Marx über die Pariser Kommune）——34、35—38、130、131、134—136、139、149、213、219、223、225、227、244。

——〔《给路·库格曼的信》〕（1871 年 4 月 17 日）（〔Der Brief an L. Kugelmann〕.17. April 1871.—«Die Neue Zeit»，Stuttgart，1901—1902，Jg.XX，Bd. I，Nr. 23，S. 710. Под общ. загл.：Karl Marx über die Pariser Kommune）——134—135。

——〔《给路·库格曼的信》〕（1871 年 6 月 18 日）（〔Der Brief an L. Kugelmann〕.18.Juni 1871.—«Die Neue Zeit»，Stuttgart，1901—1902，Jg. 20，Bd.2，Nr.25，S.797）——134、136。

——《给威·白拉克的信》（1875 年 5 月 5 日）（Письмо В. Бракке.5 мая 1875 г.）——61、62。

——〔《给威·白拉克的信》〕（1875 年 5 月 5 日）（载于《新时代》杂志）（〔Der Brief an W. Bracke〕.5. Mai 1875.—«Die Neue Zeit»，Stuttgart，1890—1891，Jg.IX，Bd.I，Nr.18，S.562）——79、80、158。

——〔《给约·魏德迈的信》〕（摘录）（1852 年 3 月 5 日）（〔Der Brief an J.Wey-demeyer Auszüge〕.5. März 1852.—«Die Neue Zeit»，Stuttgart，1906—1907，Jg.25，Bd.2，Nr.31，S.163—165，im Art.：Mehring F.Neue Beiträge zur Biographie von Karl Marx und Friedrich Engels）——31—32、33。

89、90—91、92、93—95、99—100、131、139、149、158—165、224、225、228、245—246。

—《哲学的贫困》(德文版)(Das Elend der Philosophie. Antwort auf Proudhons «Philosophie des Elends». Deutsch von E. Bernstein und K. Kautsky. Mit Vorwort und Noten von F. Engels. Stuttgart, Dietz, 1885. XXXVII, 209 S.)——21、131、168、223、224、227、244。

—《哲学的贫困》(俄文版)(Нищета философии. Ответ на «Философию нищеты» г-на Прудона. Первая половина 1847 г.)——20、61、154。

—《哲学的贫困》(1906年俄文第3版)(Нищета философии. Ответ на «Философию нищеты» г. Прудона. С предисл. и примеч. Фр. Энгельса. Пер. с франц. С. А. Алексеева. Изд. 3-е. Спб., «Новый Мир», 1906. 175 стр.)——232。

—[《哲学的贫困》一书]《序言》(Vorrede [zum Buch: «Das Elend der Philosophie. Antwort auf Proudhons ‹Philosophie des Elends›»]. 15. Juni 1847.—In: Marx, K. Das Elend der Philosophie. Antwort auf Proudhons «Philosophie des Elends». Deutsch von E. Bernstein und K. Kautsky. Mit Vorwort und Noten von F. Engels. Stuttgart, Dietz, 1885, S. XXXVII)——168。

—《政治冷淡主义》(载于《新时代》杂志)(Der politische Indifferentismus. (L'indifferenza in materia politica).—«Die Neue Zeit», Stuttgart, 1913, Jg. 32, Bd. 1, Nr. 2, 10. Oktober, S. 40—44. Под общ. загл.: Ein Beitrag zur Geschichte der Internationale. Zwei unbekannte Artikel von F. Engels und K. Marx. Übersetzt und eingeleitet von N. Rjasanoff)——57—58、99、128、131、202—203、223、225、228、239、244、245。

—《政治冷淡主义》(载于《1874年共和国年鉴》)(L'indifferenza in materia politica.—«Almanacco Repubblicano per l'anno 1874», Lodi, 1873, p. 141—148)——56—57、202。

—《致路·库格曼书信集》(Письма к Л. Кугельману. С предисл. ред. «Neue Zeit». Пер. с нем. М. Ильиной под ред. и с предисл. Н. Ленина. Спб., «Новая Дума», 1907. XI, 96 стр.)——35—36。

—《资 本 论》（Капитал. Критика политической экономии，т. I. 1867 г.）
——18。

马克思，卡·和恩格斯，弗·《共产党宣言》（德文第 7 版）（Marx，K. u. Engels，
F. Das Kommunistische Manifest. 7. autorisierte deutsche Ausgabe. Mit
Vorreden von K. Marx u. F. Engels u. einem Vorwort von K. Kautsky. Ber-
lin，Buchh.«Vorwärts»，1906. 46 S.）——20—23、24、25、26—27、34—
35、36、38、53、83、103、113—114、130、131、132—134、149、168—171、
223、224、227、228、244。

—《共 产 党 宣 言》（俄 文 版）（Маркс，К. и Энгельс，Ф. Манифест
Коммунистической партии. Декабрь 1847 г.—январь 1848 г.）——20、61、
101—102、154、173—174、238。

—《[〈共产党宣言〉]1872 年德文版序言》（1872 年 6 月 24 日）（Предисловие
к немецкому изданию 1872 г.[«Манифеста Коммунистической партии»].24
июня 1872 г.）——101—102。

—《[〈共产党宣言〉一书]序言》（1872 年 6 月 24 日）（Vorrede[zum Buch:
«Das Kommunistische Manifest»].24. Juni 1872.—In: Marx，K. u. Engels，
F. Das Kommunistische Manifest. 7. autorisierte deutsche Ausgabe. Mit
Vorreden von K. Marx u. F. Engels u. einem Vorwort von K. Kautsky. Ber-
lin，Buchh.«Vorwärts»，1906，S. 17—18）——34—35、36、103、130、132—
134、223、224、227—228、244。

—《共产主义者同盟中央委员会告同盟书》（1850 年 3 月）（Ansprache der
Zentralbehörde an den Bund vom März 1850.—In: Marx，K. Enthüllungen
über den Kommunistenprozeß zu Köln. Neuer Abdr.，mit Einleitung von
F. Engels und Dokumenten. Hottingen—Zürich，Volksbuchh.，1885，S.
75—83.（Sozialdemokratische Bibliothek. IV.））——109、217。

潘涅库克，安·《群众行动与革命》（Pannekoek，A. Massenaktion und Revolu-
tion.—«Die Neue Zeit»，Stuttgart，1912，Jg. 30，Bd. 2，Nr. 41，12. Juli，S.
541—550；Nr. 42，19. Juli，S. 585—593；Nr. 43，26. Juli，S. 609—616）——
107—108、109—110、111、156、184、213—217、224、229、246。

普列汉诺夫，格·瓦·《略论最近一次巴黎国际社会党代表大会》（载于 1901

年《曙光》杂志第 1 期）（Плеханов，Г. В. Несколько слов о последнем парижском международном социалистическом конгрессе.（Открытое письмо к товарищам，приславшим мне полномочие).—«Заря»，Stuttgart，1901，№ 1，апрель，стр. 233—239)——101。

—《我们的处境》（Наше положение.—«Дневник Социал-Демократа»，Женева，1905，№ 3，ноябрь，стр. 1—23)——34。

—《无政府主义和社会主义》(Plechanow，G. Anarchismus und Sozialismus. Berlin，Exped. des«Vorwärts»，1894.84 S.)——99、225、229、246。

—《再论我们的处境》（Еще о нашем положении.（Письмо к товарищу Х.).—«Дневник Социал-Демократа»，Женева，1905，№ 4，декабрь，стр. 1—12)——34、46。

萨尔蒂科夫-谢德林，米·叶·《被忘记的言论》（Салтыков-Щедрин，М. Е. Забытые слова)——22、43、67。

—《时代特征》（Признаки времени)——44。

桑德尔斯，丹·《德语增补辞典》（Sanders，D. Ergänzungs-Wörterbuch der deutschen Sprache. Vervollständigung und Erweiterung aller bisher erschienenen deutsch-sprachlichen Wörterbücher（einschließlich des Grimm'schen). Mit Belegen von Luther bis auf die neueste Gegenwart. Berlin，Abenheim'sche Verlagsbuchh.，1885.[2]，691 S.)——154。

斯切克洛夫，G.《巴枯宁传》（Steklow，G. Michael Bakunin. Ein Lebensbild. Stuttgart，Dietz，1913.128 S.)——134。

瓦尔特，W.《俄国帝国主义和德国在中国的冒险行为》（Walter，W. Der russische Imperialismus und Deutschlands China-Abenteuer.—«Die Neue Zeit»，Stuttgart，1900 — 1901，Jg. XIX，Bd. II，Nr. 33，S. 197 — 202)——157。

韦伯，悉·和韦伯，比·《英国工联主义的理论和实践》（Webb，S. u. Webb，B. Theorie und Praxis der englischen Gewerksvereine.（Industrial democracy).Bd.1—2.Stuttgart，Dietz，1898.2 Bd.)——112、220。

Nota Bene——见布哈林，尼·。

* * *

彼得格勒,7 月 29 日(8 月 11 日)。《各部门的革新与民主》(Петроград,29
июля(11 августа).Обновление ведомств и демократия.—«Дело Народа»,
Пг.,1917,№ 113,29 июля,стр.1)——44。

《党内消息报》[圣彼得堡](«Партийные Известия»,[Спб.],1906,№ 2,20
марта,стр.7,11)——230、241。

《德国工人党纲领》(Programm der deutschen Arbeiterpartei.—«Volksstaat»,
Leipzig,1875,Nr.27,7.März,S.1)—— 20、61、62、63、81、87 — 89、158、
159、160、165、166、167。

《德国社会民主党纲领(1891 年爱尔福特代表大会通过)》(Programm der so-
zialdemokratischen Partei Deutschlands,beschlossen auf dem Parteitag
zu Erfurt 1891.—In:Protokoll über die Verhandlungen des Parteitages
der sozialdemokratischen Partei Deutschlands. Abgehalten zu Erfurt vom
14.bis 20.Oktober 1891.Berlin,«Vorwärts»,1891,S.3 — 6)——64、65、
140、148、158。

《俄国社会民主工党纲领（党的第二次代表大会通过)》(Программа
Российской соц.-дем. рабочей партии, принятая на Втором съезде
партии.—В кн.:Второй очередной съезд Росс. соц.-дем. рабочей партии.
Полный текст протоколов. Изд. ЦК. Genève, тип. партии,[1904],стр.1—
6.(РСДРП))——62、231。

《弗·恩格斯论法国工人党的信》(Briefe von F.Engels über die französische
Arbeiterpartei.—«Die Neue Zeit», Stuttgart,1900 — 1901,Jg.XIX,Bd.I,
Nr.14,S.420—427)——130、150、151—152、153、229、231。

《工人政治》杂志(不来梅)(«Arbeiterpolitik», Bremen,1916,Nr.25,9.Dezem-
ber,S.193—195)——120—121、125—126。

《关于工人代表苏维埃》(О Советах рабочих депутатов.[Проект резолюции
меньшевиков к IV (Объединительному)съезду РСДРП].—«Партийные
Известия»,[Спб.],1906,№2,20 марта, стр.11. Под общ. загл.:Проект
резолюций к предстоящему съезду,выработанный группой«меньшевиков»
с участием редакторов«Искры»)——241。

《国际关于目前形势的宣言[1912 年 11 月 24 日和 25 日巴塞尔国际社会党非

《常代表大会通过]》(Manifest der Internationale zur gegenwärtigen Lage,
[angenommen auf dem Außerordentlichen Internationalen Sozialistenkon-
greß zu Basel am 24. und 25. November 1912].—In: Außerordentlicher
Internationaler Sozialistenkongreß zu Basel. Berlin, Buchh. «Vorwärts»,
1912,S.23—27)——219。

《国际和革命》(Internationale et révolution. A propos du congrès de la Haye
par des réfugiés de la Commune, ex-membres du Conseil Général de l'In-
ternationale. Londres, imp. de Graag, 1872. 16 p.)——173。

《国民报或总汇通报》(巴黎)(«Gazette Nationale, ou le Moniteur Universel»,
Paris, 1792, N 248, 4 septembre, p.1051)——222。

《国民议会公报》(巴黎)(Bulletin de l'assemblée nationale. Première legisla-
ture.—«Gazette Nationale, ou le Moniteur Universel», Paris, 1792, N
248, 4 septembre, p.1051)——222。

《卡·马克思、弗·恩格斯和斐·拉萨尔的遗著》(Aus dem literarischen
Nachlaß von K. Marx, F. Engels und F. Lassalle. Hrsg. von F. Mehring. Bd.
II. Gesammelte Schriften von K. Marx und F. Engels. Von Juli 1844 bis
November 1847. Stuttgart, Dietz, 1902. VIII, 482 S.)——121、128。

《纽约人民报》(纽约)(«New-Yorker Volkszeitung», 1890, 3. März, S. 4)
——153。

《前进报》(柏林)(«Vorwärts», Berlin, 1895, Nr. 76, 30. März, S. 1—2)——
152、229。

—1900, Nr.277, 28. November. 1. Beilage des «Vorwärts», S. 1—3; Nr.278,
29. November. Beilage des«Vorwärts», S.1.——150。

《青年国际》杂志(苏黎世)(«Jugend-Internationale», Zürich, 1916, Nr. 6, 1.
Dezember, S.7—8)——120—126、127、128、156、157、201。

《人民国家报》(莱比锡)(«Volksstaat», Leipzig, 1875, Nr. 27, 7. März, S. 1)
——20、61、62、63、81、87—89、158、159、160、165、166、167。

《人民事业报》(彼得格勒)(«Дело Народа», Пг.)——44—45。

—1917, № 113, 29 июля, стр.1.——44。

《社会民主党人报》(伦敦)(«Der Sozialdemokrat», London, 1890, Nr. 37, 13.

September, S. 1)——130、147—148。

《社会民主党人报》(日内瓦)(«Социал-Демократ», Женева, 1915, № 47, 13 октября, стр. 2)——230、241。

《社会民主党人日志》(日内瓦)(«Дневник Социал-Демократа», Женева, 1905, № 3, ноябрь, стр. 1—23)——34。

——1905, № 4, декабрь, стр. 1—12.——34、46。

《社会主义月刊》(柏林)(«Sozialistische Monatshefte», Berlin)——114。

《社会主义运动》杂志(巴黎)(«Le Mouvement Socialiste», Paris, 1900, N 45, Novembre, p. 515—525)——150。

《社会主义者报》(巴黎)(«Le Socialiste», Paris, 1900, N 115, 24 Novembre, p. 1)——150。

《曙光》杂志(斯图加特)(«Заря», Stuttgart, 1901, № 1, апрель, стр. 233—239)——101。

《新时代》杂志(斯图加特)(«Neue Zeit», Stuttgart)——152。

——1890—1891, Jg. IX, Bd. I, Nr. 18, S. 562—575.——79、80、81—83、87—88、90—91、92、94—95、99—100、130、139、149、158、159—165、223、224、228、245—246。

——1890—1891, Jg. IX, Bd. II, Nr. 28, S. 33—41.——71、187。

——1891—1892, Jg. X, Bd. I, Nr. 19, S. 580—589.——195。

——1893—1894, Jg. XII, Bd. I, Nr. 12, S. 361—369; Nr. 13, S. 402—410.——210。

——1894—1895, Jg. XIII, Bd. II, Nr. 27, S. 5—10; Nr. 28, S. 36—43.——133、175—176、216、223、230。

——1898—1899, Jg. XVII, Bd. II, Nr. 28, S. 36—50.——176。

——1900—1901, Jg. XIX, Bd. I, Nr. 14, S. 425—427.——130、150、151、152—153、230、231。

——1900—1901, Jg. XIX, Bd. I, Nr. 25, S. 795—796.——152—153。

——1900—1901, Jg. XIX, Bd. I, Nr. 26, S. 804—811.——131、157。

——1900—1901, Jg. XIX, Bd. II, Nr. 33, S. 197—202.——157。

——1901—1902, Jg. XX, Bd. I, Nr. 1, S. 5—13, 36—43.——64—71、130、131、

140—146、148、150、157、223、226、228、239、245。

—1901—1902,Jg.XX,Bd.I,Nr.7,S.209—217.——131、157。

—1901—1902,Jg.XX,Bd.I,Nr.23,S.709—710.——34、35—38、130、131、134—137、139、149、213、219、223、225、227、244。

—1901—1902,Jg.20,Bd.2,Nr.1,S.29—32;Nr.2,S.60—64;Nr.3,S.91—96;Nr.4,S.125—128;Nr.6,S.188—192;Nr.7,S.221—224;Nr.12,S.381—384;Nr.13,S.412—416;Nr.15,S.472—480;Nr.17,S.541—544;Nr.19,S.604—608;Nr.25,S.797—800.——134、135、136。

—1903—1904,Jg.22,Bd.1,Nr.22,S.685—695.——208。

—1906—1907,Jg.25,Bd.2,Nr.31,S.163—165.——31、32—33。

—1908,Jg.27,Bd.1,Nr.1,2.Oktober,S.6,7.——131、176。

—1909,Jg.27,Bd.2,Nr.39,25.Juni,S.414—416.——175—176。

—1910,Jg.28,Bd.2,Nr.37,10.Juni,S.332—341;Nr.38,17.Juni,S.364—374;Nr.39,24.Juni,S.412—421.——186、213。

—1911,Jg.29,Bd.1,Nr.23,10.März,S.796.——130、139—140。

—1911,Jg.30,Bd.1,Nr.1,6.Oktober,S.1—5.——229。

—1912,Jg.30,Bd.2,Nr.41,12.Juli,S.541—550;Nr.42,19.Juli,S.585—593;Nr.43,26.Juli,S.609—616.——107—108、109—110、111、156、184—185、213—220、224、229、246。

—1912,Jg.30,Bd.2,Nr.44,2.August,S.654—664;Nr.45,9.August,S.688—698;Nr.46,16.August,S.723—733.——11、107—111、112—114、156、184—185、213—220、224、229、246。

—1913,Jg.32,Bd.1,Nr.1,3.Oktober,S.8—16.——199。

—1913,Jg.32,Bd.1,Nr.2,10.Oktober,S.37—39,40—44.——57—60、97、99、118、121—122、128、131、199—203、224、225、228、232、239、244、245。

《1874年共和国年鉴》(洛迪)(《Almanacco Repubblicano per l'anno 1874》,Lodi,1873,p.33—37,141—148)——56—57、199、202。

《一次历史性的会议》(Историческое заседание.—《Правда》,Пг.,1917,№80,26(13)июня,стр.1—2)——71—72。

《真理报》(彼得格勒)(《Правда》,Пг.,1917,№26,7 апреля,стр.1—2)

——78。

—1917,№ 68,10 июня(28 мая),стр.3.——70。

—1917,№ 80,26(13)июня,стр.1—2.——71—72。

—1917,№ 82,28(15)июня, стр. 2 — 3; № 83, 29(16) июня, стр. 2 — 3.
　　　——231。

—1917,№ 95,13 июля(30 июня),стр.2—3;№ 96,14(1)июля,стр.2—3;
　　　№ 97,15(2)июля,стр.2—3.——231。

责任编辑：郇中建

装帧设计：石笑梦

版式设计：周方亚

责任校对：吕　勇

图书在版编目（CIP）数据

列宁全集.第31卷/（苏）列宁著;中共中央马克思恩格斯列宁斯大林著作编译局编译.
　—2版（增订版)-北京:人民出版社,2017.3(2024.7重印)
ISBN 978-7-01-017112-8

Ⅰ.①列…　Ⅱ.①列…②中…　Ⅲ.①列宁著作-全集　Ⅳ.①A2

中国版本图书馆 CIP 数据核字(2016)第 316449 号

书　　名	**列宁全集**	
	LIENING QUANJI	
	第三十一卷	
编 译 者	中共中央马克思恩格斯列宁斯大林著作编译局	
出版发行	**人民出版社**	
	（北京市东城区隆福寺街 99 号　邮编　100706)	
邮购电话	(010)65250042　65289539	
经　　销	新华书店	
印　　刷	北京新华印刷有限公司	
版　　次	2017 年 3 月第 2 版增订版　2024 年 7 月北京第 2 次印刷	
开　　本	880 毫米×1230 毫米 1/32	
印　　张	11	
插　　页	7	
字　　数	287 千字	
印　　数	3,001—6,000 册	
书　　号	ISBN 978-7-01-017112-8	
定　　价	30.00 元	

ISBN 978-7-01-017112-8

9 787010 171128 >